中國第一歷史檔案館

明清宮藏中西商貿檔案（一）

明天啓四年起
清乾隆七年止

中國檔案出版社

《明清宫藏中西商貿檔案》編委會

編委會主任 胡旺林
編委會副主任 趙雄
主編 李國榮
副主編 覃波
編輯 覃波 高換婷 田露汶 周欣華
編務 鄧淑玉 郭青閣 馬春豔 鄭英

前言

《明清宫藏中西商貿檔案》是中國第一歷史檔案館所藏明清兩朝中央政府有關中西商貿問題原始檔案的匯集。本書所輯近千件檔案，始自明代天啓四年（1624年），止于清代宣統三年（1911年）。這些檔案，既有皇帝的諭令，也有中央部院大臣及沿海將軍、督撫、海關監督等進呈的奏折、題本，還有中外交涉事件的照會，以及官府各衙門間的往來文書、電報等等。作爲明清皇宫所藏中西商貿方面的專題檔案，系屬首次系統公布。

《明清宫藏中西商貿檔案》是明清朝廷外貿通商活動的真實記録，這些珍貴檔案揭示了17至19世紀中國對外通商貿易的政策演變，披露了諸多重大歷史事件的内中情由，其史料價值彌足珍貴。這裏，僅就幾個側面略作管窺披陳——

其一，在商貿政策方面。有明代朝臣對海禁形勢的報告；順治帝抑制朝貢貿易的批諭；康熙帝撤除海禁，制定海洋貿易收税制度的内閣起居注；雍正、乾隆年間封疆大臣對確定洋船泊靠地的討論；乾隆時期實行禁止南洋貿易及絲綢出口的奏章；乾隆帝發布的關閉沿海口岸，僅留廣東一口對外通商的諭令；乾隆帝拒絕英國要求自由貿易，洋船祇準在廣東收泊而致英國國王的敕諭；嘉慶、道光皇帝頒布的禁烟令。

其二，在通商管理方面。有官員例行奏報的洋船數目、隨船物品、來華洋人情況、貨物交易情景及貿易税收數字；雍正帝特許西洋人在廣州商館居住的批示；雍正、乾隆帝告誡海關官員廉潔奉公的批諭；廣東大吏制定的洋船管理條例和貿易税則；鴉片戰争後，清政府與各國的商約談判；清朝在洋税務司的控制下，經營商務的文件；海關的關務、緝私及創設港澳分關的奏報。

其三，在中西交流方面。有廣東官員保送西洋人才的奏報；康熙帝催促意大利畫師郎世寧等進京，并令進宫當差的西洋人先在廣州學漢話的批示；雍正、乾隆年間宫廷向廣州、澳門商館尋購御用品的記録；乾隆帝下令『不必惜費』爲内廷采購奇异洋貨的上諭；嘉慶帝在粤海關監督的奏折上寫下的要吃檳榔的硃批。

其四，在洋行事務方面。有廣州外貿洋行的設置管理；洋行商人向朝廷捐輸銀兩、爲皇家采辦洋貨、進獻貢品的奏折；廣州十三行商館的火灾處置；道光帝宣布恢復廣州十三行制度的上諭。

其五，在中外事件方面。有乾隆二十四年（1759年）英商洪任輝控告粤海關監督李永標案；乾隆四十九年（1784年），清廷查辦洋行商館容留西洋傳教士案；道光十年（1830年），英國大班盼師不顧清朝禁令携婦進住廣州十三行商館，被逐往澳門；道光十四年（1834年），英國首任對華貿易總監督律勞卑被兩廣總督驅逐；道光年間朝臣有關杜絶鴉片流弊的奏陳；林則徐報告虎門銷烟情景的奏折；鴉片戰争期間查禁鴉片走私、購買歐美戰船的記載；光緒年間，廣州市民焚燒沙面租界案等等。

《明清宫藏中西商貿檔案》采用編年體例，按檔案時間依次編排。全書影印出版，保持了明清檔案的原貌，因而又具有鑒賞和收藏價值。需要説明的是，檔案原件距今已有二三百年，有破損缺漏現象，因係影印，編者未作修補，以體現檔案原狀。由于編者水平有限，加之時間倉促，本書在甄别選材和擬題編纂方面，難免存在疏漏欠妥之處，懇請讀者批評指正。

《明清宫藏中西商貿檔案》編委會

二〇一〇年五月

目录

第一册

一 兵部尚書趙彦題行稿

推補廣州海防參將巡查波羅洲等處洋船（天啓四年正月初七日）……一

二 兵部行稿

調補巡視廣東海道帶管市舶官員（天啓四年八月十八日）……八

三 兵部題稿

推補廣東香山等處防倭參將（天啓四年九月二十三日）……一二

四 兵部尚書熊明遇題行稿

酌議海禁之利弊（崇禎四年八月）……一六

五 兵部尚書熊明遇題行稿

籌議粤省華洋互市事宜（崇禎四年九月初六日）……六四

六 兵部尚書張鳳翼題行稿

條陳粤東海防三憂三害（崇禎七年五月十三日）……八〇

七 廣東巡撫李栖鳳題本

澳門西洋人頭目呈遞投誠文書（順治八年閏二月十三日）……九九

八 廣東巡撫李栖鳳題本

荷蘭船隻來粤要求貿易（順治十年三月初三日）……一〇四

九 康熙帝致葡萄牙國王阿豐肅敕諭

回賞來使緞疋等物（康熙十七年九月二十四日）……一二二

一〇　內閣起居注
康熙令酌定海洋貿易收税則例（康熙二十三年六月初五日）……一二五
一一　內閣起居注
康熙議準海上貿易（康熙二十三年七月十一日）……一二八
一二　內閣起居注
內閣學士石柱巡視澳門等地情形（康熙二十三年七月十一日）……一三九
一三　廣東巡撫楊琳奏折
英法商船到粵内有西洋畫師郎世寧等（康熙五十四年八月十六日）……一四一
一四　廣東巡撫楊琳奏折
報告雨水收成并法國商船來粵置貨（康熙五十五年五月二十二日）……一四四
一五　廣東巡撫楊琳奏折
報告收成雨水米價并英法商船到廣（康熙五十五年六月二十七日）……一四八
一六　兩廣總督趙弘燦奏折
報告外船到粵情形（康熙五十五年七月二十六日）……一五〇
一七　廣東巡撫楊琳奏折
保送會天文之西洋人進京并英國等商船到粵（康熙五十五年八月初十日）……一五五
一八　廣東巡撫楊琳奏折
保送燒珐琅工匠進宮并報洋船數目（康熙五十五年九月初十日）……一五九
一九　兩廣總督趙弘燦奏折
續到澳門船隻并遵旨西洋人無照不許出境（康熙五十五年九月十六日）……一六一
二〇　兩廣總督楊琳奏折
巡閱澳門及沿海砲臺情形（康熙五十六年五月初十日）……一六三
二一　兩廣總督楊琳奏折
英國等船來粵并護送本地畫匠進京（康熙五十六年八月二十日）……一六八
二二　兩廣總督楊琳奏折
報告兩省雨水米價并洋船來粵（康熙五十七年三月二十四日）……一七〇

二三　兩廣總督楊琳奏折
西洋商船到粵并查問回國洋人(康熙五十七年六月二十八日)……一七二
二四　兩廣總督楊琳奏折
英法商船到粵羅馬教皇將派人來華及禁南洋貿易事宜(康熙五十七年七月二十七日)……一七五
二五　兩廣總督楊琳奏折
英法商船來粵并禁南洋貿易華僑歸國情形(康熙五十七年閏八月初八日)……一七九
二六　兩廣總督楊琳奏折
澳門西洋人理事官進獻方物(康熙五十八年正月初九日)……一八四
二七　兩廣總督楊琳奏折
法蘭西洋船帶有外科醫生及珐琅藝人(康熙五十八年六月初二日)……一八七
二八　兩廣總督楊琳奏折
續到英船二隻(康熙五十八年六月二十四日)……一九〇
二九　兩廣總督楊琳奏折
通曉天文曆法西洋人徐茂昇到粵(康熙五十八年八月十二日)……一九二
三〇　兩廣總督楊琳等奏折
華僑樊守義回國書寫西洋見聞(康熙五十九年六月二十一日)……一九六
三一　兩廣總督楊琳奏折
護送歸國華僑樊守義進京(康熙五十九年七月初二日)……一九九
三二　兩廣總督楊琳奏折
洋船帶來雕刻技藝修道士(康熙五十九年八月十四日)……二〇〇
三三　兩廣總督楊琳奏折
報告洋船數目(康熙五十九年十月二十五日)……二〇三
三四　兩廣總督楊琳奏折
法蘭西商船到粵(康熙六十一年五月二十七日)……二〇五
三五　兩廣總督楊琳奏折
條陳海禁事宜(雍正元年七月二十六日)……二〇七

三六　兩廣總督楊琳奏折
出海民船通行編號(雍正元年七月二十六日)……二一七
三七　署理廣東巡撫年希堯奏折
暹羅及英船到港(雍正元年八月初六日)……二二〇
三八　廣東巡撫年希堯奏折
報告洋船來廣情形(雍正元年十月初十日)……二二三
三九　廣東總督楊琳奏折
整飭粤省漁船管見(雍正二年二月十五日)……二二六
四〇　西洋人戴進賢奏折
請準洋人留住省城免驅澳門(雍正二年五月十一日)……二三五
四一　兩廣總督孔毓珣奏折
遵旨議覆漁船樑頭管見(雍正二年六月二十四日)……二三九
四二　兩廣總督孔毓珣奏折
條陳澳門貿易等事(雍正二年六月二十四日)……二四九
四三　兩廣總督孔毓珣奏折
確議拖風船樑頭定式(雍正二年七月初九日)……二五九
四四　兩廣總督孔毓珣題本
請準西洋人在省城廣州居住遇便回國(雍正二年十月二十日)……二六一
四五　兩廣總督孔毓珣題本
清查澳門西洋人并請限定洋船數目(雍正二年十月二十六日)……二六三
四六　兩廣總督孔毓珣奏折
遵諭嚴行海禁(雍正二年十月二十九日)……二六四
四七　兩廣總督孔毓珣奏折
西洋人赴澳門并洋船泊黄埔水手不得登岸祇許正商與其交易(雍正二年十月二十九日)……二六九
四八　廣東巡撫年希堯奏折
解送粤海關羡余銀兩(雍正三年二月初三日)……二七五

四九　廣東巡撫年希堯奏折
遵旨於省城洋行及澳門貨店購尋花番巴恭進内廷(雍正三年四月初七日)……二七七
五〇　兩廣總督孔毓珣奏折
洋船灣泊黄埔祇許行商與之貿易(雍正三年九月初九日)……二七九
五一　内閣奉上諭
西洋教皇伯納弟多遣使進貢加禮優待并撫恤寓居中國守法之洋人(雍正三年十月初八日)……二八一
五二　兩廣總督孔毓珣奏折
續到洋船三隻(雍正三年十一月初十日)……二八二
五三　兩廣總督孔毓珣奏折
酌議廣東海洋防務(雍正三年十一月十五日)……二八五
五四　廣東巡撫楊文乾奏折
報告洋船來廣貿易情形(雍正三年十二月初十日)……二九〇
五五　兩廣總督孔毓珣奏折
西洋教皇使臣回國日期(雍正四年二月十二日)……二九二
五六　廣東巡撫楊文乾奏折
西洋國王遣人朝貢到粤(雍正四年八月初五日)……二九四
五七　廣東巡撫楊文乾奏折
外國貿易洋船到粤情形(雍正四年八月初五日)……二九七
五八　廣東巡撫楊文乾奏折
條陳粤省海洋漁船事宜(雍正四年十月二十一日)……二九九
五九　廣東巡撫楊文乾奏折
報告粤海關税銀并清查陋規(雍正五年閏三月初一日)……三一三
六〇　内閣奉上諭
著閩浙總督廣東巡撫酌議漂流外洋之人定限回鄉事(雍正五年六月二十二日)……三一六
六一　福建巡撫常賚奏折
前廣東巡撫楊文乾經徵粤海關税務情弊(雍正五年十月二十五日)……三一八

六二　兩廣總督孔毓珣奏折
西洋官商在澳門慶祝萬壽（雍正五年十一月十六日）……三二四
六三　兩廣總督孔毓珣奏折
遵議廣東漁船事宜（雍正六年三月二十二日）……三二八
六四　廣東巡撫楊文乾奏折
蘇祿國貢使船隻遭風損壞委員安頓代修船桅（雍正六年五月二十四日）……三三九
六五　兩廣總督孔毓珣奏折
探得前巡撫楊文乾收取洋船包銀情形（雍正六年七月十八日）……三四二
六六　兩廣總督孔毓珣奏折
訪聞日本情形及廣東洋面防範（雍正六年十一月二十二日）……三四七
六七　内閣奉上諭
著各關口據實填寫部頒商船徵税號簿（雍正七年二月二十三日）……三五七
六八　廣東海關革職留任監督祖秉圭奏折
英法荷等國洋船到粤并得一面玻璃鏡（雍正七年閏七月二十九日）……三五八
六九　廣東巡撫傅泰奏折
請將洋船規禮銀留普濟堂（雍正七年十月二十八日）……三六〇
七〇　廣東海關革職留任監督祖秉圭奏折
報告關税錢糧（雍正七年十一月初四日）……三六四
七一　廣東海關革職留任監督祖秉圭奏折
購覓内廷配藥所需平常伽楠香（雍正七年十一月初四日）……三六六
七二　廣東海關革職留任監督祖秉圭奏折
洋船放關銀兩撥入普濟堂公用（雍正八年正月二十九日）……三六八
七三　廣東海關革職留任監督祖秉圭奏折
報告收支關税錢糧數目（雍正八年四月二十八日）……三七七
七四　廣東海關監督祖秉圭奏折
法英荷等國洋船到關（雍正八年十月初一日）……三八三

七五　廣東布政使王士俊奏折
訪獲豐亨行林興觀等私賣幼女到吕宋并請於澳門設海防同知稽查洋船(雍正九年四月十一日)……三八九
七六　廣東海關監督祖秉圭奏折
關税收支數目并進口洋船數目(雍正九年四月二十六日)……三九四
七七　廣東海關監督祖秉圭奏折
英法荷等國商船來粤貿易及處理沉船銀貨(雍正九年七月二十八日)……三九八
七八　廣東布政使楊永斌奏折
請定鐵鍋出洋之禁(雍正九年十月二十五日)……四〇二
七九　廣東海關監督祖秉圭奏折
收解一年關税銀兩數目(雍正十年五月二十四日)……四〇五
八〇　廣東按察使黄文煒奏折
報告洋船數目及海關監督祖秉圭任用行商壟斷(雍正十年六月二十一日)……四〇八
八一　署理廣東總督鄂彌達奏折
驅逐廣州各天主堂西洋人至澳門及將教堂改爲公所(雍正十年七月初二日)……四一〇
八二　廣州城守副將毛克明奏折
海關監督祖秉圭縱商霸市(雍正十年七月十三日)……四一九
八三　廣州城守副將毛克明奏折
西洋人方玉章設教惑衆逐往澳門(雍正十年七月十三日)……四二四
八四　雍正諭旨
廣東海關監督祖秉圭任由洋行商人把持包攬著革職嚴審(雍正十年七月十四日)……四二六
八五　廣東總督鄂彌達奉上諭
著查明澳門可否停泊大船以定是否留西洋人在省城居住(雍正十年八月二十八日)……四二七
八六　廣東總督鄂彌達奉上諭
著確議澳門停泊洋船事(雍正十年十月初七日)……四三一
八七　海關税務毛克明奏折
酌議恢復洋商繳納買辦公費并免人税銀兩(雍正十年十二月二十八日)……四三四

八八　海關税務毛克明奏折
報告現今移駐海關衙署辦公(雍正十一年三月二十八日)…………四三八
八九　廣東海關税務毛克明奏折
洋船灣泊黄埔已四十餘年不應更改成法(雍正十一年三月二十八日)…………四四一
九〇　海關税務毛克明奏折
請照舊例免收外洋商船繳送銀兩(雍正十一年三月二十八日)…………四四七
九一　海關税務毛克明奏折
請酌賞海關正副監督養廉(雍正十一年三月二十八日)…………四五〇
九二　内閣奉上諭
著各省督撫飭令該藩司衙門不許任意增添商牙雜税(雍正十一年十月初六日)…………四五五
九三　廣東總督鄂彌達奏折
海關監督毛克明副監督鄭伍賽公平廉潔税課無虧(雍正十一年十二月初四日)…………四五六
九四　海關税務毛克明奏折
海關監督應由督撫兼任(雍正十二年正月初二日)…………四五七
九五　海關税務毛克明奏折
恭謝恩賞長子毛廷翰留任所幫辦事務(雍正十二年正月初二日)…………四六二
九六　廣東總督鄂彌達奉上諭
廣東毋得再制象牙席進呈(雍正十二年四月二十五日)…………四六五
九七　内閣奉上諭
粤東海關税務著交總督鄂彌達兼管(雍正十二年七月十四日)…………四六七
九八　兩廣總督鄂彌達奏折
粤海關税務交毛克明照舊管理或令巡撫楊永斌兼管請旨遵行(雍正十三年二月十二日)…………四六八
九九　兩廣總督鄂彌達奏折
請酌定關口收税章程(雍正十三年三月二十九日)…………四七一
一〇〇　廣東巡撫楊永斌奏折
盤查粤海關庫税銀(雍正十三年五月初二日)…………四七八

一〇一　兩廣總督鄂彌達奏折
單桅船隻照例輸餉并請添設巡役稽查走漏（雍正十三年六月十三日）……四八二
一〇二　廣東巡撫楊永斌奏折
酌行海關規則八條并已到荷蘭等國商船（雍正十三年八月初六日）……四八八
一〇三　廣東按察使白映棠奏折
黄埔及澳門貿易洋人哀悼雍正皇帝（雍正十三年十一月初一日）……四九六
一〇四　兩廣總督鄂彌達奏折
遺詔到粤黄埔及澳門夷人舉哀成服（雍正十三年十一月十五日）……五〇〇
一〇五　廣東巡撫楊永斌奏折
賞給遇難荷商盤費銀數資助回國（雍正十三年十一月十八日）……五〇四
一〇六　廣東巡撫楊永斌奏折
報告粤海關徵税減免各項（乾隆元年三月初八日）……五〇六
一〇七　大學士管户部尚書事張廷玉奏折
遵議粤海關減免船規等項（乾隆元年四月二十四日）……五一五
一〇八　廣東海關副監督鄭伍賽奏折
報告洋船到港名稱（乾隆元年九月十九日）……五二六
一〇九　内閣奉上諭
洋船到廣仍按例起下炮位并裁減洋人繳送銀兩（乾隆元年十月初四日）……五二八
一一〇　兩廣總督鄂彌達奏折
洋船到廣請免起下炮位并裁減繳送銀兩（乾隆二年二月十六日）……五二九
一一一　兩廣總督鄂彌達奏折
請定粤海關監督養廉（乾隆二年六月二十七日）……五三六
一一二　閩浙總督郝玉麟奏折
閩省初到洋船請照粤省例徵税（乾隆三年十二月十五日）……五三八
一一三　署理兩廣總督慶復奏折
查參粤關監督鄭伍賽并呈粤海關各弊清折（乾隆五年十一月十一日）……五四三
一一四　廣東糧驛道朱叔權奏折
陳述平抑錢價事宜（乾隆六年二月十五日）……五五一

一一五　廣東巡撫王安國奏折
粵海關關税盈餘短少緣由(乾隆六年六月十六日)……五六二
一一六　廣東巡撫王安國奏折
荷蘭商船照舊由虎口進口貿易(乾隆六年九月初六日)……五六六
一一七　兩廣總督慶復奏折
請將粵海關監督鄭伍賽革職審擬(乾隆六年十一月十一日)……五七一
一一八　廣東巡撫王安國奏折
海關監督鄭伍賽侵隱關税情形(乾隆六年十一月十九日)……五七五
一一九　署理兩廣總督慶復奏折
遵議禁止南洋貿易事宜(乾隆七年二月初三日)……五八〇
一二〇　議政大臣協理户部事務訥親奏折
請禁牙行把持事宜(乾隆七年五月初四日)……五九一
一二一　署理兩廣總督慶復奏折
報告粵海關關税盈餘銀兩及收支各數(乾隆七年五月初八日)……五九七
一二二　廣東道監察御史李清芳奏折
遵議船隻過關納税事宜(乾隆七年七月初十日)……六〇六
一二三　廣東按察使潘思榘奏折
請於澳門地方移駐同知一員專理夷務(乾隆七年七月二十五日)……六一三
一二四　署理兩廣總督慶復奏折
查没已革海關監督鄭伍賽家産(乾隆七年八月初十日)……六一九
一二五　浙江巡撫常安奏折
申禁内米私販下海(乾隆七年十月十五日)……六二二
一二六　粵海關監督伊拉齊奏折
報告任事日期(乾隆七年十月二十九日)……六二四
一二七　署理兩廣總督慶復奏折
酌辦海關事宜(乾隆七年十一月十六日)……六三四
一二八　署理兩廣總督慶復奏折
鄭伍賽名下贓項追繳辦理解京(乾隆七年十一月十六日)……六四一

一　兵部尚書趙彦題行稿

推補廣州海防參將巡查波羅洲等處洋船(天啓四年正月初七日)

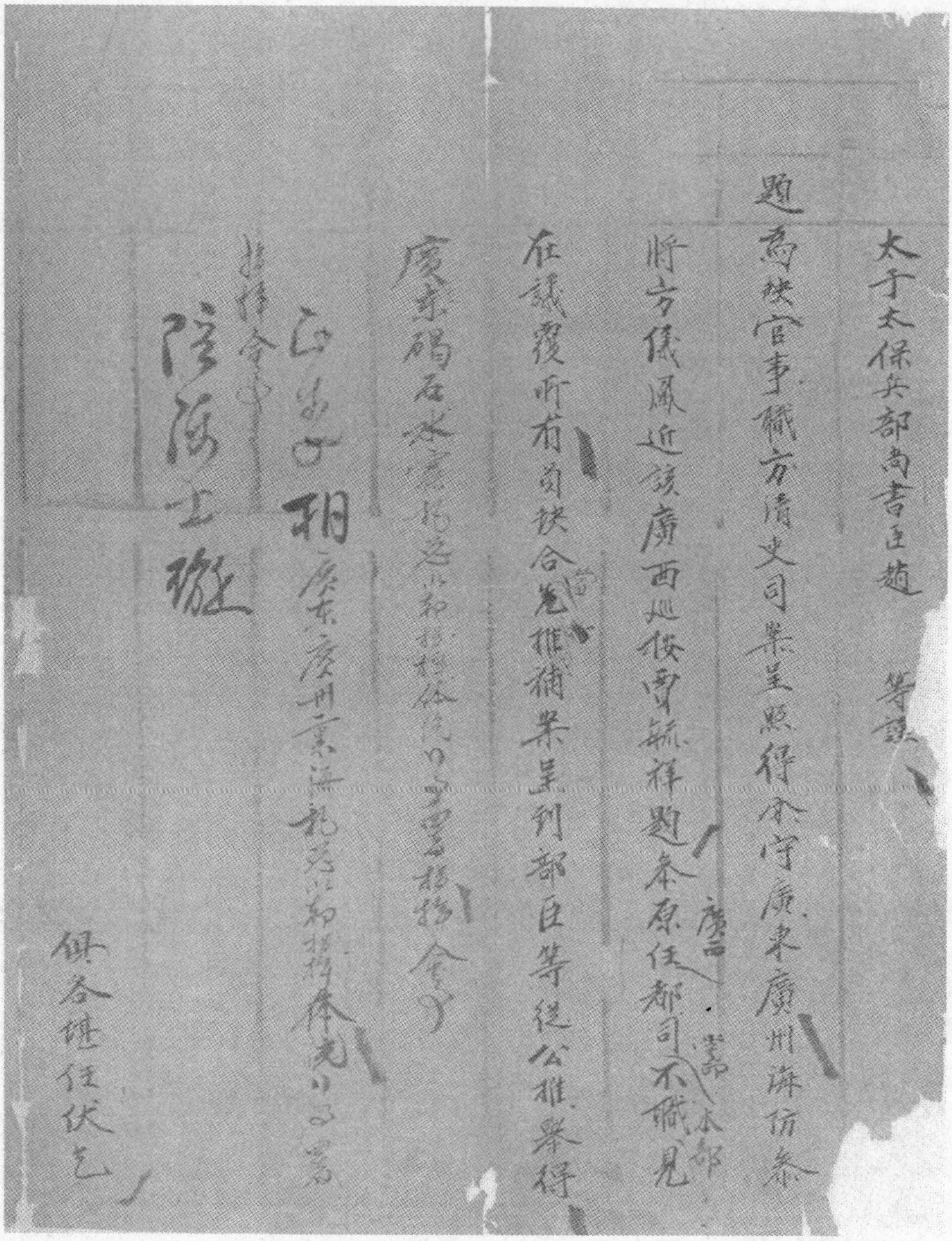
太子太保兵部尚書臣趙　等謹
題為缺官事。職方清吏司案呈，照得分守廣東廣州海防參
將方儀鳳近該廣西巡按賈毓祥題參原任都司不職，見
在議覆，所有員缺合先推補，案呈到部。臣等從公推舉得
廣東碣石水寨
俱合堪任，伏乞

一　兵部尚書趙彦題行稿

推補廣州海防參將巡查波羅洲等處洋船(天啓四年正月初七日)

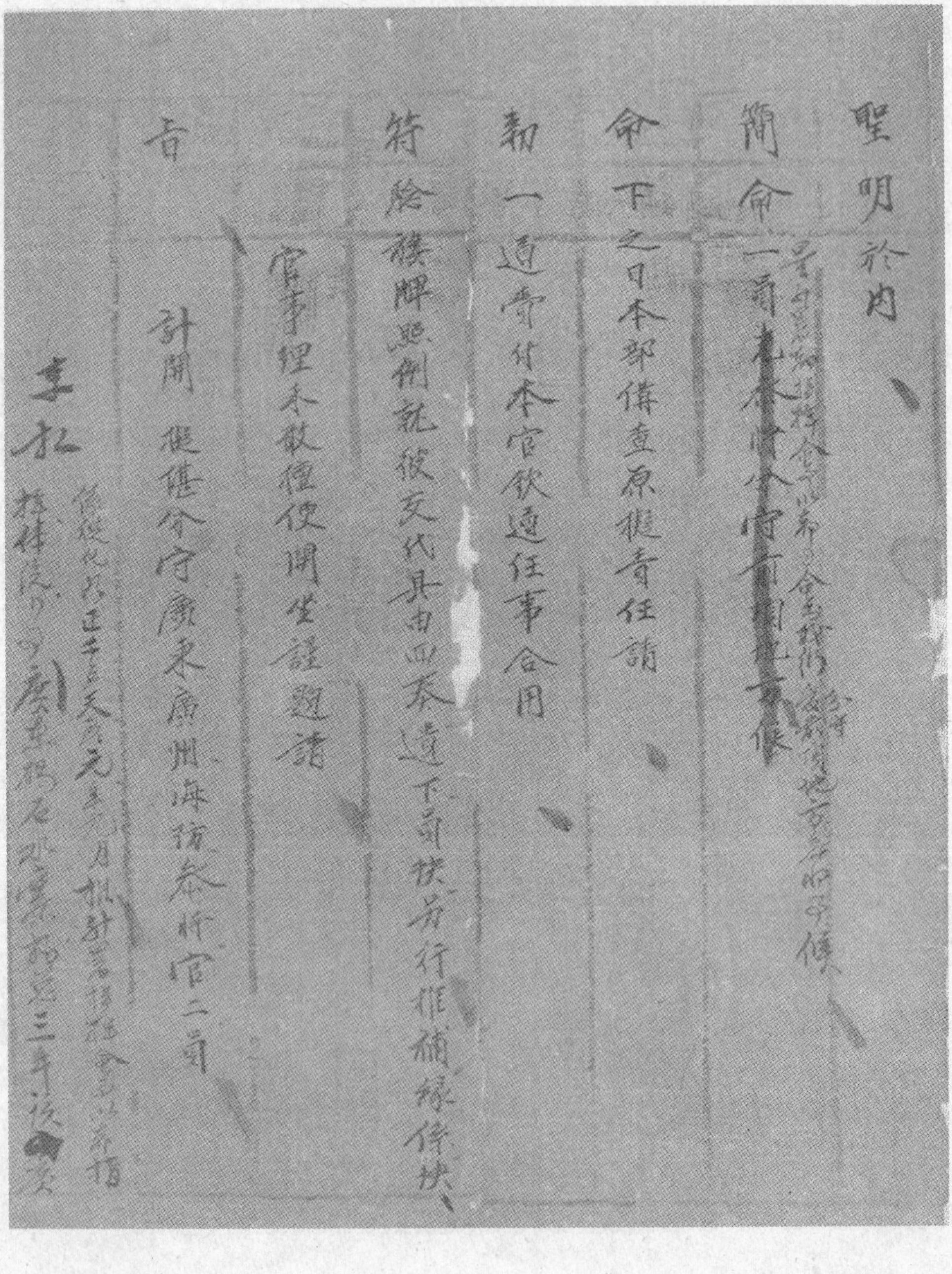

聖明於内

簡命一員 [illegible]

命下之日本部備查原擬奇任請

勅一道賫付本官欽遵任事合用

特給旗牌照例就彼交代具由回奏遵下前抉另行推補緣係抉

官事理未敢擅便開坐謹題請

旨

計開　擬推分守廣東廣州海防參將官二員

李札

一　兵部尚書趙彦題行稿

推補廣州海防參將巡查波羅洲等處洋船(天啓四年正月初七日)

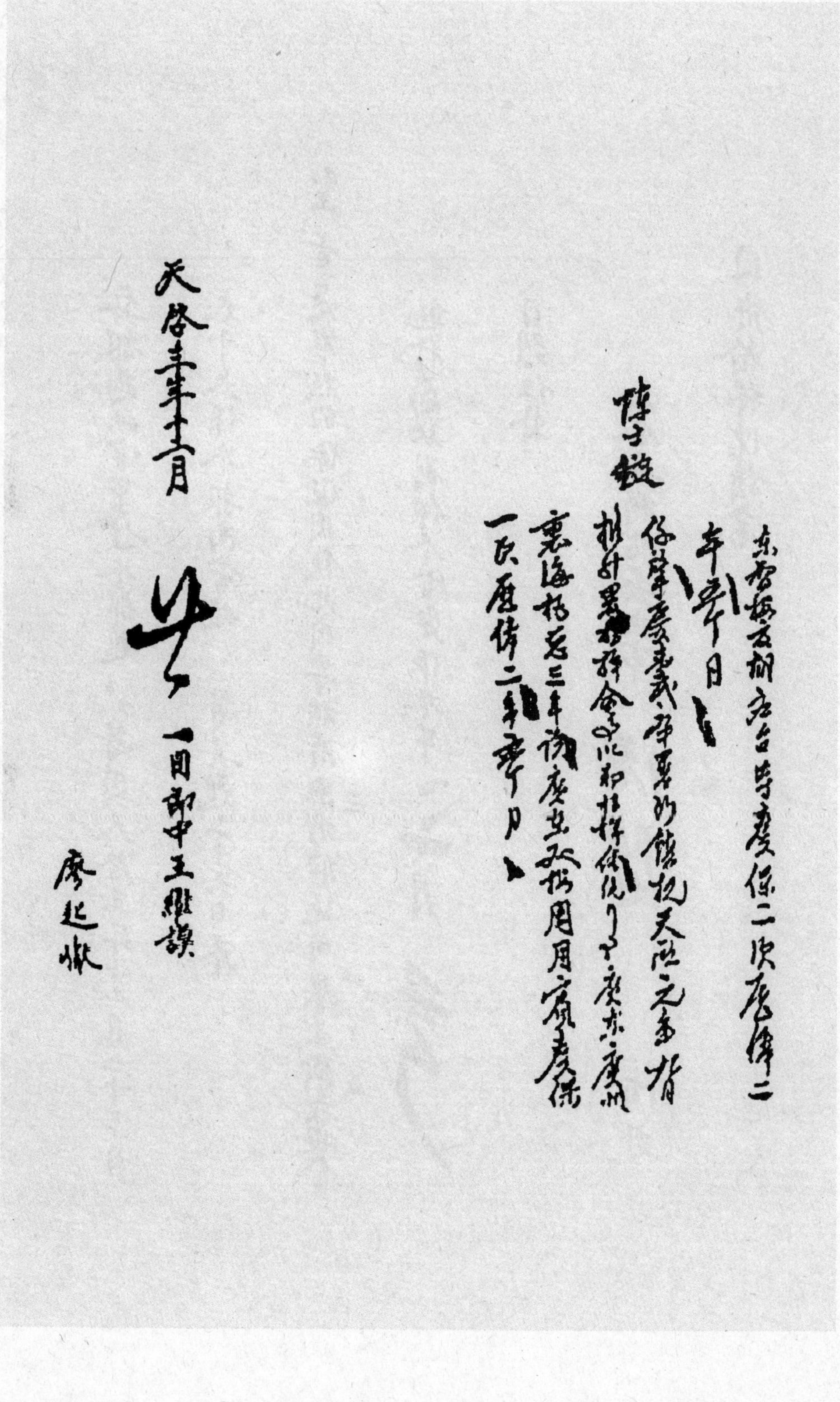
天啓叁年十二月

一司郎中王繼謨

一　兵部尚書趙彦題行稿

推補廣州海防參將巡查波羅洲等處洋船(天啓四年正月初七日)

兵部爲揀官事該本部題ㄣ等因天啓三年十二月二十三日

太子太保本部尚書趙　等具題二十六日奉

聖旨是有旅的依擬用欽此内寺相有三題掛牌送司案呈到部廿五擬合

就行爲此劄仰本官定限本年二月　日

日到任外

一咨兵科帖差主事　沈溎　賫赴

内府翰林院請寫

一　兵部尚書趙彦題行稿

推補廣州海防參將巡查波羅洲等處洋船(天啓四年正月初七日)

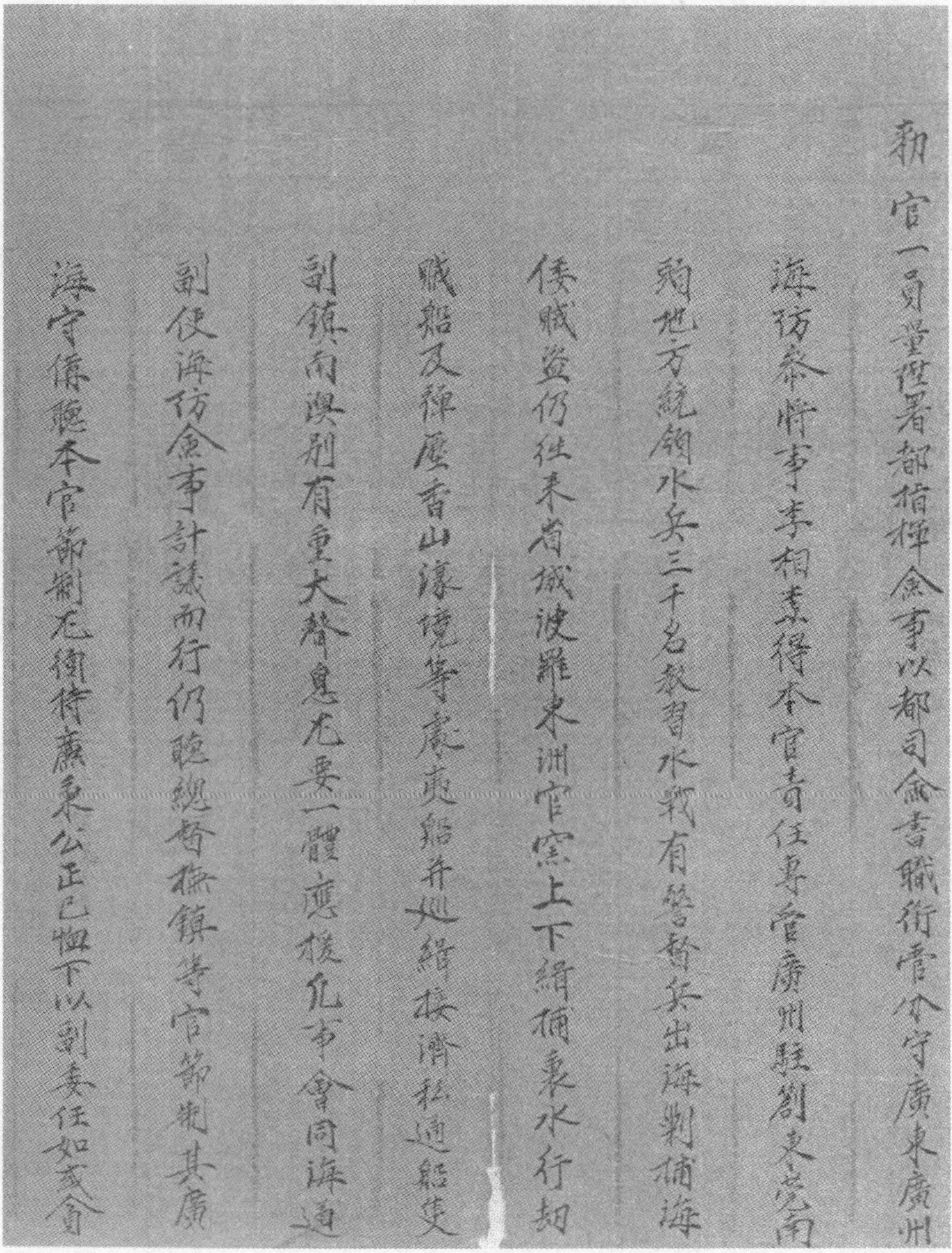
勑
官一員量陞署都指揮僉事以都司僉書職銜專令守廣東廣州
海防參將事李相素得本官責任專管廣州駐劄東莞南
頭地方統領水兵三千名教習水戰有警督兵出海剿捕海
倭賊盜仍往來省城波羅東洲官窯上下緝捕衆水行劫
賊船及稽壓香山濠境等處夷船并巡緝接濟私通船隻
副鎮南澳別有重大聲息尤要一體應援凡事會同海道
副使海防僉事計議而行仍聽總督撫鎮等官節制其廣
海守備聽本官節制尤須持廉秉公正己恤下以副委任如或會

一　兵部尚書趙彥題行稿　推補廣州海防參將巡查波羅洲等處洋船（天啓四年正月初七日）

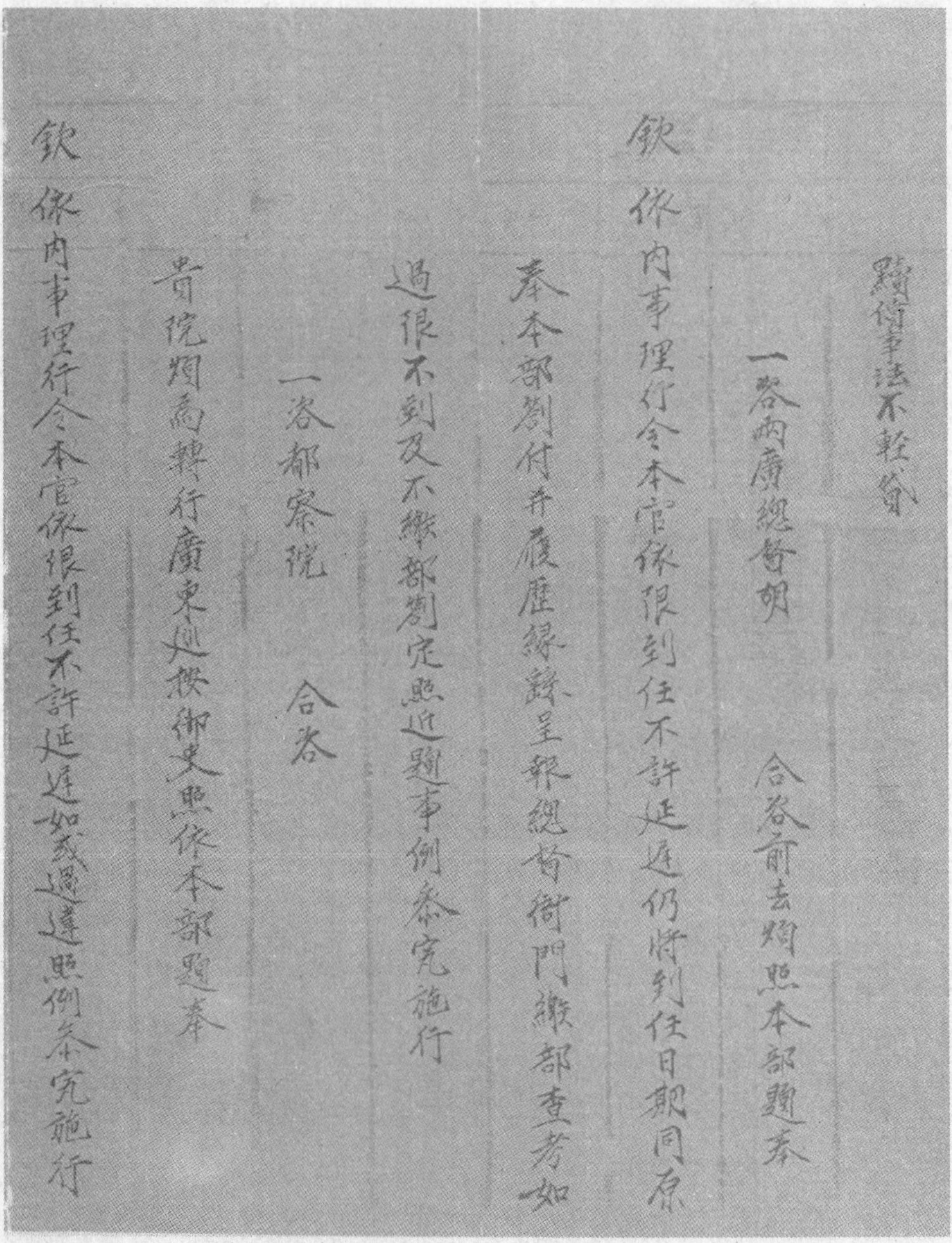
蹈循事法不輕貸
一咨兩廣總督胡　合咨前去煩照本部題奉
欽依內事理行令本官依限到任不許延遲仍將到任日期同原
奉本部劄付并履歷緣繇呈報總督衙門繳部查考如
過限不到及不繳部劄定照近題事例參究施行
一咨都察院　合咨
貴院煩爲轉行廣東巡按御史照依本部題奉
欽依內事理行令本官依限到任不許延遲如或過違照例參究施行

一 兵部尚書趙彦題行稿

推補廣州海防參將巡查波羅洲等處洋船(天啓四年正月初七日)

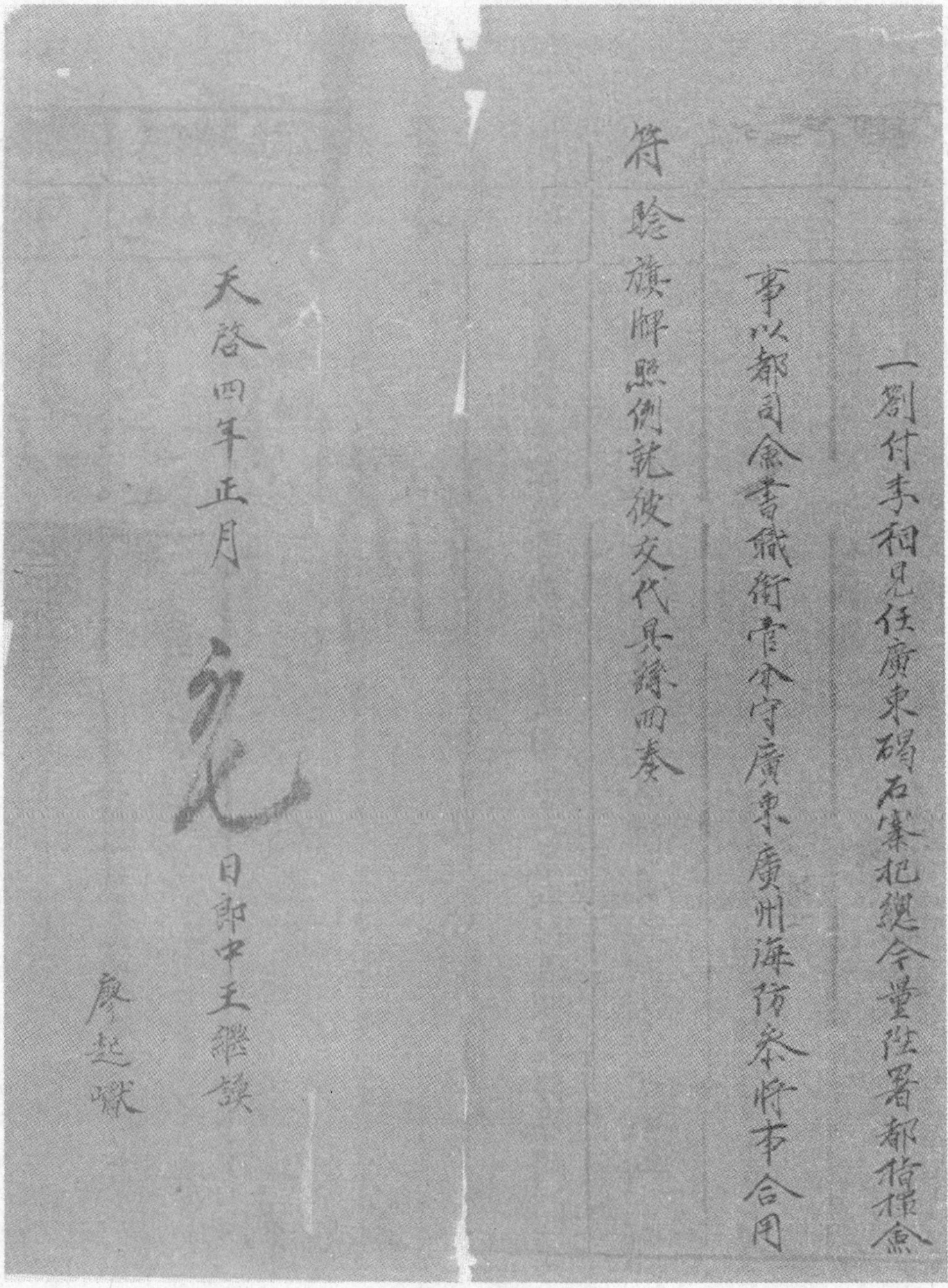
一劄付李栢見任廣東碣石寨把總今量陞署都指揮僉
事以都司僉書職銜管分守廣東廣州海防參將事合用
符驗旗牌照例就彼交代具繳回奏
天啓四年正月　日郎中王繼謨
廖起嶽

二　兵部行稿

調補巡視廣東海道帶管市舶官員(天啓四年八月十八日)

个　八

甲茂号　勅書

敕官事吏部咨請廣東巡視海道史樹德

行

行

六十号

行

天啓四年八月十八日卅記

秦古佗

代辦張麟

兵部為敕官事職方清吏司案呈奉本部送准吏部咨開

四川布政使司右參政史樹德改補廣東布政使司右參

政兼按察司僉事管理前項地方事務補吴伯興留任員

缺移咨該部照例請

二　兵部行稿

調補巡視廣東海道帶管市舶官員（天啓四年八月十八日）

勑寺因到部送司案呈到部擬合就行為此

孫元化

一令具揭帖差主事孫元化齎赴

內府翰林院請寫

勑書施行　計開請

勑官一員巡視海道帶管市舶廣東布政使司右參政兼按察司

僉事史樹德查得本官昔任駐劄東莞南頭城過汛

駐劄新安新寧等城整搠船器操演水戰監督南頭廣

海虎門香山等寨及馭澳防倭諸務汛畢回省平時則訓

二 兵部行稿

調補巡視廣東海道帶管市舶官員(天啓四年八月十八日)

練兵夫簡閱強弱稽察奸弊如值沿海有警督率官兵
相机剿捕傳聲勢猖獗聽徵調各守巡所轄寨哨策應
如東西寨哨馳報重大警息亦督所屬將領船兵互相應
援以靖地方凡一應備禦事机悉聽從宜區處沿海府縣
衛所文武官員俱聽節制考覈殿最敢有怠忽及私
役軍兵科歛財物與奸徒私通接濟番倭等項輕則量情懲
治重則參奏拿問本官尤須持廉秉公正己律下以副委
任如或因循曠職責有所歸

二 兵部行稿 調補巡視廣東海道帶管市舶官員(天啓四年八月十八日)

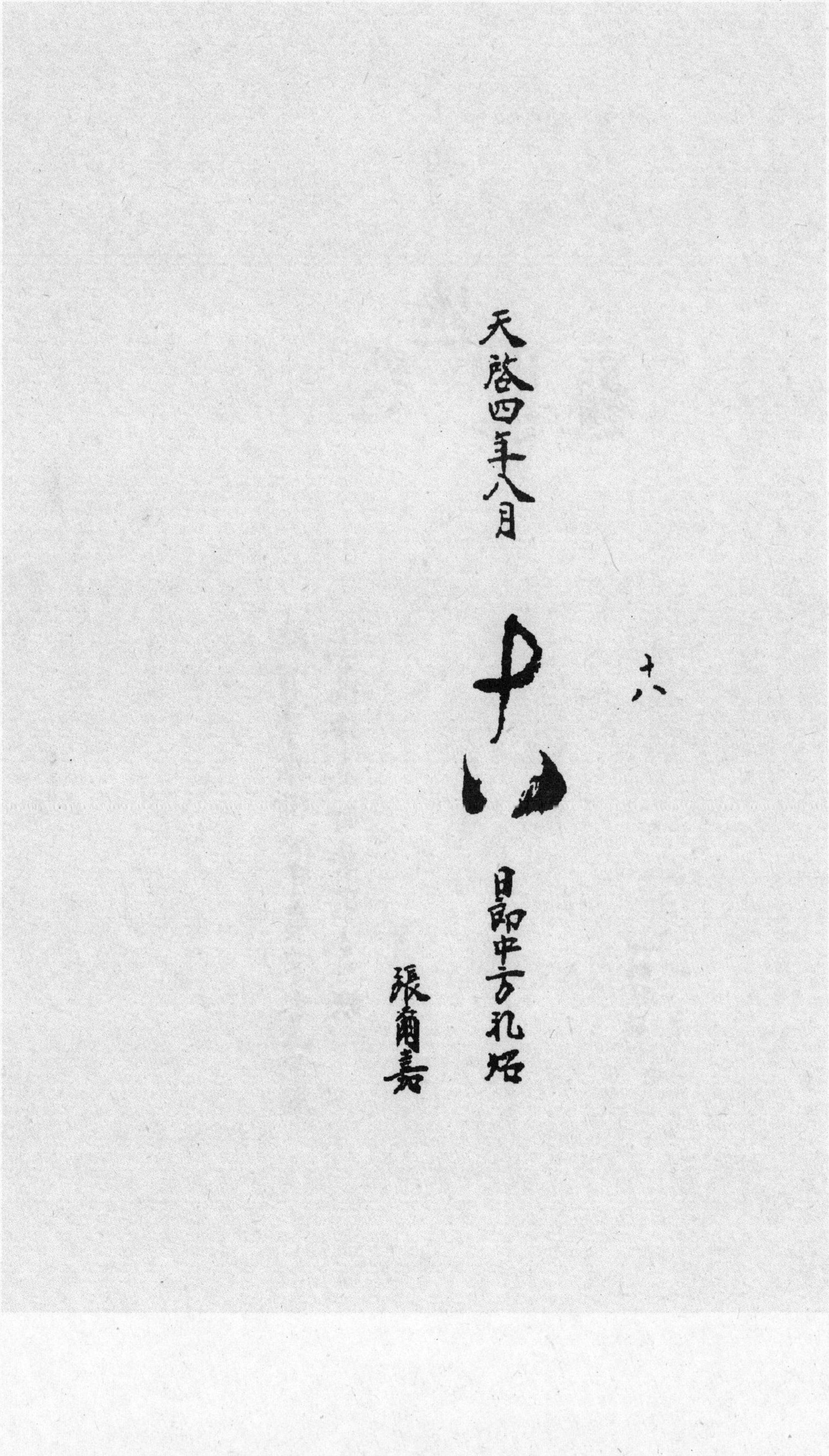

天啓四年八月十八日

郎中方孔炤

張爾嘉

三　兵部題稿　推補廣東香山等處防倭參將（天啓四年九月二十三日）

題

題
題

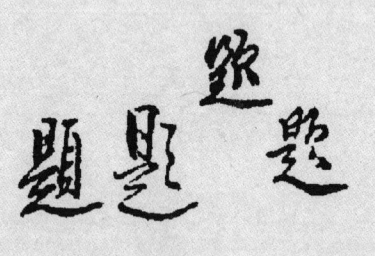

缺官事推補分守廣東香山等處
地方備倭參將蔡一申員缺

代辦張弼

三　兵部題稿

推補廣東香山等處防倭參將
(天啓四年九月二十三日)

太子太保兵部尚書臣趙　等謹

題為缺官事職方清吏司案呈照得分守廣東香山

等處地方備倭參將蔡一中近該兩廣總督

胡　題稱患病本部見在議覆所有員缺合

當推補案呈到部臣等從公推舉得督僉書

[illegible]

正　高應岳

[illegible]

陪　李蒙雷

[illegible]

聖明於內　俱各堪任伏乞

三　兵部題稿

推補廣東香山等處防倭參將
（天啓四年九月二十三日）

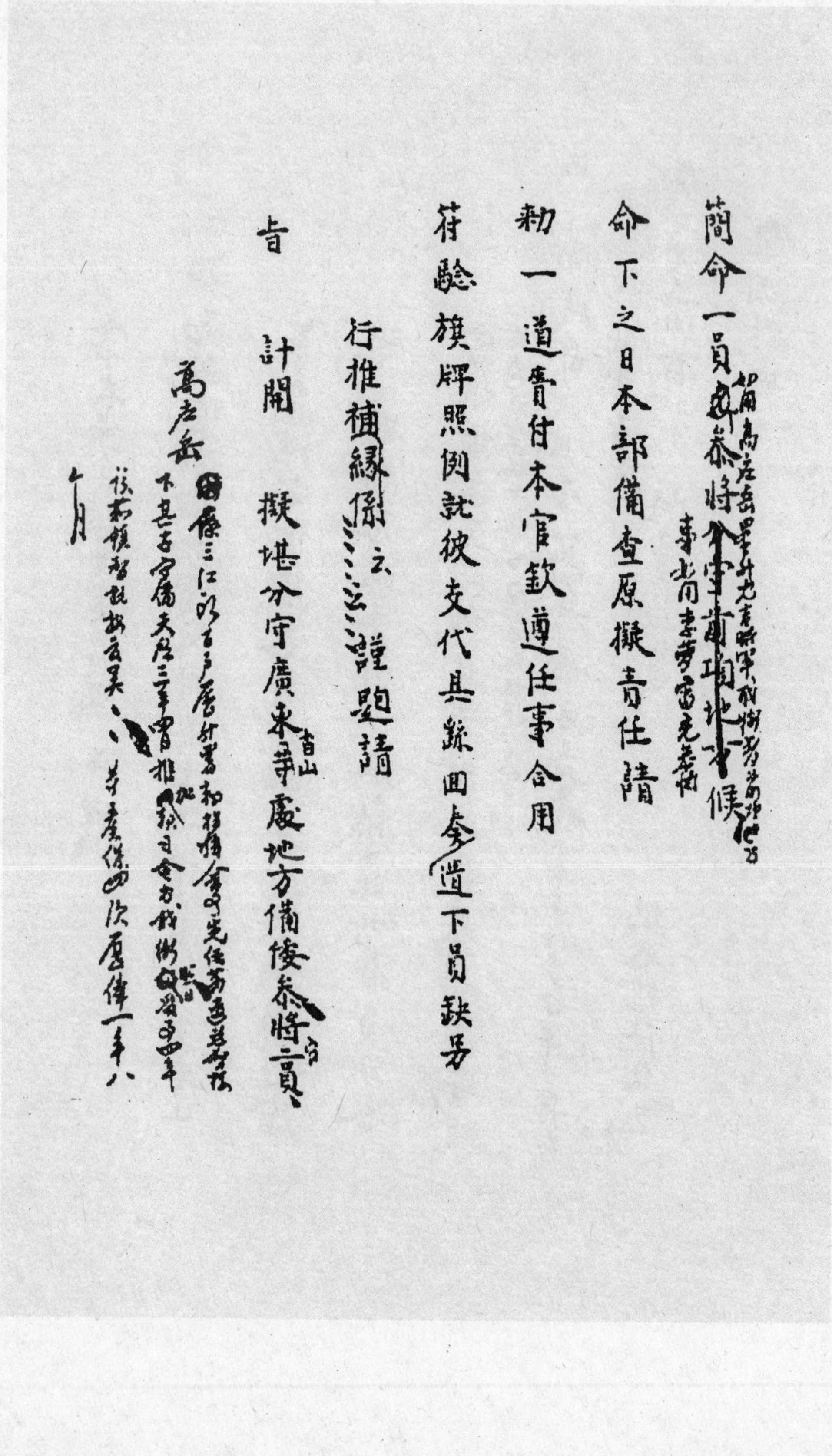
簡命一員
命下之日本部備查原擬責任請
勅一道賫付本官欽遵任事合用
符驗旗牌照例就彼支代具疏四參遣下員缺另
行推補緣係云云謹題請
旨
計開
擬堪分守廣東香山等處地方備倭參將一員
高應岳

三　兵部題稿　推補廣東香山等處防倭參將
（天啓四年九月二十三日）

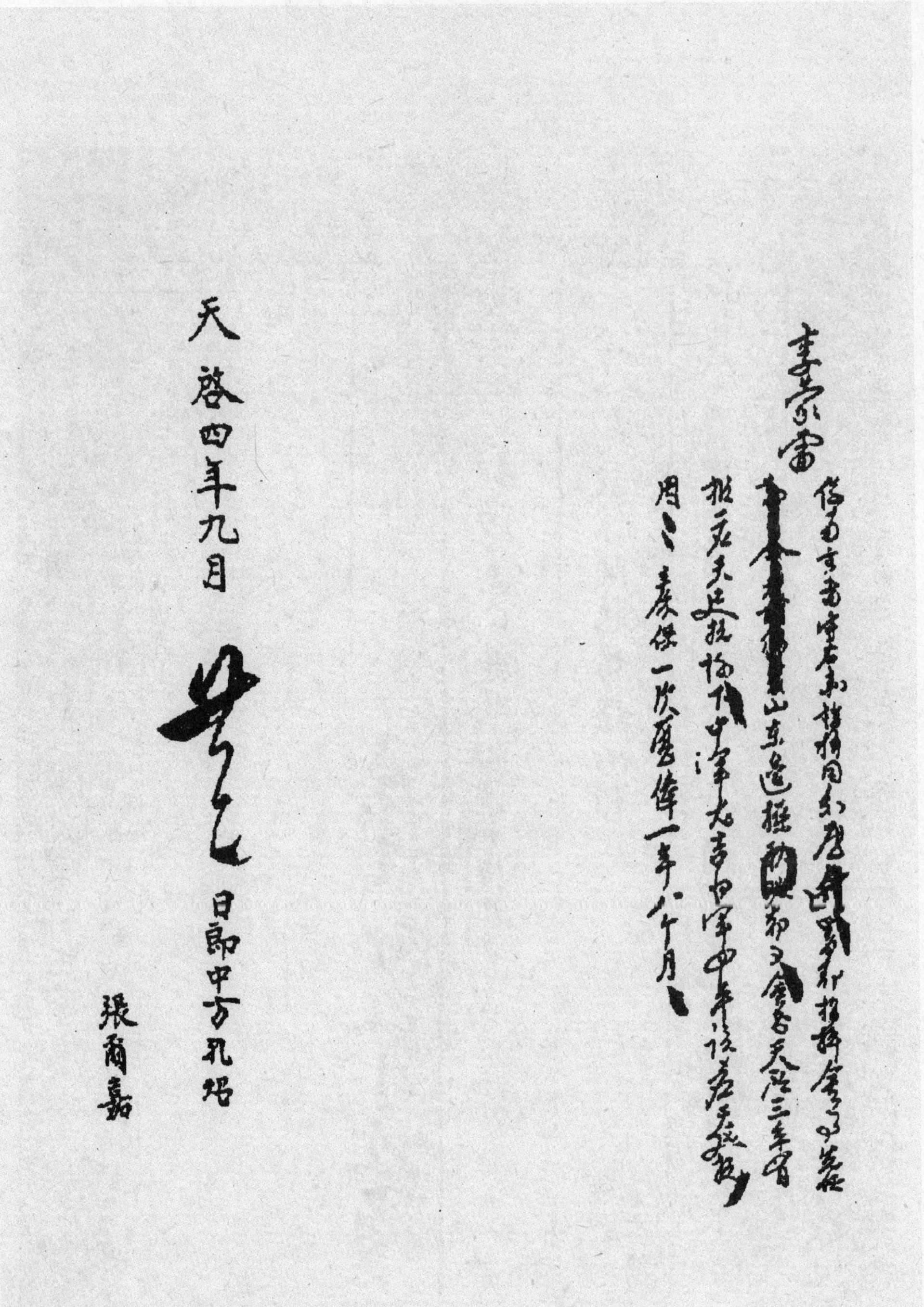

四　兵部尚書熊明遇題行稿　酌議海禁之利弊（崇禎四年八月）

題稿
敬陳閩冦等事
[illegible]
兵部尚書臣熊　等謹
題為敬陳閩冦芻議仰祈
聖裁事職方清吏司案呈崇禎四年七月初九日奉本
部送兵科抄出福建巡撫熊文燦題前事内稱

四　兵部尚書熊明遇題行稿（崇禎四年八月）

酌議海禁之利弊

據福建按察司呈本年正月二十八日奉臣案驗准
兵部咨該本部題前事內稱海禁一節關係甚
大合令撫按斟酌利害先行回奏等因奉
聖旨覽奏海寇情形甚晰及戰樂各款具見籌畫俱
着依議飭行至議開海禁利害依閱還着該撫按
酌妥速奏欽此欽遵抄出到部移咨前去煩照本部
覆奏
明旨內事理即將條議各款遵奉飭行內海禁一節利害

四 兵部尚書熊明遇題行稿

酌議海禁之利弊

(崇禎四年八月)

依閲文到作速酌妥先行回 奏施行等因准此看

得樞部條奏閩寇其起有三其猖獗有四其蔓延

有三已勘破盜賊之根源矣至於攜其黨散其衆樹

其敵與其生四議真乎賊之石畫籌筭深長非老

成謀 國曷克臻此但本院三年苦心擒兇奇

除鍾斌設謀行間亦已不遺餘力如給劄懸賞行

之屢矣惟是鍾縣栖汀瑞雲崩必未聞此人如果

有入援之志且自備安家行根本院又何難爲其

四　兵部尚書熊明遇題行稿

酌議海禁之利弊

(崇禎四年八月)

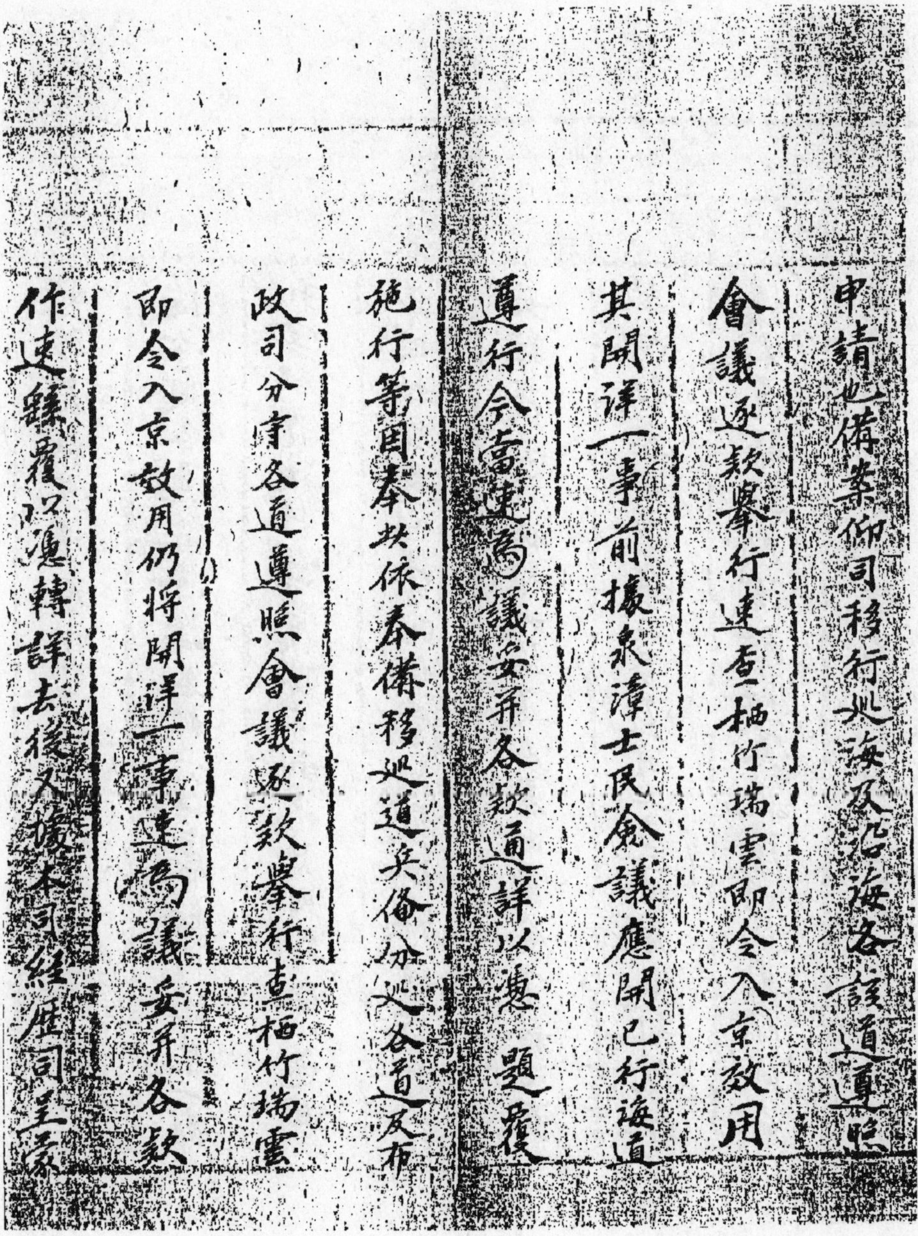

申請也備案仰司移行延海及沿海各該道遵照
會議逐款舉行速查栖竹瑞雲即令入京效用
其開洋一事前據泉漳士民僉議應開已行海道
遵行今當速爲議妥并各款通詳以憑題覆
施行等因奉此依奉備移延道兵備分巡各道及布
政司分守各道遵照會議逐款舉行查栖竹瑞雲
即令入京效用仍將開洋一事速爲議妥并各款
作速縣覆以憑轉詳去後又據本司經歷司呈蒙

四　兵部尚書熊明遇題行稿
酌議海禁之利弊
（崇禎四年八月）

巡按羅御史案驗前事備案仰司呈堂移行兵
海守巡各道將條議各款一體嚴飭內海禁一節
利害攸關速行議實限文到半月內詳院以憑回
奏等因抄呈到司蒙此依蒙移行兵海守巡各道議
妥錄覆去後催准巡海道右參政兼僉事徐日久
関回称案照崇禎二年十二月二十三日奉本都院批
據本道議詳開洋緣繇奉批漳州向來開洋原
為便商便民今一年之禁已過而眾紳之請尤切如

四　兵部尚書熊明遇題行稿

酌議海禁之利弊
（崇禎四年八月）

議速開照往例行仰候會　題緣壬三年五月内又
奉本都院會牌為開洋通商以甦民生以弭海寇
以裕兵食事據泉州府耆民高兆鍵等呈稱竊以
除害必先興利足　國惟在通商山海之藏利害
攸關舟航之通　國課斯給惟泉漳之斥鹵尸
皆指海為稻用自商島之禁民遂失業而挺險
是以頻年民力彫而推苻為梭軍餉匱而庚癸時
呼為今之計莫如弛禁開洋給引通商庶可戢其

四　兵部尚書熊明遇題行稿

酌議海禁之利弊

（崇禎四年八月）

敗而獲安全詳其便有六利焉一閩課全賴海稅
海稅紐而始議開征開洋則復大稅去小征計千計
萬不計十計百利一也一沿海之民慣習舟航彼背
力柁工水梢一開開洋則入於賊者將還安故業利
二也一百工技藝復得自擇取食資生利三也一泉
漳土瘠民稠取給海運洋通盜息米來救食利四也一紅夷
得以貿易化貨物不至屢入內地求市利五也一人自顧貨本
多習水技不醜亦望風遠遁利六也有此六利可以足

四　兵部尚書熊明遇題行稿

酌議海禁之利弊

（崇禎四年八月）

國裕民自是閩山海之遺意又此則有六害焉蓋洋禁而商
困洋開而商甦此猶以商人之利害言也洋禁而航海之民
悉化爲盜賊洋開而揭竿之衆還歸於樂利是可以爲地
方規遠大之計而且佐兵餉之緩急者也懇乞恩臺詳裁施
行民生幸甚地方幸甚等情又據鄉官何喬遠及生員
楊宗玉送到海議各到院案照開洋一事先經該道呈詳
業已批候具

四　兵部尚書熊明遇題行稿　酌議海禁之利弊（崇禎四年八月）

題去後今據前因合再查議備牌行道會同泉漳兩道查照先
今事理從長會議期于永久無弊為足
國裕民之計也議妥通詳以憑會
題施行奉此已經移會兩道及行泉漳兩防館酌議未報本
年十二月二十六日又奉本都院令牌為開洋事照得本院開洋
原從士大夫之請便於小民生理以消盜賊意甚厚也業
已發有洋引不日具

四　兵部尚書熊明遇題行稿

酌議海禁之利弊

（崇禎四年八月）

題可徼

俞旨為此備牌行道即便招致洋商春初開駕照常報餉使各

商得以遂其私而併急其公亦地方之緊要一件事也等因

奉此復經移行兩道兩防館酌議未報及據漳州府請

給洋引已經照例填給外崇禎四年三月初二日奉本院

案驗為閩粵有不戢之兵剿撫無一定之局謹攄弭寇

六款懇祈

聖明飭行以靖萑苻以圖戮力事准戶部咨抄出兵科給事

四　兵部尚書熊明遇題行稿

酌議海禁之利弊
（崇禎四年八月）

甲魏呈潤題前事內稱閩粵通點至今從梁養奸不
已民將生心敬就勦撫機宜別為六款內一款酌洋餉
以通商閩食地小而居民稠彈地之毛常不足餉民
之半其勢不得不覓利於海自海禁嚴而豪猾
之私販日盛孱弱之粒食靡依死於饑與死于
賊等耳今議開洋禁患此一方其策甚善第
舊制東西二洋給引不過二月出洋不過三月夏至以後
不許領引若時遍引沙餉額二萬餘兩取盈斯

四 兵部尚書熊明遇題行稿
酌議海禁之利弊
(崇禎四年八月)

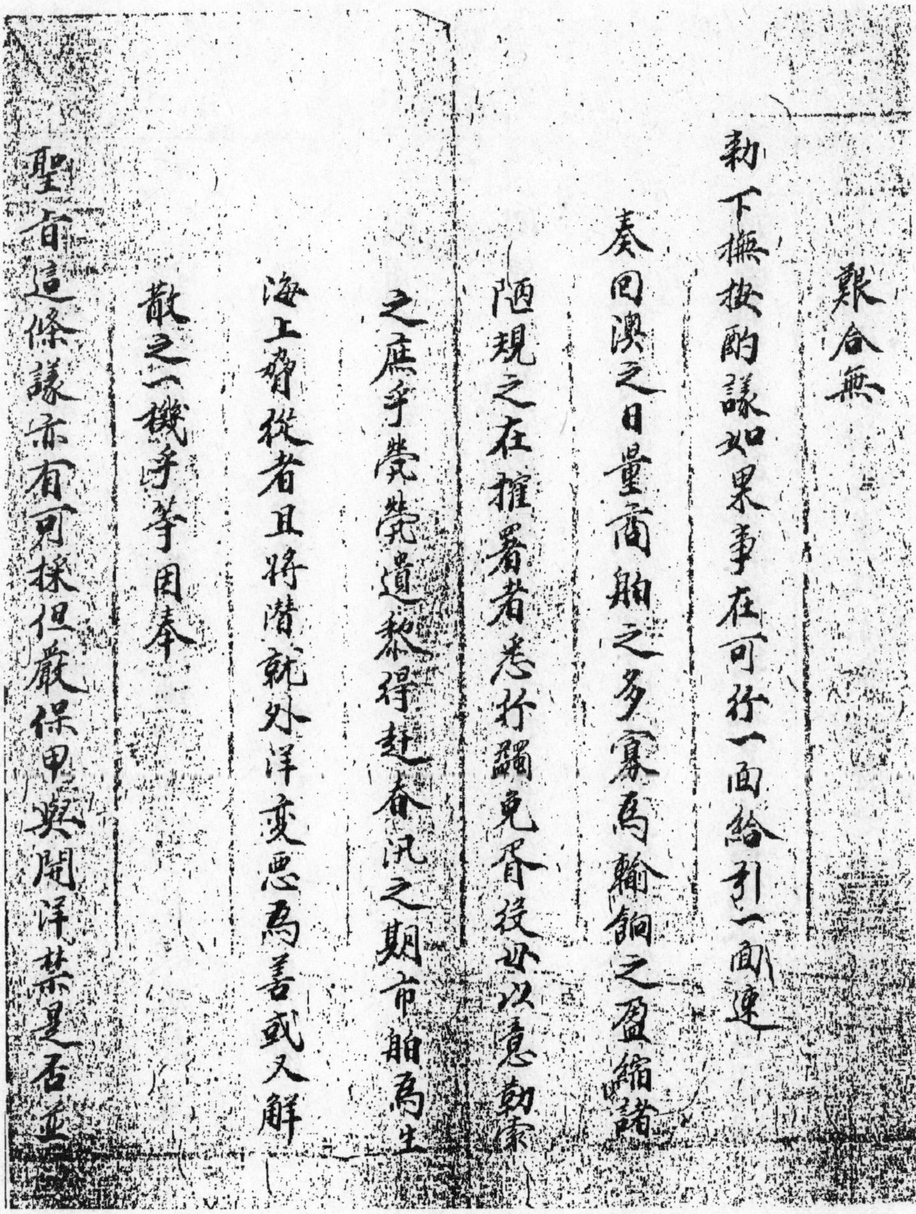
躬合無
勅下撫按酌議如果事在可行一面給引一面速
奏回澳之日量商舶之多寡爲輸餉之盈縮諸
陋規之在権署者悉行蠲免胥役毋以意勒索
之庶乎煢煢遺黎得赴春汛之期市舶爲生
海上脅從者且將潛就外洋變悪爲善或又解
散之一機乎等因奉
聖旨這條議亦有可採但嚴保甲與開洋禁是否並

四 兵部尚書熊明遇題行稿

酌議海禁之利弊
(崇禎四年八月)

行無礙該部從長酌覆欽此欽遵抄出到部送司查
得條議六款內止酌洋餉以通商一款該本部議
覆案呈到部該臣等看得當茲民生日困
國用日匱之際凡可以裕
國便民者惟恐舉行不早科臣魏呈潤條議六款
其一謂酌洋餉以通商是取斯民樂輸之商稅是
國家難盈之額餉似應朝議夕行無煩再計惟是頻
年以來海寇多故赤幟綠林之變風帆島嶼之

四 兵部尚書熊明遇題行稿

酌議海禁之利弊

(崇禎四年八月)

警時常入

告方甲嚴保甲以重卝閩之譏察令着把禁開洋悉林

總之往來蹤嘯聚之防範萬一奸人乘機向外

洋尌虎作内地蠢賊將利未得而害且至恐東

南一隅隱憂正未歇也

明旨謂是否並行無礙者政恐有礙難行真明見萬里

之外矣臣部再四商酌此一議也當俟海不揚波

之日再爲酌量舉行今日姑宜停止以嚴江洋海

四　兵部尚書熊明遇題行稿

酌議海禁之利弊
（崇禎四年八月）

湞之防者也奉侯
命下臣部欽遵施行等因崇禎四年正月二十一日奉
聖旨這開洋通商事宜該部既稱不便着照常禁
飭該衙門知道本内漢字誤字題屬誤增查明
改正欽此欽遵抄出到部咨院煩爲查照本部題奉
明旨内事理欽遵施行等因准此看得開洋一事既奉
明旨照常禁飭亟應施行備案仰道遵照禁止仍將
該道前詳印發洋引繳院施行等因奉此該

四 兵部尚書熊明遇題行稿

酌議海禁之利弊

（崇禎四年八月）

本道看得開洋一節奉有本年正月二十一日
明旨照常禁諭當即行下漳泉兩府遵依外緣去年
十一月兵部具題閩賊等事奉
聖旨海禁利害似閩還着撫按酌妥速奏職巡海官也
伏見
聖人明並日月審慎利害圖以奠安海澨遠方臣子欽
戴罔極顧利害之回還起伏不可勝窮尤不容
執滯第有一言以蔽之者曰

四　兵部尚書熊明遇題行稿

酌議海禁之利弊

（崇禎四年八月）

國家設餉之意原非以計利而止見為分防害從

往至今已然之迹具在簡冊諸備陳之傳曰南方

風氣柔弱不知亦緣厥土肥美產珍異無所羨于

中國故時有華民往為之主而謂其窺伺醜虜為吾

疆場憂則上下千年從無此事自琉球而東為

日本為朝鮮以至迤北風氣漸殊物產漸嗇故

其行徑自爾懸殊豫難一律此海外之略也倭

貢始於漢帝始于唐洋漁始于元至于我

四　兵部尚書熊明遇題行稿

酌議海禁之利弊

（崇禎四年八月）

明奸生于国引倭爲難

太祖高皇帝惡之

明詔阻絶然亦止絶其貢不絶其市以故閩廣浙江設司市三以受夷船

及成弘乃廢積漸侵淫遂成極厄萬曆初年撫臣龐尚鵬始

請開洋民生既蘇利濟亦溥二十一年以倭犯朝鮮仍議禁然于事無益撫

臣許孚遠鑑于前輙下令通融則餉額溢至三萬餘而沿海迄

無事崇禎元年撫臣朱一馮　具

題爲禁洋船以弭盜原期盡一年賊平乃議弁之洋已禁矣而盗

四　兵部尚書熊明遇題行稿

酌議海禁之利弊

（崇禎四年八月）

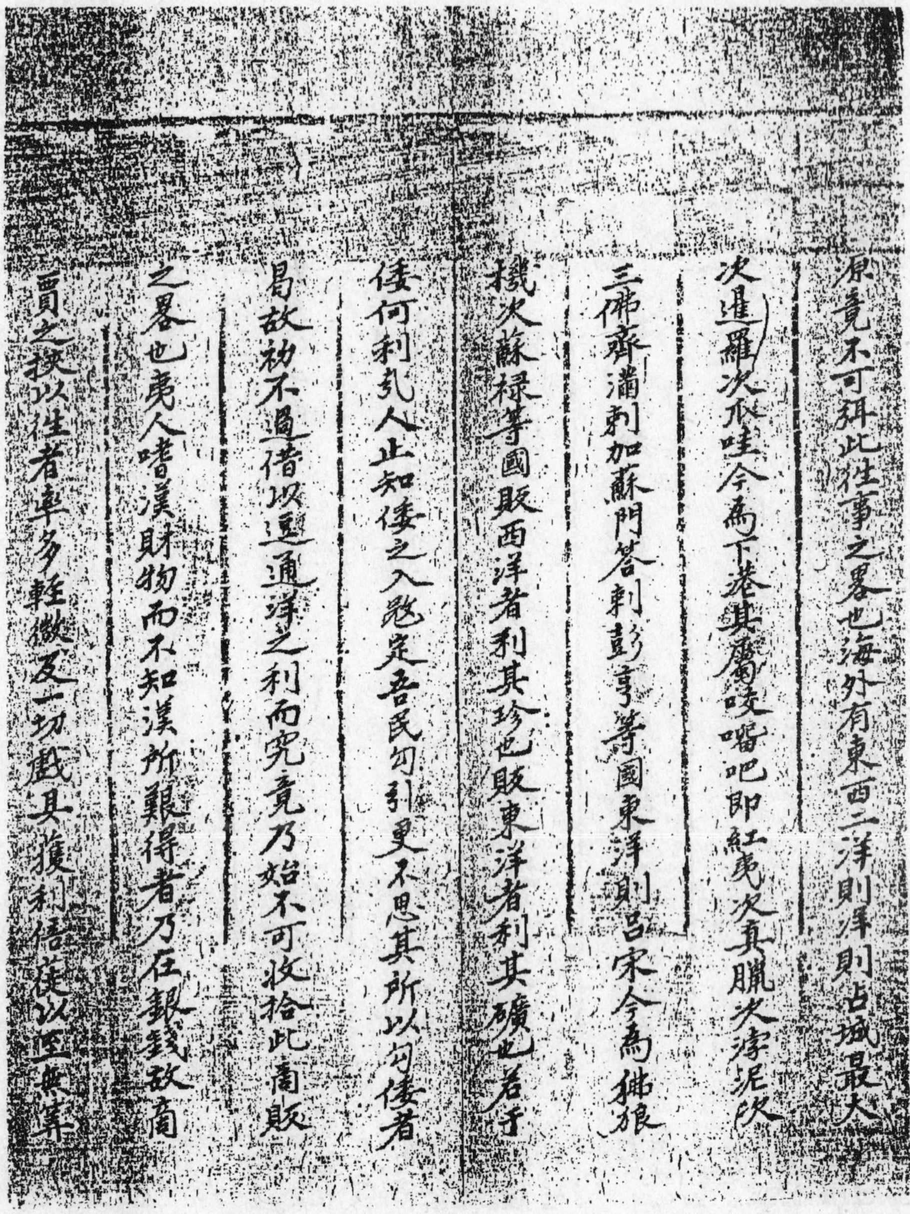
原竟不可稱此往事之畧也海外有東西二洋則洋則占城最大
次暹羅次爪哇今爲下港其屬咬𠺕吧即紅夷次眞臘次渤泥次
三佛齊滿剌加蘇門答剌彭亨等國東洋則呂宋今爲佛狼
機次蘇祿等國販西洋者利其珍也販東洋者利其礦也若乎
倭何利乱人止知倭之入寇定吾民勾引更不思其所以勾倭者
曷故初不過借以通洋之利而究竟乃始不可收拾此商販
之畧也夷人嗜漢財物而不知漢所艱得者乃在銀錢故商
賈之挾以往者率多輕微及一切戲具獲利倍蓰以至無筭

四　兵部尚書熊明遇題行稿

酌議海禁之利弊

(崇禎四年八月)

彼安坐其土習爲固常實然不甚倭借若禁商不往則彼
必來即不來亦必有招之來者使得窺内地權子毋明矣試看
民不盈所顧勢必用欺用驕急即挾官府以逼之内復啁疑
官府冀自掩招誘之跡而陰泄其情以市德于夷且速之去
夷昧如霞閱暴犢不獲須臾寧貼許棟王直皆緣茲起此
胎禍之畧也貧海之民拔荒成畜彼往來不常零星錯處者
且不具論其在爪哇則有唐人與西番賈胡雜居其地甫
亦華種呂宋則吾民往販甚多聚落長子孫至數萬萬

四　兵部尚書熊明遇題行稿

酌議海禁之利弊

(崇禎四年八月)

曆二十一年爲國酋所酷誅殺酋獲其金寶兔歸亡何又
有妄男子張嶷言機易山金豆事紛紜行勘嶷雖竟坐
妄言誅夷意遂不釋三十年襲殺華人幾無噍類後三年下
詔撫諭其酷烈如此又夷令嚴峻每華船至限番二百毋溢
額船歸倍載四百毋縮額然而吾民之趨者勢亦不止此流
寓之畧也
國初閩設三寨至景泰而增爲五且移入内地礌山南日浯嶼等
險棄勿守爲番船之所窟穴已又加五遊設遊擊增副總官

四 兵部尚書熊明遇題行稿

酌議海禁之利弊

(崇禎四年八月)

日益多船日益少兵日益分而會哨之規幾不復問然近來
軍令必使船時時出海兵時時在船周廻哨探叮嚀督率乃後
時有斬獲意氣開展此大壞極敝之餘苟存其人氣色仍露
此寨遊之畧也寨遊以禦賊尚不足以為賊則有餘若使文[illegible]
扞于奸民禁令足為口實則有乘便剽掠者有通賊分財者有
為賊間于內地者有以紅袍金帶為贄者甚之有利器火藥
相餽遺倚豪門貴室為囊橐者奸宄生心腥羶悅慕豈
必商販能招賊哉今第言招夷而不言招賊第言招賊而不言

四　兵部尚書熊明遇題行稿

酌議海禁之利弊

(崇禎四年八月)

即賊第言商之以財貨益賊而不知財貨之他商爲賊此眷

癰之畧也

中國法自銅鐵火藥厲禁甚嚴毋敢闌出其他食用物華固自

侈而可以傳夷銀錢以至寶貨香料藥餌之類流布人間亦

自不惡至於中華地面則

聖明之所臨蒞也文物之所託處也以啟山川靈秀不發于礦礦專出

于夷而我

國家徧用之不可以變就使桑孔之儔心計妙天下要之就我地而

四　兵部尚書熊明遇題行稿

酌議海禁之利弊

（崇禎四年八月）

源委盛衰盈縮其與幾何若使以海水爲灌輸以風濤爲慶
籥利盡東南而我無所予與予計較錙銖之迹其爲原委何
如此泉貨之畧也船有縣有引縣給船戶引以給商而引又
有二有一年一换者洋引是也有數月一换者内商之照身是也
欲槩革之則船與商好歹無能别白第專革洋引予使船有
縣越鄰省有引一入于海東西南北安可復問而去漳泉兩晝
夜即臺灣又一晝夜爲鷄籠淡水彼此皆有吾流寓奸民甯
爲與主海中窮崖絶島凡可寄泊可經繇與可興造者無所

四　兵部尚書熊明遇題行稿

酌議海禁之利弊

（崇禎四年八月）

不窮其窟穴而小船又可往可以來可以分載而麕集可以潛

載而竊入第稍艱難與不便過賊耳若激之使出所難彼

安得不從不便中計圖所便此閩船之略也閩地小于他省數

倍而丁口顧倍繁無論田不足耕人不能耕而已彼其生長海

濵志氣凌蕩習手藝工舟楫以僥倖于無妄之獲而心死於

萬有一虞之喪敗習已成性以故商招之即爲商賊收之即爲

賊附鯨鯢即爲賊于海附狼虎即爲賊于山賊之途甚多

而商之途僅一若併其一而盡塞之不知此數萬人者爲能

四　兵部尚書熊明遇題行稿

酌議海禁之利弊

（崇禎四年八月）

使之驕首溝壑而無悔耶抑將驅之轉徙四方而乞活耶此固
民之畧也春秋之法嚴
中國而恕夷狄則曷不推之而嚴奸民恕貧民乎嚴豪民恕[illegible]
民乎言至是則奸豪之為通番為接濟為主藏者皆能
攘臂倡禁海之說以挂當事之口而恣行胸臆故禁之也切
則其私越也必專而獲利始益重招釁速禍終未始不自
及顧不能以獨利圖共害以目前臆後日言非其心惑亂聽
睹豈復有均繁一定之說為甚控揣策請以[illegible]事觀之將[illegible]

四　兵部尚書熊明遇題行稿

酌議海禁之利弊

（崇禎四年八月）

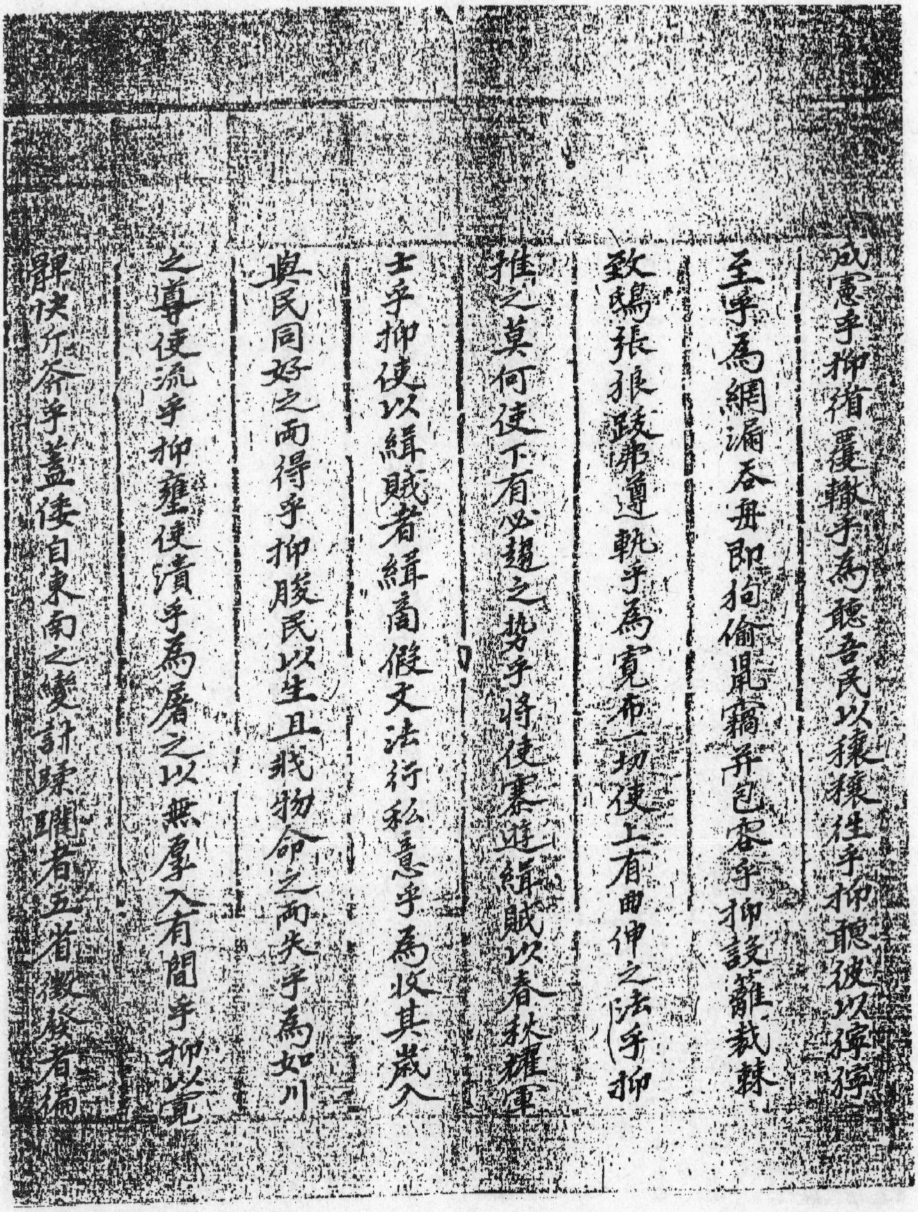

成憲乎抑循覆轍乎為聽吾民以穰穰往乎抑聽彼以狰狞
至乎為網漏吞舟即狗偷鼠竊并包容乎抑設籬栽棘
致鶚張狼跋乎為寬布一切使上有曲伸之法乎抑
推之莫何使下有必趨之勢乎將使寨遊緝賊以春秋權運
士乎抑使以緝賊者緝商假文法行私意乎為收其歲入
與民同好之兩得乎抑朘民以生且戕物命之兩失乎為如川
之尊使流乎抑壅使潰乎為屠之以無厚入有間乎抑以寬
肆伏莽乎蓋倭自東南之變計蹂躪者五省徵發者徧

四 兵部尚書熊明遇題行稿

酌議海禁之利弊

（崇禎四年八月）

天下物力民命不可究詰而試問王直何因以起朱紈何故
仰藥則豈非禁洋一説爲之然大而違衆哉總前事以要歸
極情理以盡變故曰
國家之設餉原非以計利而止是防害此又芻蕘之畧徑以備
主議者之採擇而弗能終其物也備錄移覆到司又催准本
守漳南道右叅政朱大典手本回稱行據漳州府申稱行據
龍溪縣申爲回報事據把總張宇呈稱蒙面諭查栖竹
瑞雲來歷栖竹姓黃係同安縣積善里沈宅社人舊年有

四 兵部尚書熊明遇題行稿
酌議海禁之利弊
(崇禎四年八月)

內病死在鴻漸尾地方瑞雲姓林係龍溪縣二十九都烏嶼橋
頭人正月初二日蒙龍溪縣着鄉兵黃三妹等解獲時瑞
雲自刎未死解縣審監次初三日病故等緣縣具文申報
到府取具印信結狀在案隨該本府看得閩海爲諸番百
貨灌輸之所生民之性命係焉盜賊之繁興亦係焉是開
洋者全閩之大利大害存焉者也如永禁則小民無以爲生是
爲自絕其利不禁則賊之蕃滋不止是爲自貽其害籌海者
必圖其利又永絕其害而後可故今有主必開之議者曰開洋

四 兵部尚書熊明遇題行稿 (崇禎四年八月)

酌議海禁之利弊

則無賴者皆往以趨利盗不驅而自散然試問向年閉
洋何以突有楊六楊七輩乎有主不開之議者曰開洋則散賊
者獲行嘯聚盗且不招自来然試問近年洋船已禁何以
尚有鍾斌李魁奇輩乎是皆執一偏之論而未睹其本也該
本府以賊之熾繇于剳洋今欲通洋必先治賊如人一身原是
無恙寒暑嵐瘴感之而疾作必去其所感而後四肢運動
方得自如治海者寧異是故惟治賊得其要領則操縱在我
禁之可開之亦可耳今撫院方畧素定用撫行剿始而李魁

四 兵部尚書熊明遇題行稿

酌議海禁之利弊

（崇禎四年八月）

奇授首既而鍾斌自沉數十年積寇一旦掃除海賊已得其
要領矣是誠可開之一候又數年來旱潦相仍民無生計望
洋不啻望歲故小民走死地如騖雖下嚴禁之令潛出而
潛歸者實繁有徒即因縶纍纍而私往如故何也以小
民之性命在焉不往則無以為生也猶陽言禁海不幾掩
耳而盜鈴乎此開洋之無煩再議也第必操縱之權常自
我握以制賊之命後可永利無害然豈曰再撫之云乎哉
本者以撫不可再也惟在振我之神氣而已蓋海寇原閩粵

四 兵部尚書熊明遇題行稿

酌議海禁之利弊

(崇禎四年八月)

粵浙三省共之大海茫茫原無界限番船俱粵入閩不能
等貨俱繇閩入浙乘風去來止一帆間耳自後毋指海寇止
為閩寇儻有窮發粵閩浙三省撫院即會同協剿賊不
能游移逃遁方有以制賊之死命而海波庶可永靖矣是
為去其害而可永享其利如不得其要領則雖撫百栖竹
瑞雲亦何益哉況今鍾斌剪滅即有栖竹瑞雲亦無所用之
今又縣報栖竹已
天剛瑞雲已自盡但當已往事付之置之不問可也等因到道據此

四　兵部尚書熊明遇題行稿

酌議海禁之利弊

（崇禎四年八月）

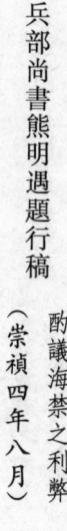

該本道覆看得津禁之通塞實關閩海之利害而盜賊
之繁興多繇小民之失業閩地斥鹵人無恒産率以海為田適
販東西二洋四方商賈所輻輳而鱗集也往時禁閑則富
者出本營利貧者傭役餬口無業之徒爭奔走為一歲中
以販洋往者千萬計民計留利於遠則剽刦于近者鮮矣
迨洋船捆載而歸貲皆繇充斥固
國課所取辦而亦盜賊所垂涎也近議禁洋以絕盜源似矣顧
禁自邇年而盜賊之縱橫愈甚越販之捍禁時聞兵餉

四 兵部尚書熊明遇題行稿

酌議海禁之利弊

(崇禎四年八月)

之匱之無措則似不若暫開之爲便該府所謂無煩

再議者也夫盜賊之戢與不戢非必在洋禁之開與不開

惟是練兵選將積儲守險一切建威銷萌之法當預圖

耳今海上幸藉

國家威靈及上臺方略魁奇鍾斌相繼殄滅稛竹瑞雲俱已

物故當此兵荒憔瘁之餘而暫開禁以惠饑渴待命之衆

未必非通利源而息盜萌之術也要在有司嚴稽查以防其

隱漏懲官幹以禁其搶奪而又申保甲以驗其出入飭官兵

四　兵部尚書熊明遇題行稿

酌議海禁之利弊

(崇禎四年八月)

以絶其勾引寧爲萌芽之剪勿至爲柯斧之尋儻有跳
梁鼓浪之寇則閩浙與粵三省會剿勿分畛域賊自不能
飛渡而海洋其永清乎總之制馭在我操縱在握可使民
能爲販不能爲盜無盜而禁者可議開有盜而開者可
立禁地方既有備而無患則通洋始有利而無害矣備咨
移覆到司准此隨該本司按察使潘曾紘覆看得海洋
開閉乃天下大利害存焉不止閩一方也昔年倭患孔棘騷動
半天下議者咸歸咎于奸商勾引所致

四　兵部尚書熊明遇題行稿

酌議海禁之利弊

（崇禎四年八月）

神宗朝鄉紳董應擧爲太理寺丞時特疏入
告欲絶禍源疏可覆視也然洋販通自
祖宗以來行之其禁自近歲始而海寇陸梁轉甚故議開則一時物
情無不鼓舞而難保異日無意外之虞不啓勾引之漸
議禁則災祲頻仍閩中地狹民稠以海爲田風波之民無
所仰食勢必聚而爲盜此利害之大較也本司受事未久
伏念此民或顧近利而忘遠憂乃鄉紳則老成謀國長
慮郡顧者也除董侍郎一人而外凡興泉以下鄉紳條議閩

四　兵部尚書熊明遇題行稿

酌議海禁之利弊

（崇禎四年八月）

事無不謂宜亟開者本司廣訪物情亦多言開官爲[illegible]
盜工業之人占則從之矣況萬口一談乎地方官休戚與共者
也如海道徐日久拮据海上更事最多灑灑數千言援引
典故鋪陳利害甚詳大指以倭之入犯繇于禁洋不繇開洋夫
開洋果與倭患無涉則小民既可療饑
國家亦資軍餉計無便于此矣他如守道朱大典郡守施邦曜其
措亦與海道合無鄉紳有桑梓之慮道府有守土之責不謀
同辭良有灼見爲以之一疏幾先之慧揣鑒往之危言排

四 兵部尚書熊明遇題行稿

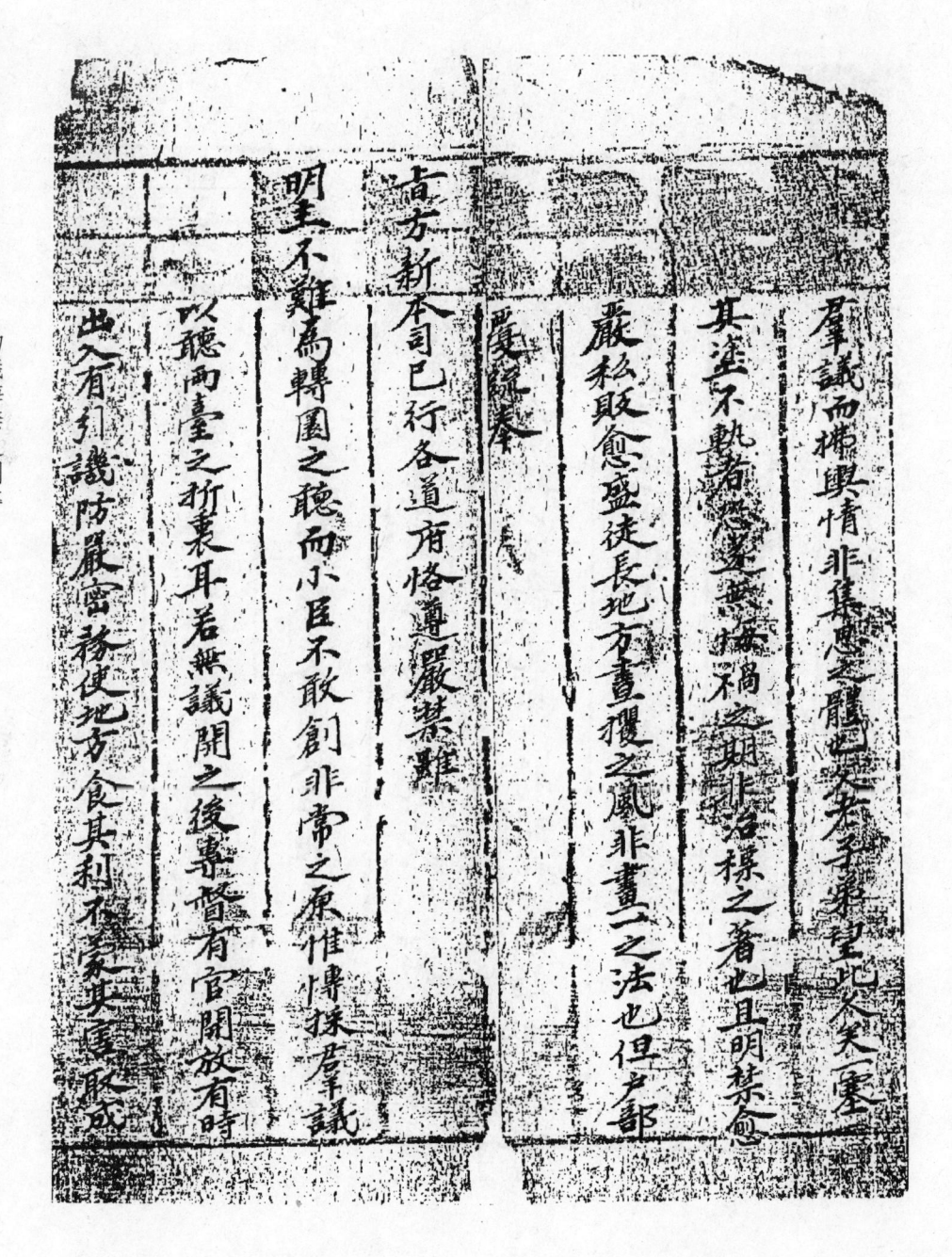

酌議海禁之利弊

（崇禎四年八月）

羣議而拂輿情非集思之體也又若予桑望比人矣臺

其塗不執者必蹇無悔禍之期非治襟之着也且明禁愈

嚴私販愈盛徒長地方畫攫之風非畫一之法也但戶部

覆疏奉

旨方新本司已行各道府恪遵嚴禁雖

明主不難爲轉圜之聽而小臣不敢創非常之原惟博採羣議

以聽而臺之折衷耳若無議開之後專督有官開放有時

出入有引譏防嚴密務使地方食其利不受其害取成

四 兵部尚書熊明遇題行稿

酌議海禁之利弊（崇禎四年八月）

法而申明之俟既徼

命旨下所司覆議

上請未晚也等因呈詳到臣該臣會同按臣羅元賓看得閩海

漳泉二府向有開洋一例數十年來百姓倚之爲命脈資之

爲生涯正所謂以海爲田也然洋船一開利有所歸亦起封洋

之盗及洋船一閉利無所出仍有入海之盗可見茫茫大海

盗之有無不專係洋之開與不開也自天啓七年十月閩海

寇猖獗爲前撫臣朱一馮按臣趙胤昌

四　兵部尚書熊明遇題行稿
酌議海禁之利弊
（崇禎四年八月）

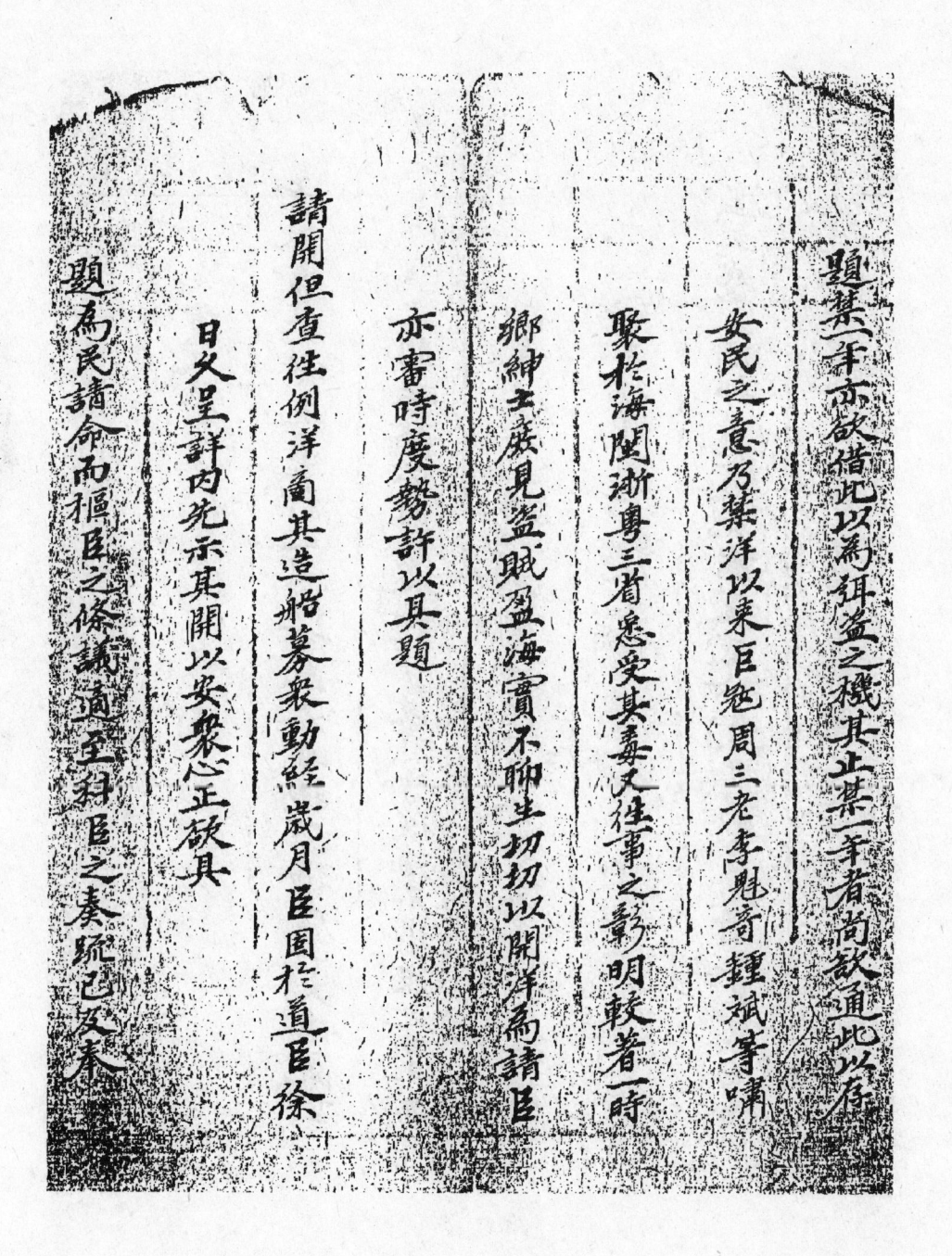

題禁一年而欲借此以為弭盜之機其止禁一年者尚欲通此以存
安民之意乃禁洋以來臣鄉周三老李魁奇鍾斌等嘯
聚於海閩浙粵三省悉受其毒是往事之彰明較著一時
鄉紳士庶見盜賊盈海實不聊生切切以開洋為請臣
亦審時度勢許以具題
請開但查往例洋商其造船募衆動經歲月臣固於道臣徐
日久呈詳內先示其開以安衆心正欲具
題為民請命而樞臣之條議適至科臣之奏疏已及奉

四　兵部尚書熊明遇題行稿

酌議海禁之利弊

（崇禎四年八月）

旨酌妥速奏蒇以得開爲幸矣隨經部覆亦惓惓爲閩海抱長

慮又奉

旨照常禁飭矣遵行之後似可無容再議然揣摩於人情觀望

之間衆論不同之處即部覆有當俟海不揚波之日再爲

酌量之舉一語已爲閩海開一有餘不盡之路非不欲開

特不欲即開耳茲伏

聖主威靈閣部籌畫元兇盡殲餘黨散歸若姑開之使窮民稍

可資生正不失爲方便若暫禁之使奸民無能作祟亦不

四　兵部尚書熊明遇題行稿

酌議海禁之利弊

（崇禎四年八月）

失於隄防但人情趨利走死地如鶩爲大海中偶出不意順風
揚帆瞬息千里不能保無私開市必至之勢也臣反復思
維開與禁總爲弭盜與安民也其要領全在官司其稽察
全在法度有治人無治法得其人則操縱在我開禁相機必
求有利無害神而明之存乎其人若論目前光景開之分數
宜多只漳泉有定例而福興必不容創起者臣亦從地方起
見敢效一得之愚仰祈
聖明之採擇耳臣因是而更有請焉海防一官關係最大若得一

四　兵部尚書熊明遇題行稿

酌議海禁之利弊

（崇禎四年八月）

精明甲科專司其事可必寨游清楚奸宄潛消即開洋一
節更責以彈壓稽查俟其功成績著即以沿海府道優
轉之又得駕輕就熟不患無實心任事之人也臣受事三
年有餘深知此中肯綮故敢乞
皇上垂念海濱於福興泉漳四府凡遇陟官缺出即補甲科海邦
自永保無虞也伏乞
勑下該部查覆施行等因崇禎四年七月初七日奉
聖旨撫按官身在地方自當熟籌利害據奏海禁不始

四　兵部尚書熊明遇題行稿

酌議海禁之利弊

(崇禎四年八月)

許閩是否長便着該部詳議確具奏海防
遴擇甲科如議行該衙門知道欽此又該福建巡
按羅元賓題同前事本年七月二十二日奉
聖旨已有旨了該部知道欽此欽遵抄到部送司
案照該部為照閩中洋船之設從來久矣近以
海氛未靖舊撫臣朱一馮按臣趙胤昌始有禁
洋船以弭盜源一疏然盜生有源不關洋船也自
海上有台灣一島而閩海亡命群穴其中[illegible]

四 兵部尚書熊明遇題行稿

酌議海禁之利弊

(崇禎四年八月)

累實繁有徒以致數年來海郛不靖非實非洋

船人爲盜盜乃刼洋船者也洋船通百貨而

助餉額百工技藝貧無生計者衣食其中利賴

詒謀甚廣年來議禁而國餉無出始權宜開權民

生自妨日蹙乃群起而從賊是洋禁不足以弭盜

適驅而之盜也況公禁日嚴私販日甚利歸於豪

票分贓營賊

賦受其繼有禁之名無禁之實則曷若開之而

上可佐軍興之需以便國下可抱兩閩榷稅

四　兵部尚書熊明遇題行稿

酌議海禁之利弊

(崇禎四年八月)

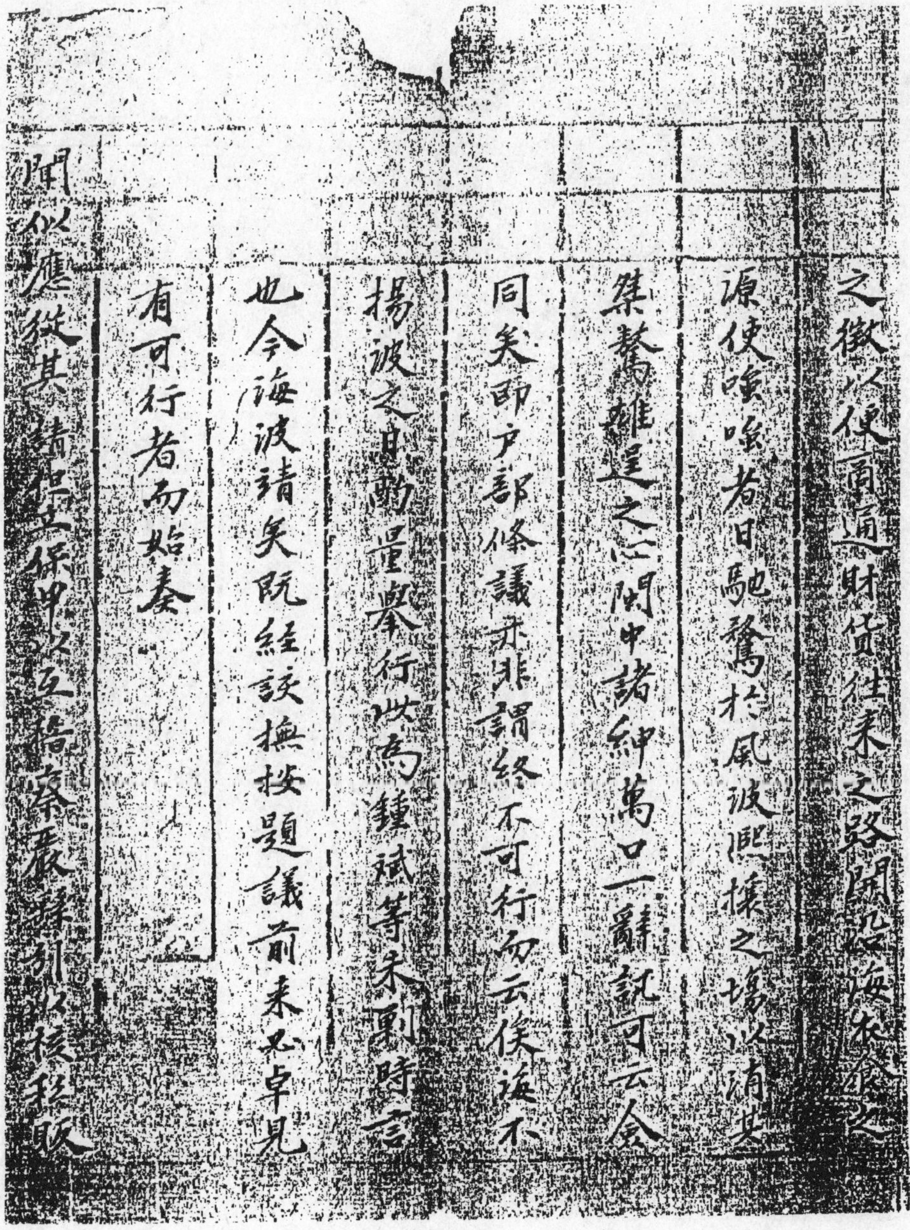
之徵以使商通財貨往來之路閩海禁之
源使喉噞者日馳騖於風波溉操之場以清其
桀驁難逞之心閩中諸紳萬口一辭詎可云僉
同矣即户部條議亦非謂終不可行而云俟海不
揚波之日酌量舉行此爲鍾斌等未剿時言
也今海波靖矣既經該撫按題議前來必卓見
有可行者而始奏
聞似應從其請拉立保甲以互稽察嚴禁引以接私販

四 兵部尚書熊明遇題行稿

酌議海禁之利弊

(崇禎四年八月)

洋艘盡歸海澄月港以定畫一之餉額鐵嚴違
禁律令以防接濟之奸矣又海防要務詎可弛玩
在地方官設誠而力行之耳然洋販東西二洋如
占城呂宋爪哇諸國素號恭順可以通販若倭
奴自來不通聲教閉絕已久仍當屬禁嚴防
如有通倭者必立寘重典從其所貨庶倭人
受開之利不受開之禍也至於海防用甲科仍須
慎擇潔守長材者為之方于惠商緝奸有濟

四 兵部尚書熊明遇題行稿

酌議海禁之利弊

(崇禎四年八月)

以前銓部事再既經具題前來相應覆
請合候
命下遵奉施行
崇禎
日尚書司郎當司事李維
協贊司事員外郎
管理西庫員外郎

五　兵部尚書熊明遇題行稿

籌議粵省華洋互市事宜
(崇禎四年九月初六日)

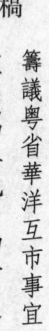

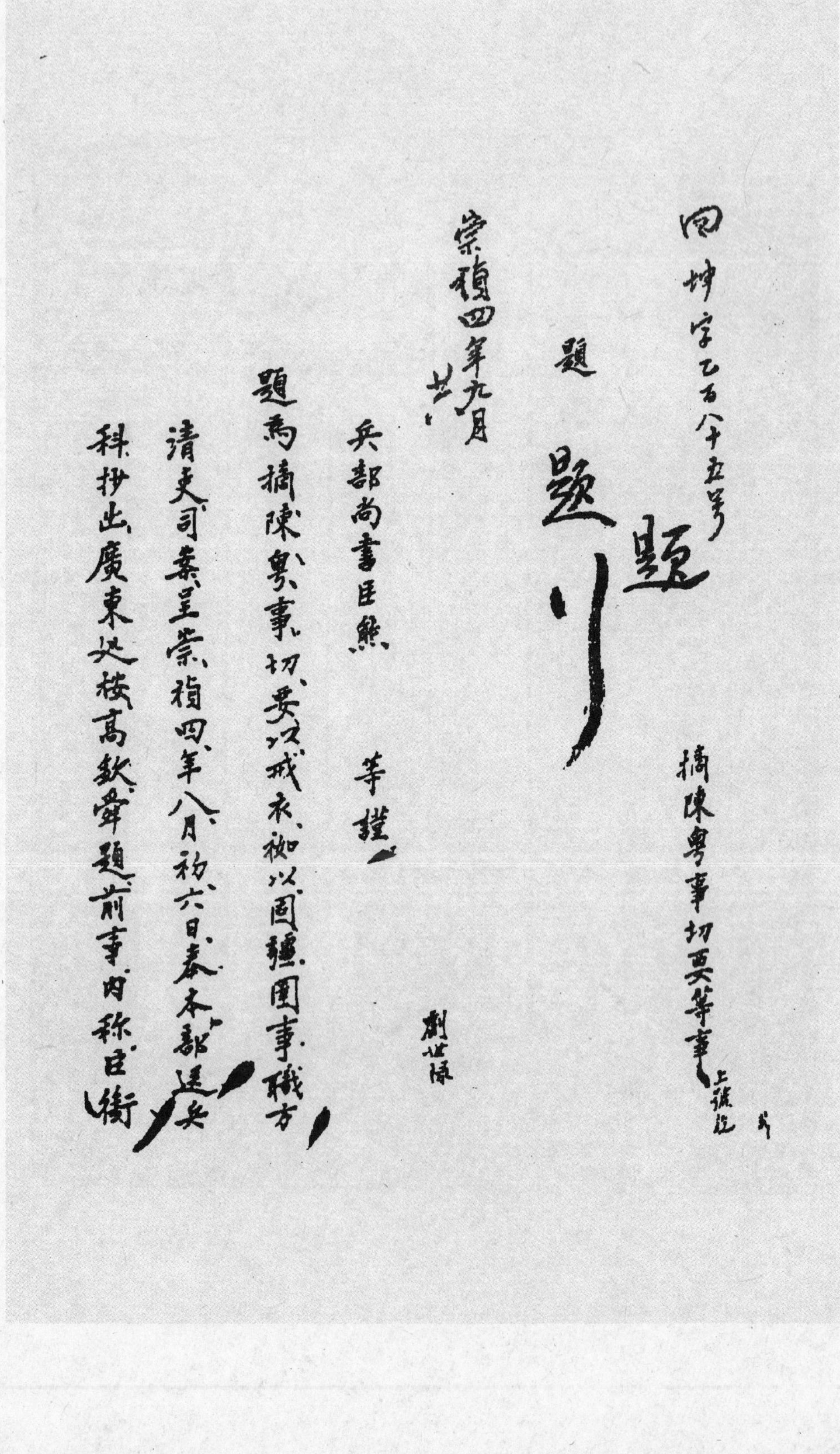
田坤字五百八十五号
摘陳粵事切要等事
題
題
兵部尚書臣熊　等謹
題為摘陳粵事切要以戒衣袽以固疆圉事職方
崇禎四年九月　廿
劉世祿
清吏司案呈崇禎四年八月初六日奉本部送兵
科抄出廣東巡按高欽舜題前事內稱臣銜

五　兵部尚書熊明遇題行稿

籌議粵省華洋互市事宜
（崇禎四年九月初六日）

命於役茲已告竣凡所歷所至有關吏治民生得失利病
與夫山海交訌兵荒洊至之情形已一一次第入
告矣乃夫東粵之所大憂有在肘腋間而中人膏肓
者臣竊鰓鰓計之以今盜賊披猖所在報警地
方官無日不以防守為事即立保甲練鄉兵飭
海禁嚴捷濟亦既不遺餘力而裹向引外連
此攻彼擊更相流竄人心搖搖其故安在則知所
以靖盜而未知所以靖盜之源也粵故瘠壤而被

五 兵部尚書熊明遇題行稿

籌議粵省華洋互市事宜
(崇禎四年九月初六日)

鍾名非以東商貿易百貨所聚貴珠玉而賤五
穀耶而粵之禍亂實胎於是何也省會密邇澳
地夷之實逼處此非粵之利也其初不過以互市
來我濠鏡 中國利其歲輸涓滴可以充餉
暫許棲息彼亦無能禍福於我乃奸商攬棍餌
其重利代其交易憑託有年交結日固甚且爭
相奔走惟恐不得其當漸至從中挑撥窺視官司
而此幺麽醜類隱然為粵腹心之疾矣查澳門

五 兵部尚書熊明遇題行稿

籌議粤省華洋互市事宜

（崇禎四年九月初六日）

之設所以禁其内入，惟互市之船經香山縣原、
立有抽盤科，凡省城洒米船之下澳與澳中香
料船之到省，歲有帑題，必該縣官親驗抽盤，不
許夾帶鹽鐵硝黄等貨，私貸生法之姑爲慮良
周，今甲科縣官往往避擭不欸，與身其間，而一以
事權委之市舶，市舶相沿陋規，每船出入，以船之
大小爲率，有免盤會例，視所報正税不啻倍蓰
其海道衙門使費稱是，而船中任其攜帶違禁

五　兵部尚書熊明遇題行稿

籌議粤省華洋互市事宜

(崇禎四年九月初六日)

貨物纍纍不可莫數、更有冒名餉船私自出入遊
奕把哨甲壯人役、託言拏接濟而實身爲接濟
者、又比比而是不可致詰。總之以輸餉爲名以市
舶爲窟、省會之區縱横如沸、公家一年僅得其
二萬金之餉、而金錢四布、徒飽積猾奸胥之腹
番哨聽其衝突、夷鬼聽其搶掠、地方聽其蹂踐
子女聽其拐誘、豈不亦大爲失計、大爲寒心者哉
今宜仍以澳、閩爲表外之界、以香山嚴出入之防、省

五　兵部尚書熊明遇題行稿

籌議粤省華洋互市事宜

（崇禎四年九月初六日）

船之應出者，至香山驗過，及出澳船之應入者，至香
山驗過，乃入。其有大夾板船，艤泊外洋老萬山、桂
州、大井、大寔山等處，致番唷運貨走稅，責令海
防官嚴拏，連船貨沒官充餉，據法正罪。其別項
外海船徒搭飄風，蹤跡閃爍者，市司不許妄申
報餉，該管衙門不許輕准，故行事關海禁，有礙
封疆，萬不容稍徇情面，等於兒戲也。其歲額酒米

五　兵部尚書熊明遇題行稿

籌議粵省華洋互市事宜

（崇禎四年九月初六日）

船香料、船各若干，必香山縣官逐一親自抽盤，毋容

吏書上下其手，一面單報督按司道存案，一面移

單市司查對報稅，市司止許照貨登簿收稅解

餉，不許更立帮、餉使用種種名目，以恣需索延捱

生事。如是，則單先盤之隱現，可溢數倍之餉額。當

此三空四盡，捉襟露肘之日，亦不堪以有用之金錢

任若輩自潤私橐也。至於海道自有海上機宜，時

費籌度，於商賈刀錐之末，又何庸分心，以紛紜其職

五　兵部尚書熊明遇題行稿
籌議粵省華洋互市事宜
（崇禎四年九月初六日）

掌而武而咒猾胥之積、蠹市儈之交通、陋規之相沿、
亦成如市之門、非建威、銷萌之體也、且妝飾原非布
政司而地方之事、守、巡二道主有攸責、其市舶税課應
并報該司、守巡凡互市出入船數、每季各衙門循
環冊報、督撫查覈、其非經抽盤、非經報税等船、不
許混擇往來、庶互相覺察、稽核稟蕭、而官攸者且一
洗脂膩之媒耳、更責成附省二縣、盤詰奸細、驅逐無

五　兵部尚書熊明遇題行稿

籌議粵省華洋互市事宜

（崇禎四年九月初六日）

籍不許奸商攬攪借市舶之、名盤踞、據湮有、無手、呼
閩西生可疑、爲保甲所、不載、者人、得而執、之則内、地
肅清而奸宄靡自、潛蹤、豺賊、去其内應、壯弭盜安
民之第一義之臣叨
皇上任使、兢兢、竭歷、拳重、戀涙、炎海、到處、咨詢耶徑
種黎岐靡、不究、所以、捐取之法而驗、省城者凡三其
關切事宜更無踰此理、會同總督兩廣軍務兼巡
撫廣東地方兵部右侍郎兼都察院右僉都御史王

五　兵部尚書熊明遇題行稿

籌議粵省華洋互市事宜
（崇禎四年九月初六日）

業治具題伏乞

勅下兵部申飭施行等因崇禎四年八月初四日奉

聖旨這本說夷商姦稅交搆挑撥釀患可虞撫按道

府有司便當查照成規設法禁止何得漫無稽押

硝黃鉄器不許闌出屡諭甚嚴豈容玩視奏內

外界職防盤驗申報等事俱着酌議具奏該

部知道欽此欽遵抄出到部送司案呈到部為照

東粵設有市舶所以通華夷之情遷有無之

五　兵部尚書熊明遇題行稿
籌議粵省華洋互市事宜
（崇禎四年九月初六日）

貨雖曰藉輸餉以減戍費，其實原便利權歸上，而不容奸豪積猾內外交關也。乃法久弊生，官司視洋船為金穴，商棍亦望海市為銅山，巧立名色，違禁征收，以至私貨夾帶，~~奚啻搶掠無筭~~莫可限遏，~~非計之得，沸禍實釀此~~按臣深憂遠慮，歟嚴界限以察譏防，復盤驗而鎮中報，其得杜患銷萌之早計者哉。查澳門所以分內外，而香山縣其出入之總途也。舊例設盤驗科，即該縣正官

五　兵部尚書熊明遇題行稿

籌議粵省華洋互市事宜

（崇禎四年九月初六日）

爲政自市舶專其事免盤有例而紅貨不可問
積弊遂有不堪言者則復盤驗而稽出入不獨剔
釐當然也但作奸通番又不在洋木香料等船
若艘拖夾板潛躲外洋最易以藏匿而海船
借口飄風朦報放行者猶奸宄之捿藪不可不
力禁而法懲者也抽盤既歸縣官必以精心白意
實爲通商惠民之政然後可若猶是假手吏

五　兵部尚書熊明遇題行稿
籌議粵省華洋互市事宜
（崇禎四年九月初六日）

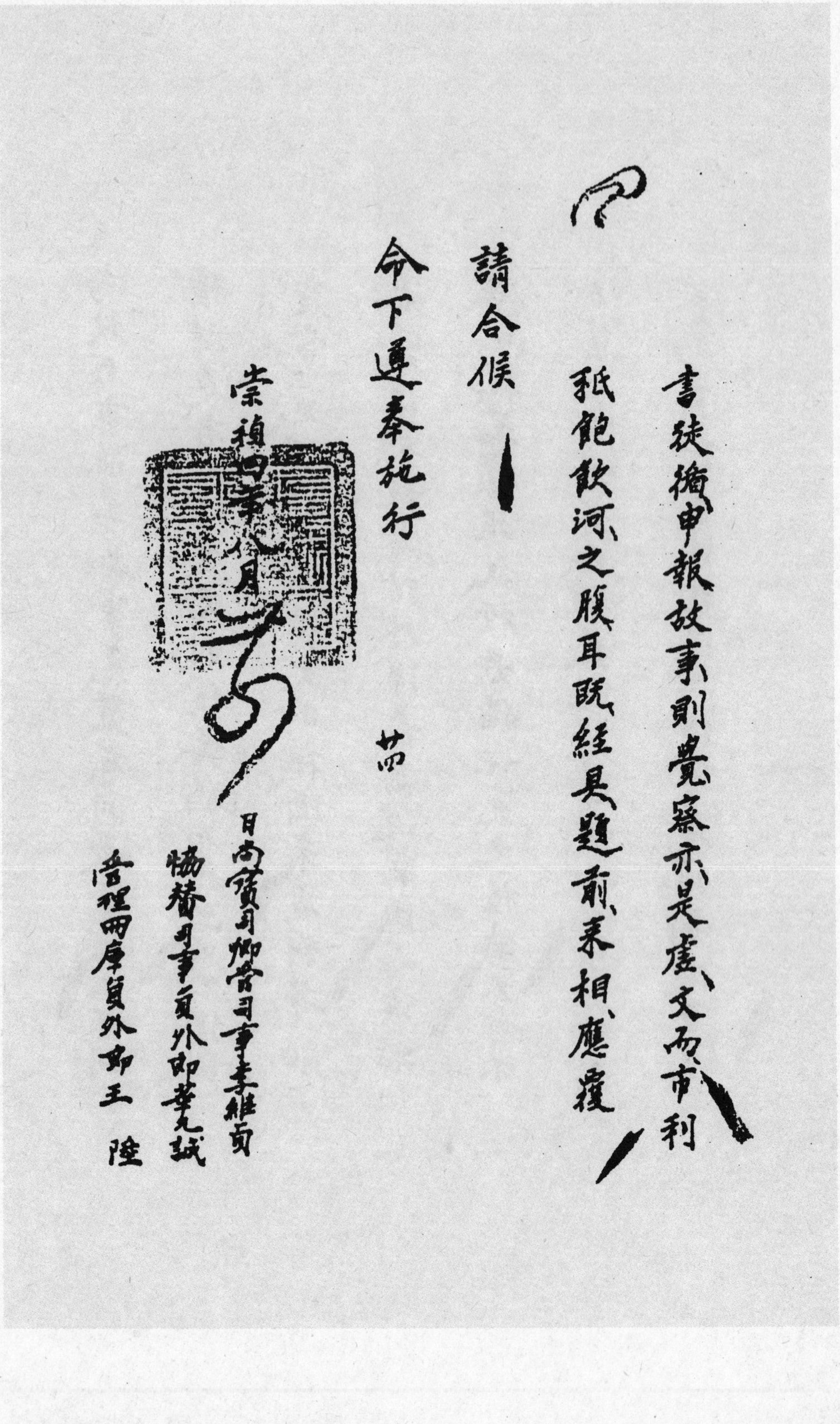

書徒摘申報故事，則覺察亦是虛文，而市利
秖飽欽河之腹耳。既經具題前來，相應覆
請，合候
命下遵奉施行。

節

崇禎四年九月　日

尚寶司卿管司事李維貞
協贊司事員外郎李允誠
管理兩庫員外郎王　陞

五　兵部尚書熊明遇題行稿

籌議粵省華洋互市事宜

（崇禎四年九月初六日）

兵部為摘陳粵事等事該本部題云云等因崇
禎四年八月二十八日本部尚書熊　等具題玖
月初四日奉
聖旨澳商法禁久弛以致市舶豪棍作奸漁利交通釀
患依議着香山縣印官設法稽詰凡船貨出入躬親
盤驗一切硝黃鹽鐵違禁等物不許私自夾帶及
詭異船隻潜泊賄放違者處以重典仍着道府各官
彈壓釐剔如稽識察無方玩縱啟釁該撫按一併參來

廣治兩部即嚴飭行欽此欽遵擬合就行爲此

一咨兩廣總督　合咨前去煩照本部

覆奉

明旨内事理欽遵施行

一咨都察院　合咨

貴院煩爲轉行廣東巡按御史遵照本部覆奉

明旨内事理欽遵施行

五　兵部尚書熊明遇題行稿　籌議粵省華洋互市事宜
（崇禎四年九月初六日）

六　兵部尚書張鳳翼題行稿

條陳粵東海防三憂三害

（崇禎七年五月十三日）

六 兵部尚書張鳳翼題行稿 條陳粵東海防三憂三害

（崇禎七年五月十三日）

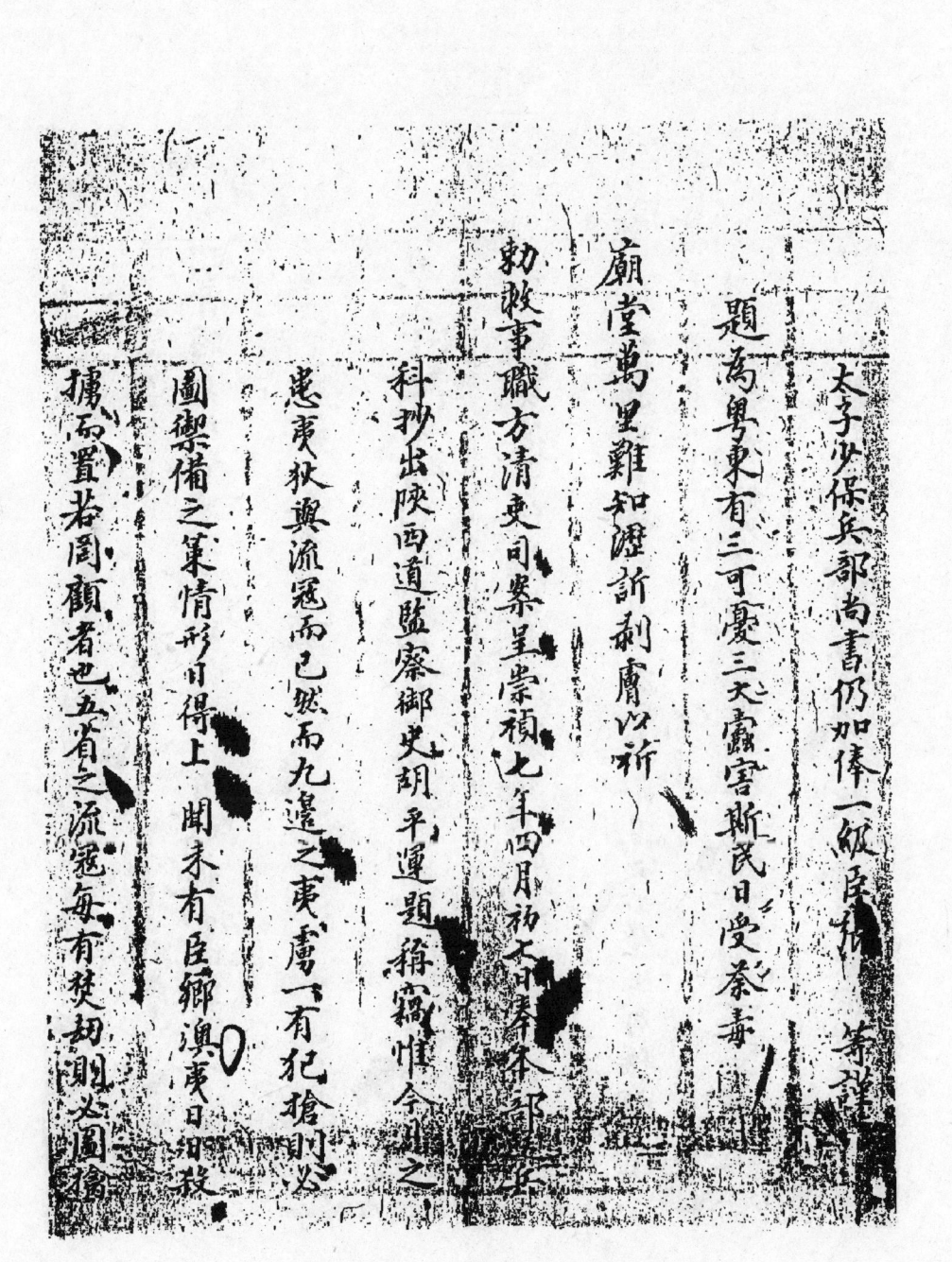

太子少保兵部尚書仍加俸一級臣張 等謹
題為粵東有三可憂三大蠹害斯民日受荼毒
廟堂萬里難知瀝訴剝膚以祈
勅救事職方清吏司案呈崇禎七年四月初五日奉本部送
科抄出陝西道監察御史胡平運題稱竊惟今日之
患夷狄與流寇而已然而九邊之夷雖有犯搶則必
圖禦備之策情形可得上聞未有臣鄉澳夷日肆殺
擄而置若罔顧者也五省之流寇每有焚劫則必圖擒

六 兵部尚書張鳳翼題行稿

條陳粵東海防三憂三害

(崇禎七年五月十三日)

剿之方

明旨時見切責未有臣鄉海寇日日殺擄而寂如充耳者也

臣鄉之人不言無有為

皇上言之者亦何從知萬里之外受毒如斯甚哉其一在澳

夷彼占住濠鏡而攔入之路不特在香山凡省南東

新寧可揚帆直抵者也其舡高大如屋上有樓棚疊

架番銃人莫敢近所到之處硝黃刀鐵子女玉帛違

禁之物公然般載沿海鄉村被其擄奪殺掠者莫敢誰

六　兵部尚書張鳳翼題行稿

條陳粵東海防三憂三害

（崇禎七年五月十三日）

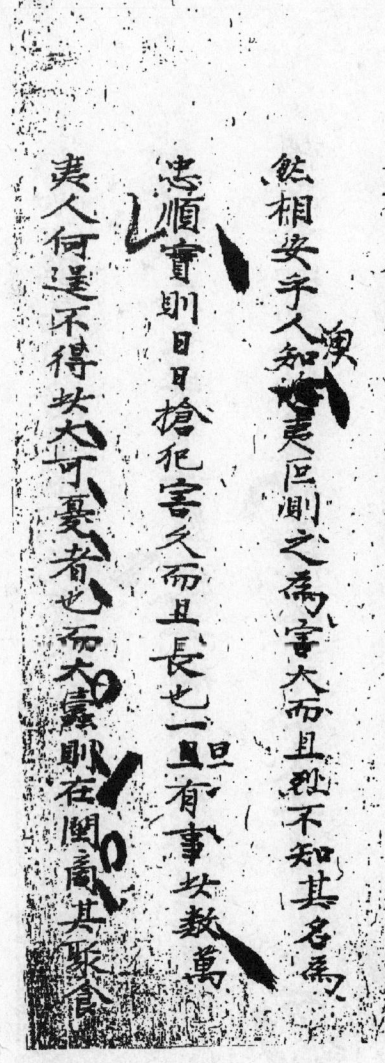

何官兵間或追之，每被殺傷，而上司亦莫之敢問。有掩
耳盜鈴而已。往者番哨不過數隻，今打造至於近百，出入
無忌，往來不絕，藐視漢法，挾制官司，居然有據防以殺之
意矣。往者夷數不滿千，今近且報至數萬。試思此數萬
人者，日食若干，無非粵人之膏血，犬羊鷙鷙之倫，前則
然相安乎？人知澳夷叵測之為害大而且烈，不知其名為
忠順，實則日日搶犯，害久而且長也。一旦有事，此數萬
夷人何還？不得此大可憂者也。而大爲則在閩商，其聚食

六　兵部尚書張鳳翼題行稿

條陳粵東海防三憂三害
（崇禎七年五月十三日）

於粵以澳爲利者亦不下數萬人，凡私物通夷勾引作歹
皆此輩爲之祟。官兵盤獲其船，則以匿金匿寶誣
捏反噬，財力所至，鬼神爲通，官司亦被其播弄，甚而
中國邊情，邸報日與彼傳，況粵之虛實不在其窺覘
中也。乞
勅督臣嚴責道將設法禁制，不許容縱番哨出入內地，仍
行牌責令澳夷將番哨盡行拆毀，凡通夷勾夷者拏
獲審實，即行重典，庶大弊稍戢乎。其一在外寇外

六　兵部尚書張鳳翼題行稿

條陳粵東海防三憂三害

（崇禎七年五月十三日）

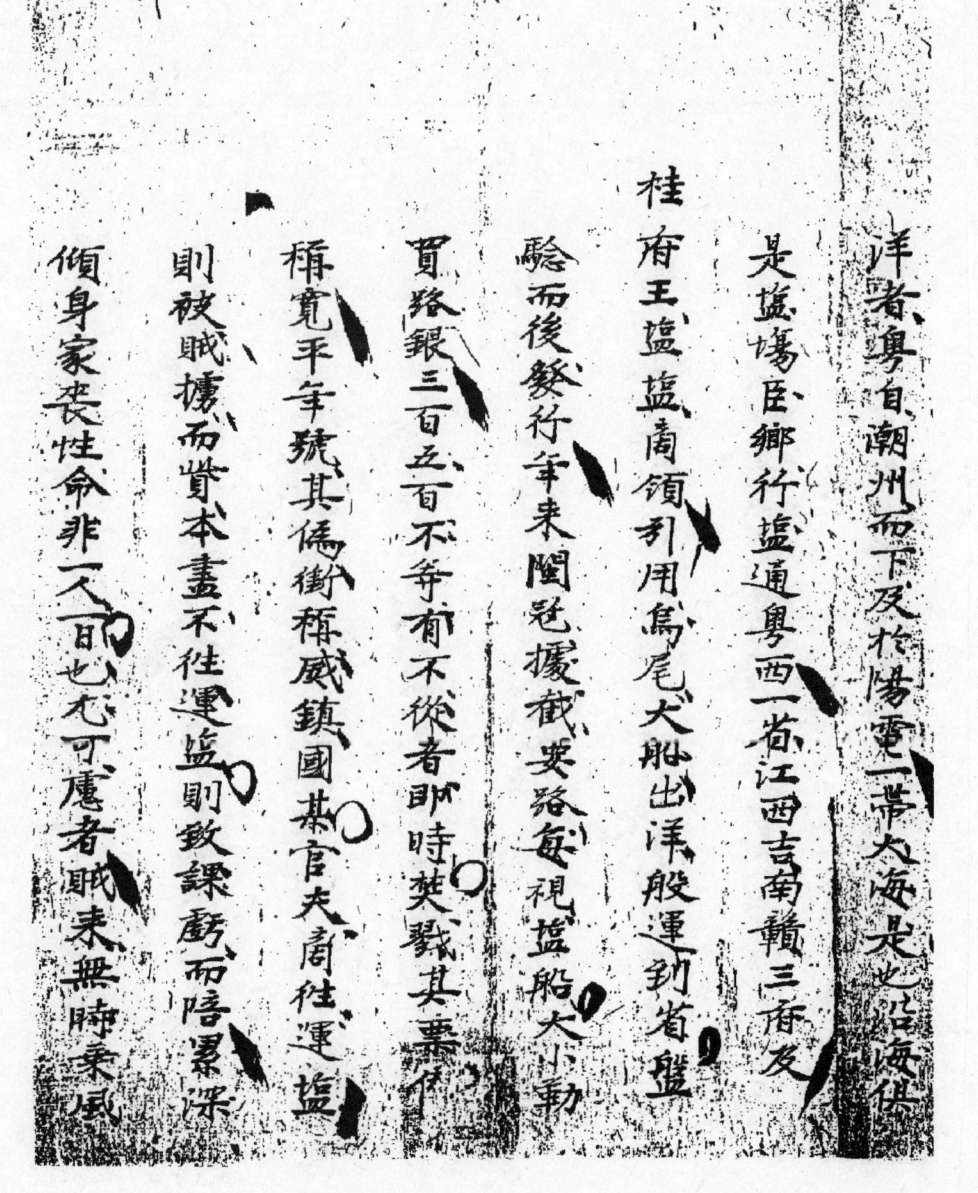

洋者，粤自潮州而下及於陽電一帶大海是也。沿海俱
是鹽場，臣鄉行鹽通粵西一省、江西吉南贛三府，及
桂府王鹽，鹽商領引用烏尾大船出洋，般運到省，盤
驗而後發行。年來闖匪攔截要路，每視鹽船大小，勒
買路銀三百五百不等，有不從者，即時焚戮其票仗
稱寬平等號，其僞銜稱威鎮國某官大，商往運鹽
則被賊擄，而貲本盡不往運鹽，則致課虧而陪累深
傾身家，喪性命，非一人一日也。尤可慮者，賊來無時，乘風

六 兵部尚書張鳳翼題行稿

條陳粵東海防三憂三害

（崇禎七年五月十三日）

飄突越虎門一限可以直薄廣州城下去年二月之役

非粵將陳玭李相焚斬大敵以保會城未可貞擒賊多

舟以保陽電則殘破不在秦晉楚豫之下矣今賊既

眈憤憤日夕圖粵未肯忘情乎然一舟至何以爲禦

此大可憂者也而大蠹則在接濟蓋賊取洋海動至

萬人不有接濟何以爲食臣鄉數未向來嚴禁出海

自鄭芝龍到粵假餉兵爲興販民情已自洶洶又爲

潮船運鹽之說其實借鹽爲名而夹帶私貨以入重載

六 兵部尚書張鳳翼題行稿

條陳粵東海防三憂三害

(崇禎七年五月十三日)

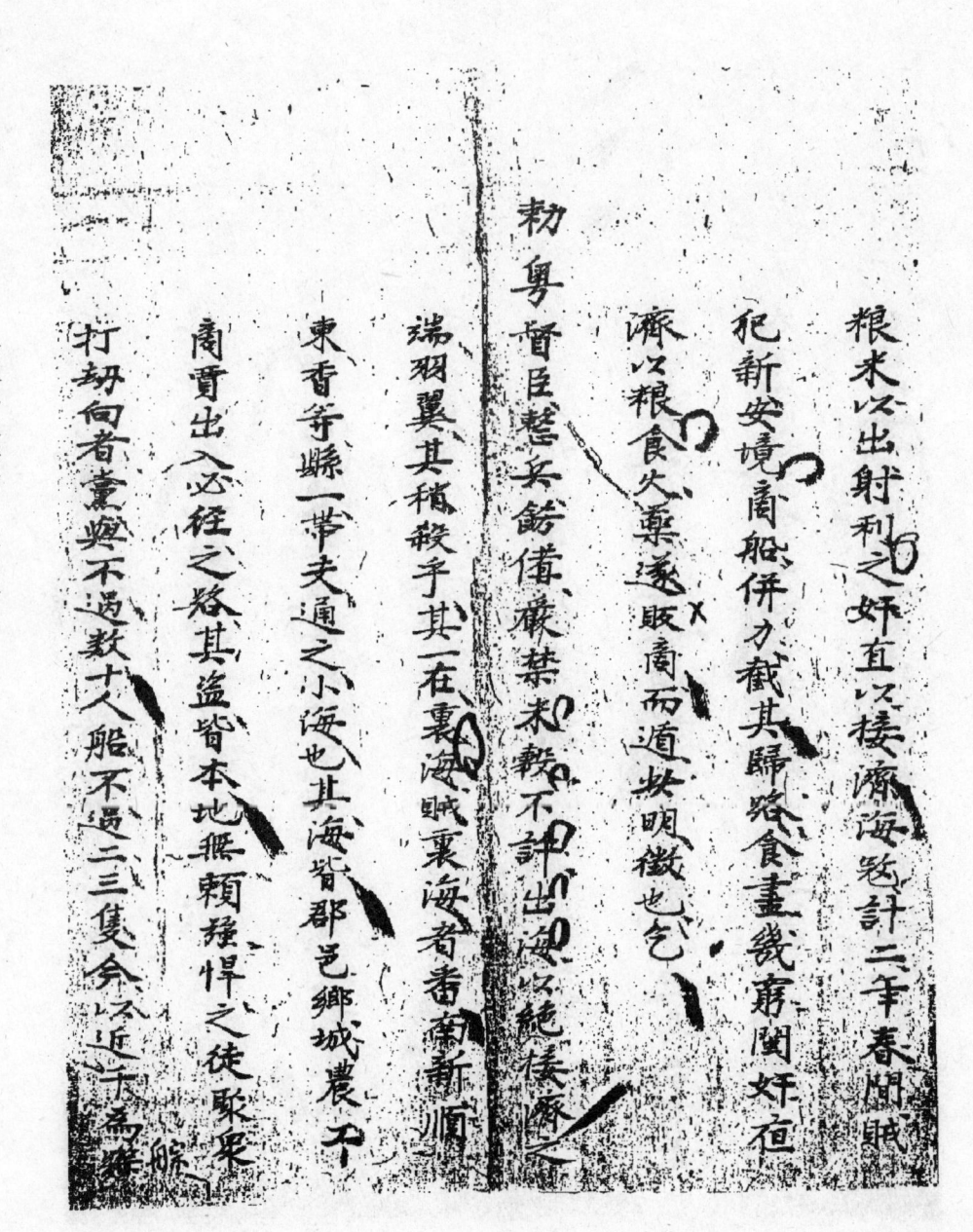

粮米以出射利之奸直以接濟海寇計二年春間賊
犯新安境商船併力截其歸路食盡錢窮閩奸徧
濟以粮食火藥遂販商而適以明徵也乞
勅粵督臣整兵飭備嚴禁米穀不許出海以絕接濟之
端羽翼其稍殺乎其一在裏海賊裏海者番禺新順
東香等縣一帶夫通之小海也其海皆郡邑鄉城農工
商賈出入必經之路其盜皆本地無賴强悍之徒聚衆
打刼向者黨與不過數十人船不過二三隻今以近千為群

六　兵部尚書張鳳翼題行稿

條陳粤東海防三憂三害

（崇禎七年五月十三日）

近百為難矣向者僅在行刼追捕則散今則白晝公

行與官兵為難矣向者行刼於水上今則攻圍鄉村

殺男擄女良家被害死者不知幾千百矣最可恨者

擄人勒贖富者千金百金貧者亦十兩五兩或沉諸水或

試諸刀刑威萬狀使其人破家變產典妻鬻子推之金

而贖其命破財得命猶幸也得其財復殺其命不亦

大可憐也哉今毋論在城在鄉中產之家不敢出門一步

日日擄人日日殺人春農罷耕行商絕跡官司付之

六　兵部尚書張鳳翼題行稿

條陳粵東海防三憂三害

(崇禎七年五月十三日)

不聞而賊黨佈滿雖衙門人役各有其類上司間或調
哨調兵彼已先知消息及今不圖則劫庫劫囚城邑之
災之可見矣然大可憂者也而大害則在窩家盜無窩
主則所劫之贓誰爲寄藏誰爲轉賣勒贖之人何處
停留而窩盜之家其蹤跡自不容掩官司不知而鄉
保知之聞有一鄉一保皆爲盜者則隣鄉隣保亦必
知之各縣窩盜必有主名矣難查訪矣難處治恐
未嘗以民命關心焉耳乞

六　兵部尚書張鳳翼題行稿

條陳粵東海防三憂三害
（崇禎七年五月十三日）

勑粵東按臣訪犯必以弭盗爲先考察之時府縣必以獲
賊多寡爲殿最督臣必以盗之靖否爲功罪守巡
二道必以治兵治船之陞擲爲黜陟如此則自今以後
粵之億萬生靈皆受
皇上再生之賜矣臣粵人陳粵弊言言真切事事可行
不比浮汎條陳伏乞
皇上俯念嶺外小民受此荼毒
採擇勇義施方萬幸等因崇禎七年四月初六日奉

六 兵部尚書張鳳翼題行稿

條陳粵東海防三憂三害
（崇禎七年五月十三日）

聖旨
據奏番哨裏外海寇及三大蠹情形地方受害殊
甚該督按何無剿緝消弭又未見報聞所職何事着
自行回奏其條餙事宜該部即與看議具覆欽此
欽遵抄出到部送司案呈到部除地方受害情形
備行督按回奏外看得粵東僻在海隅中朝耳
目稍遠法紀未免少寬奸民狡夷相倚爲梗時
或有之然未聞臺臣所稱大憂大蠹若斯之甚
也以粵人談粵事自言言真切可行爲今之計

六 兵部尚書張鳳翼題行稿

條陳粵東海防三憂三害

(崇禎七年五月十三日)

惟有癰𤸭以釀憂而已目前可憂之形已成必潰之勢

所幸種種弊原灼然可見及今料理猶易為力澳夷

所恃者巍艦巨銃也而以閩商之勾連番哨之名目

益肆無忌為害最深第查該省沿海一帶向有哨

船分守使能課其實用足為捍禦之資又何藉於

番哨以今欲絕弊源宜禁閩商之勾引撤番哨而不用

倘不遵守立寘三尺則奸宄屏跡澳夷之害杜矣洋

寇所恃者內地奸民勾連接濟也然興販之弊不革

六 兵部尚書張鳳翼題行稿

條陳粤東海防三憂三害

（崇禎七年五月十三日）

則接濟之蠹不除推其米穀之出海可杜奸徒之興販更不許假餉兵之名爲射利之計如有違犯即行究處則大盜食盡而自斃洋寇之患彌矣東賊所恃者窩家之寄藏變賣停留隱匿也然不嚴鄉保則蹤跡不可得而詰不連訪察則窩主不可得而知今議考察有司以所獲窩主之多寡爲各官之殿最窩家緝盡賊計難施該督撫加意力行則藏奸無藪東賊之蠹除矣但澳夷盤踞敢於横行殺

六　兵部尚書張鳳翼題行稿　條陳粵東海防三憂三害（崇禎七年五月十三日）

掠者非一朝一夕之故而外洋大盜内地無賴又實繁
有徒其蠹已深則其根亦難猝拔緩之必成養癰
息之恐又速其挺走是在當事者細察地方情形
相機禦備或速行擒剿或徐為整頓使海邦之民
陰受消彌之福而不見張皇之迹斯則策之最
善者也至於閩將鄭芝龍向以剿寇赴粵閩疆
為其信地今後不得有逾南澳致滋騷擾亦應
轉諭撫按申飭可耳謹奏

六　兵部尚書張鳳翼題行稿
條陳粤東海防三憂三害
(崇禎七年五月十三日)

旨看議相應覆
請合候
命下遵奉施行

崇禎七年四月　日郎中張[illegible]

協贊司事郎中鄭國祚

六　兵部尚書張鳳翼題行稿

條陳粤東海防三憂三害
（崇禎七年五月十三日）

兵部為粤東有三可憂等事該本部題職方清吏
司案呈云云等因崇禎七年五月初六日太子少保本
部尚書仍加俸一級張　等具題本月初八日奉
聖旨嶺外法弛吏玩地方安得敉寧奏内首禁番哨嚴杜
奸商斷接濟以驅洋寇治富家以清内盜着即大張榜
示申飭規條府縣防捕官即以此定殿最如有縱容衛
猾通賄潰賊的該撫按精實察處失事匿不以聞一體
重論俱着嚴飭欽此欽遵抄出到部送司案呈到部

六 兵部尚書張鳳翼題行稿

條陳粵東海防三憂三害

（崇禎七年五月十三日）

擬合就行爲此

一咨兩廣總督
福建巡撫
合咨前去煩照本部覆奉

明旨内事理欽遵查照施行。

一咨都察院
轉行福建廣東巡按御史

崇[illegible]日

郎中 張士第

協贊司事郎中鄒毓祥

六 兵部尚書張鳳翼題行稿

條陳粵東海防三憂三害
（崇禎七年五月十三日）

兵部

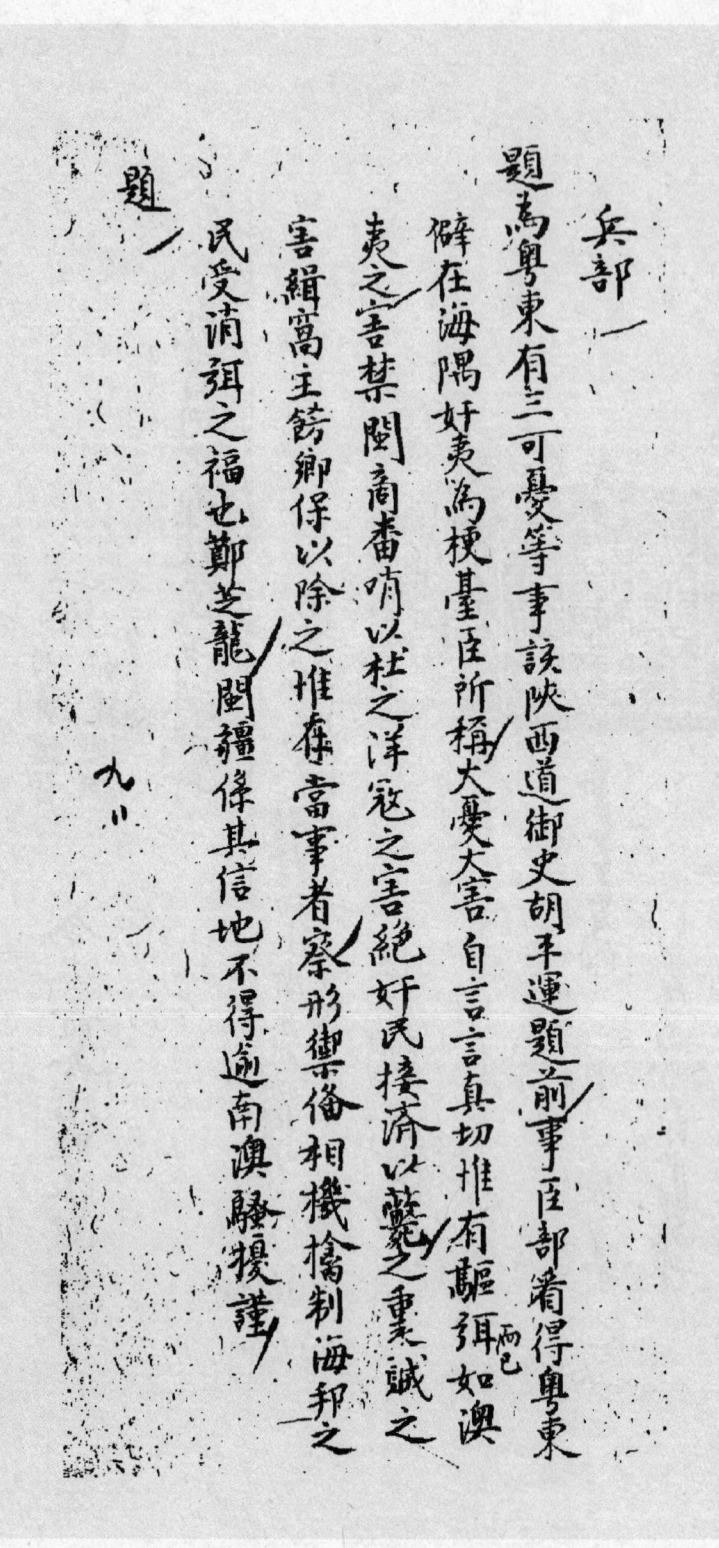

題爲粵東有三可憂等事該陝西道御史胡平運題前事臣部看得粵東僻在海隅奸夷爲梗臺臣所稱大憂大害自言言真切推有驅逐而已如澳夷之害禁閩商沓哨以杜之洋寇之害絕奸民接濟以饕之衷賊之害緝窩主飭鄉保以除之推原當事者察形禦備相機擒剿海邦之民受滑弭之福也鄭芝龍閩疆僚其信地不得逾南澳騷擾謹

題

七　廣東巡撫李棲鳳題本
澳門西洋人頭目呈遞投誠文書
（順治八年閏二月十三日）

這遠人歸順知道了該部知道

題

欽差巡撫廣東等處地方提督軍務兼管糧餉監法都察院右僉都御史臣李棲鳳謹

題爲恭

報遠人歸順仰祈

七　廣東巡撫李棲鳳題本

澳門西洋人頭目呈遞投誠文書
（順治八年閏二月十三日）

聖鑒事順治捌年正月初柒日據署整飭兵備廣東
巡視海道兼市舶事李士璉呈據香山提調澳
官吳斌臣等呈繳濠鏡澳彝目嘜嚟哆等呈詞
壹張內稱哆籍在西洋梯山帆海觀光
上國僑居濠鏡澳貿易輸餉百有餘年玆際
清朝闓澤舉澳叟童莫不歡聲動地前月拾玖日已
有狀投誠香山參將代爲轉詳惟祈加意柔遠
同仁一視俾哆等得以安生樂業共享太平等
情到道轉報到臣該臣查看得西洋彝人託處

粤之香山濠鏡澳往來貿易輸餉養兵考之故

籍實百餘年於此矣迄今省會既平諸郡歸附

洋彝相率投誠此固諸人之恭順實由我

皇上

德教覃敷遐邇咸服以故洋人莫不畏威懷德願爲

太平之民也除行該道加意安撫以示懷柔外

理合題

報伏祈

聖鑒施行緣係恭

報遠人歸順仰祈
聖鑒事理未敢擅便爲此具本專差官趙登魁齎捧
謹題請
旨

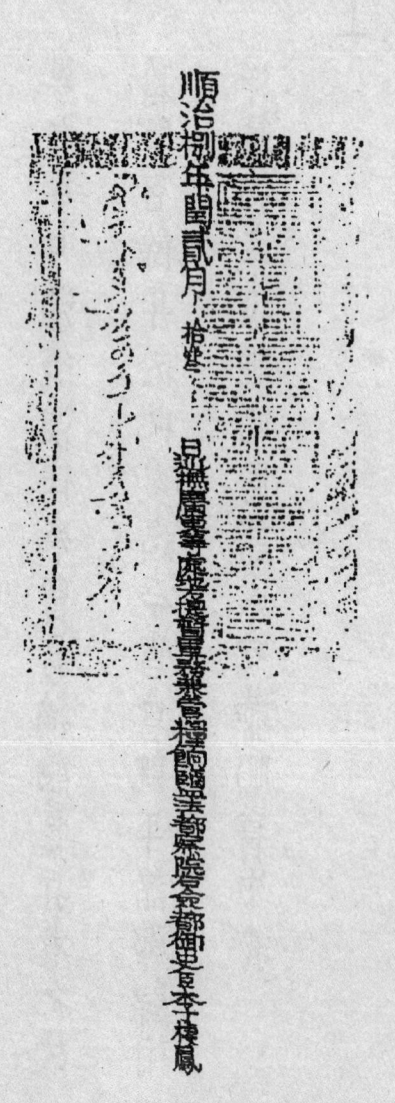

順治捌年閏貳月拾叁日巡撫廣東等處地方提督軍務兼管糧餉兼理鹽法都察院右僉都御史臣李棲鳳

七 廣東巡撫李栖鳳題本

澳門西洋人頭目呈遞投誠文書
(順治八年閏二月十三日)

欽差巡撫廣東等處地方提督軍務兼管糧餉鹽法都察院右僉都御史臣李棲鳳謹
題爲恭
報遠人歸順仰祈
聖鑒事據署海道李士璉呈據澳彝唩嚟哆等呈稱
哆僑居濠鏡貿易輸餉百有餘年茲舉澳投誠
祈同仁一視等情轉報到臣該臣看得西洋彝
人託處香山濠鏡澳貿易輸餉養兵百餘年於
此矣今省會既平諸郡歸附洋彝投誠實我
皇上
德教覃敷遐邇咸服以故洋人莫不畏威懷德願爲
太平之民也謹題請
旨

八 廣東巡撫李栖鳳題本

荷蘭船隻來粤要求貿易
（順治十年三月初三日）

欽差巡撫廣東等處地方提督軍務兼管糧餉鹽法都察院右
僉都御史臣李棲鳳謹
題為酌議外国向化事本年二月十一日據署巡視海道沈
時呈蒙臣批據本道呈詳看得外夷之入
貢也入必由其道
貢必有定期金葉
表文所以道其誠織文納勅所以徵其信古今定体違則却
之若荷蘭一國從來聲教不通今慕義來歸願奉
正朔此曠代所無者本道遵奉王令前往虎門押帶至省晉
詢其有無
表文方物進貢
朝廷祇稱朝見兩王通貢貿易隨奉行查向來入貢之例依經

八　廣東巡撫李栖鳳題本　荷蘭船隻來粤要求貿易（順治十年三月初三日）

移會兩司稽諸會典及通志所載畢述往事彰彰可考未
嘗載有荷蘭國名遍詢諸船商則謂荷蘭者即紅毛也通
志云紅毛鬼國大船至澳譯言不敢爲寇欲通貢而皆許
其無表不宜開端以此論之則諸夷向未入貢可知也而
今日之來仍習往昔之故智借名貿易確是真情方今
聖人化及萬方
恩覃海外若輩懷
德畏威歸貢恐後而我限防之法似亦不容少弛要之三年
一貢舡不過三人不滿百患亦可杜防亦少周惟是遠人
初來創制伊始原無舊章可循未敢遽定可否其來舡來
貨業已詳允丈量抽餉合無俟其售貨完日遣之還國揚
我

八　廣東巡撫李栖鳳題本

荷蘭船隻來粤要求貿易
（順治十年三月初三日）

大清懷柔德意俟本院具疏會
題請
旨定奪償奉
俞允然後藩司移文遣使宣諭其具
表貢方許其來庭於遠人來賓之意不失而海外乘隙之窺
可杜矣若澳彝夙怨彼此列在荒服率土皆臣更宜彼此
和衷共守我
朝常憲乃可許其入
貢免啓將來釁端等緣由蒙批仰道會同布按二司再加確
議具詳蒙此集查先蒙本院憲牌准請南平南二王咨前
事到院會同按院楊御史答牌仰道即便移會布按二司
將荷蘭國入

八　廣東巡撫李栖鳳題本　荷蘭船隻來粵要求貿易（順治十年三月初三日）

貢之例逐一確查今既航海來歸願奉我

大清正朔應否許其來往文到作速酌議妥當詳報以憑咨覆

兩藩遣發來使回國揚我

大清柔遠德意及會疏特

題等因依蒙移准布政司照會看語奉行查議荷蘭國向來

入貢之例及通市往來抵貿之宜此示懷柔而彰威德也

本司識類管窺未暇悉稽典制惟考會典所載列國貢道

廣東則真臘占城暹羅三國詢廣東典故則向來入貢只

暹羅一國而於荷蘭所未見也茲我

朝應遐荒物者賔至重譯者來

朝此

中國

八　廣東巡撫李栖鳳題本

荷蘭船隻來粤要求貿易
（順治十年三月初三日）

聖人之徵而兩王化被之驗又奚疑焉惟是荷蘭國來奉金葉
表箋又未繳從前所授宣勅只稱留下頭目數人還
舡還國修辦方物具
表歸貢
賜安插則禮待不可以不厚安置不可以不周必
周必厚者所以体遠人來賓之誠而消內外真偽之患也
且考列國入貢之例或三年或二年必以金葉表文爲據
方見因長有輸款之誠然亦入不滿百船僅二三如船多
人衆則阻回之而所云私自往來貿易會典所未載也茲
荷蘭國兩王或念其歸誠獨切不以例限此則協和萬邦
是在兩籌二院淵謀遠慮從長而折衷之而圖萬全計維
久則又貴道職掌爲政非本司所敢擅議也等因又准總
司閱看語

八 廣東巡撫李栖鳳題本 荷蘭船隻來粵要求貿易（順治十年三月初三日）

中國有道重譯来歸史册艷稱之斑斑可考甚盛事也若荷蘭
入
貢舊不知昉於何時惟從未入貢而今入貢則我
大清
聖人御極萬國
朝宗度越前代遠矣各項事宜恪奉查議本司愚昧茫然不
能費一詞而前事者按事之歸無已具列陳往牒以恪採
擇可乎查會典惟真臘暹羅占城三國貢道由廣東而入
具金葉表文三年一朝貢荷蘭之名不著見於書所定則
例即日本貢無過三船入無過二百若貢非期及人過百
船過三多挾兵器皆阻回琉球或三年二年一貢每船百
人多不過百五十人凡初遣使必奉金葉表貢方物并納

八　廣東巡撫李栖鳳題本

荷蘭船隻來粵要求貿易
(順治十年三月初三日)

前所援宣勅故暹羅使臣自言因風壞舟漂存方物來獻
而許其無表說言舟覆以為番商而卻之又諸國皆內帶
行商多行譎詐至與沮為此考較之林而今昔之鏡也至
通志所載則又有可思佛郎機國向不通貢忽大舶突入
廣州澳口銃聲如雷以進貢請封為名僉議非例尋遣泊
東莞南頭設造屋樹柵恃火銃以自固後師兵往逐舶人
鼓衆逆戰擒斬始遁去呂宋國例由福建貢市時從抵濠
鏡澳住船索請開貢咸謂其越境違例議逐諸澳夷亦請
守澳門不得入遂就虎跳從結屋羣居不去銷兵焚其聚
始還東洋紅毛鬼國大船頓至濠鏡之口詐言不敢為寇
欲通貢而皆許其無表不宜開端諸夷在澳者共守之不
許登陸始去又豈非已事著明者乎惟我

八 廣東巡撫李栖鳳題本

荷蘭船隻來粵要求貿易
（順治十年三月初三日）

大清
聖德被於萬邦兵威蓋乎千古凡傾心向化者即皆臣子有
何疑忌而遐邇懷柔又豢而藩之推置撫綏以致海隅日
出率俾
朝廷豈復猜防二三如昔人淺隘之局哉此荷蘭來享洵義之
不可拒者也其入貢事宜備見於前轍固可比長挈短而
知大率舡不宜多多則勢衆而難制來不宜數數則跡頻
而易擾安置不宜無統無統則肆志而生非而其大節則
在
表文爲重使其國長果有歸欵之誠
金表銀箋繳文詞動庶敢憑以入
告然後不陽爲

廣東巡撫李栖鳳題本

荷蘭船隻來粤要求貿易

(順治十年三月初三日)

進貢之名而陰行貿易之實若止據夷人數言片楮爲一奏

遂且將來何今現[illegible]貨物似應照例盤抽或稍寬示恩非

加優禮遣使回國揚我

大清德意全具

表貢俱

天詔寵頒即列荒服之屬自遵制度名正言順又何他患是云

又閱星輯會典東西等洋在澳貿易歷朝少忽連年不睦

復慮澳夷不肯相容據此則兩相冰炭有無致生釁端善

始慎終總隸貴道爲政必有碩畫啓詳兩藩兩院洞謀從

乂而非本司所能妄贊一詞不過摭拾舊編以無虛憲檄

則第縣枝置之可耳等因各移到道業經看議具詳去後

奉批前因又經核准布政司照會查看得近議荷蘭國入

八　廣東巡撫李棲鳳題本

荷蘭船隻來粵要求貿易
（順治十年三月初三日）

貢一事業已悉之前文毋容再贅總之天下事不可過於執
一亦不可失於隄防但能謹始慎終審前度後則萬事皆
可為百患皆可杜不必拘拘刻舟求劍而無變通之術也
茲荷蘭所請由粵入
貢既能限之以船復能限之以人限之以期則貴道謹始慎
終之謀極其周備允宜暢我
皇仁嘉彼慕義方物可供于
冊陛貿餉可佐于粵東似亦可行第事屬創始宜先請
旨然後移文尤為要著統聽貴道酌詳也等因又准總司關粟
旨渴荷蘭入
貢惟我
朝盛德覃敷所致其各項事宜已備於前無煩復贅若小夾板

八　廣東巡撫李栖鳳題本

荷蘭船隻來粤要求貿易

(順治十年三月初三日)

船来不過三四或每歲一二至或因風汛之便以為期勤於
懷柔遠人亦可謂至美惟急遣歸宣諭速具金葉
表文恪奉
正朔復何抱患之足云一切防慎諸事統希貴道碩畫詳候院
斷鄙陋如本司第楽覘厥成以慶
中國
聖人之有道也等因各移覆到道該本道覆看得荷蘭之入
貢事屬創始今奉憲批覆議又今接准兩司議覆前来此因
時制宜本道再四斟酌推賞難膠執随查暹羅舊例初來曰
探貢次来曰進貢同行曰護貢又其次者則曰接貢每次
只船一二隻至多不過三隻而已若荷蘭之来應否比照
前例合請本院裁斷會疏題

八　廣東巡撫李栖鳳題本　荷蘭船隻來粵要求貿易
（順治十年三月初三日）

請以定畫一之規至若貢船之入照例灣泊虎跳溝候委官
至彼查驗果有進貢方物
表文收其軍器火藥方許入省俟開船回國之日始將器械
給還如或誕謬失實借名貿易者即行阻回事關
鉅典不得不預為瑣贅也等因到臣隨即咨移兩王會酌去
後隨准平南王咨開外洋入
貢亦係旣重所議俱未詳悉亦非本藩所畫一者也遵抄諭
稟一摺內開平南王諭荷蘭國臺灣虞文照律管理北港
地方等處事尼高勝氏攀直武祿知道兩藩奉
命徂征南懷三楚東綏百粵咸休
朝廷好生之德威惠兼施俾厥兆姓稽首輸誠以及海外列國
莫不舉踵嚮化或貢稱臣茲尋執事遣使航海申之珍遺

八 廣東巡撫李栖鳳題本

荷蘭船隻來粤要求貿易（順治十年三月初三日）

遠來悃致實用嘉悅但楷外域來賓必奉國主之命賫
朝貢之期進
金冊以崇体具符節以徵信然後達之
朝廷優以禮數此荒服之制而柔遠之経也今軌事以貿易私
請我
朝功令森嚴可否定奪出自
睿斷非兩藩所敢擅便軌事着曉新朝德意其轉達吧主遵三
年貳二年一
朝之制任土條
貢則夾板舡無過三隻自洋入境即預行啓報以便引入廣
省漸達
京師永著爲例可也若僅以貿易爲言我

八　廣東巡撫李棲鳳題本
荷蘭船隻來粤要求貿易
（順治十年三月初三日）

大清敦詩説禮貴五穀而賤珠玉又何利焉所説摘選悅素典
爾搆隙此直可置于明季耳頃已歸心隸爲屬國便當宣
諭言歸于好來使悉令返国不必留貿不腆土物藉手附
復以致遠懷等因又准靖南王咨開荷蘭入
貢事屬創始関係匪輕今查咨内詳文尚無畫一之議
朝貢大典守土專責應聽貴院從長酌奪非本藩所能懸[illegible]者
也連抄諭稾一摺内開靖南王諭荷蘭國臺灣虞文礁律
管理北港地方等處事尼高勝氏攀直武禄知道爾藩奉
天子命廓清南土覃及海邦德威所施罔不懷恩是以通安遠
至漸被遐荒海外諸国求吏欵関而來者梯航萬里爾荷
蘭國素通聲教慕義如歸遣酋長初璘獻琛皈命殊可嘉
悦但遠人賓服率由舊章必取具國主金葉

八　廣東巡撫李栖鳳題本
荷蘭船隻來粵要求貿易
（順治十年三月初三日）

表文奉我
大清正朔納貢稱臣恪循典禮然後奉請
朝廷加恩柔遠此古今之通義無相背也今閱來詞專請貿易
于典禮未合我
朝功令煌煌何敢以貿利私情輕瀆
聖聽若執事深明大義轉達吧王遵
朝貢之成憲或三年或二年來享來
王乘便服貢其夾板船無過三隻預行啓報乃可自洋入廣
上達
京師永著為例若僅以貿易為詞則
聖朝所寶惟仁不貴異物雖奇貨可居將焉用之至于捕道倪
素與爾國構隙此乃明季往事今在

八 廣東巡撫李栖鳳題本

荷蘭船隻來粵要求貿易（順治十年三月初三日）

與朝覆疊之下同為屬國誰敢恃強自當通行宣諭言歸于好

美哉

朝以信義服天下來使悉行遣歸何必留質不暎附往聊示羈

務各條抄到臣該臣會同巡按廣東監察御史臣楊旬瑛

看得

聖王慎德四裔咸賓旅獒之訓自古重之我

朝應運開疆

聲教四訖即海隅日出之邦莫不獻琛執贄慕義來庭良有

以也第事屬創始宜開舊章如暹羅請

貢有例業經臣等具

題矣若荷蘭一國則典籍所不載者況其人皆紅鬚碧眼鷙

悍異常其舡上所載銅銃尤極精利此即所謂紅毛夷也

前代每遇其來皆嚴飭海將屬兵防之向不通貢貿易而
又素與澳夷爲難彼此互爭動輒操戈構鬭封疆之患在
所當防市貢之說實未可輕許以階厲也但
聖明化行無外兩王志在懷柔以故來而不拒以示
天朝之恩威更復遣發回國許其請
命以彰
國家之大信然臣等私憂過計謂宜杜漸防微今或破前代之
見許以綏來酌定入
貢事宜頒行遵守或峻内外之防嚴爲遏絶毋令入港以杜
窺伺想
廟堂自有碩畫非臣等所敢擅議既經司道會詳前來相應合
疏具

題伏祈
勅下該部覈議上
請行臣等遵奉施行因備述情由字有溢格併祈鑒宥緣係酌
議外国向化事理未敢擅便爲此具本謹題請
旨
順治十年三月初三日題五月初七日奉
聖旨荷蘭通貢從来無例况又借名貿易豈可輕易開端事干
地方着從長確議具奏該部知道

九　康熙帝致葡萄牙國王阿豐肅敕諭

回賞來使緞疋等物

(康熙十七年九月二十四日)

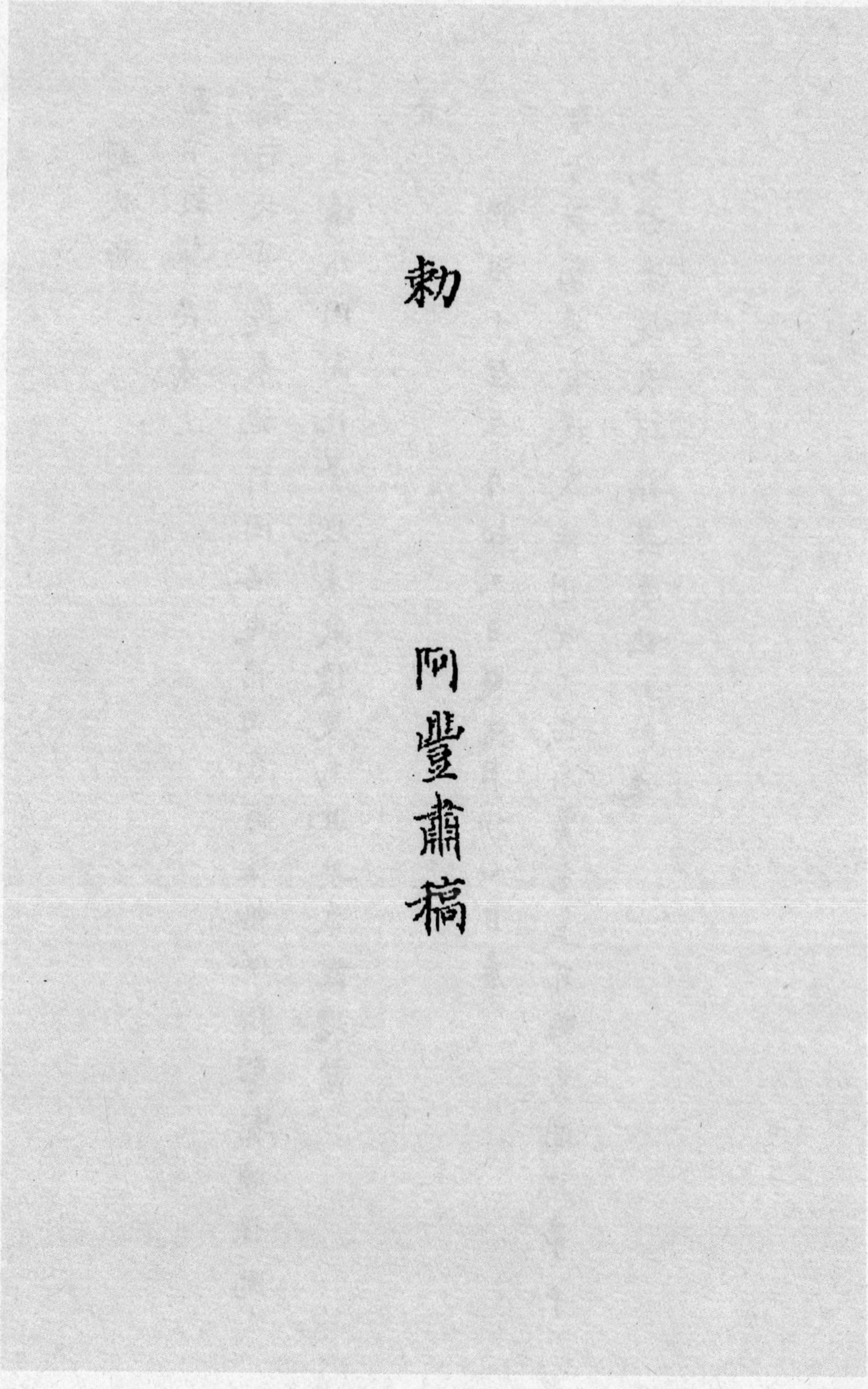
敕

阿豐肅稿

九 康熙帝致葡萄牙國王阿豐肅敕諭（康熙十七年九月二十四日）

回賞來使緞疋等物

皇帝勅諭西洋國王阿豐肅來琛脩貢藩服之常經
隆禮酬忠朝廷之大典屢陳丹悃宜示褒嘉爾
西洋國王阿豐肅僻在西陸地居遐遠再遣貢
使本多白勒拉齎捧方物入獻誠悃深可嘉尚茲
特從優加賜爾大蟒緞肆疋粧緞肆疋倭緞肆
疋片金貳疋閃緞陸疋藍花緞陸疋青花緞陸
疋藍素緞陸疋帽緞陸疋衣素陸疋綾子拾捌

九　康熙帝致葡萄牙國王阿豐肅敕諭

回賞來使緞疋等物

（康熙十七年九月二十四日）

疋紡絲拾捌疋絹肆疋羅拾疋銀叁百兩用昭
恩眷尔其祇承寵命益矢忠貞以副朕懷遠至
意欽哉故勅

康熙拾柒年玖月　日

一〇　内閣起居注

康熙令酌定海洋貿易收税則例

(康熙二十三年六月初五日)

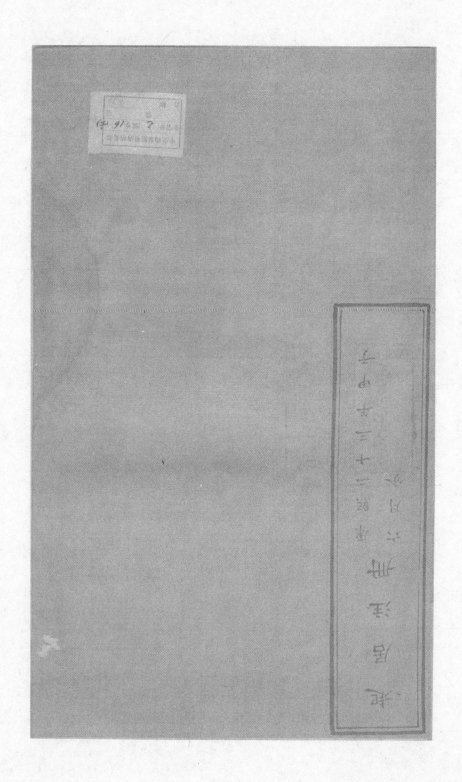

御史江有良陞任員缺簡選將郎中馬君寵
擬正孟世泰擬陪
上曰此缺著吏部會同都察院另行選擇具奏又
題工部郎中賽華病故員缺正擬員外郎都
布陪擬法山
上曰賽華於工部事務甚諳練病故可憫此缺著
吏部會同工部選擇具奏又給事中孫蕙條奏

一〇　內閣起居注

康熙令酌定海洋貿易收稅則例
（康熙二十三年六月初五日）

請令海洋貿易宜設專官收稅九卿會議准
行
上曰令海洋貿易實有益於生民但創收稅課若
不定例恐為商賈累當照關差例差部院賢能
司官前往酌定則例此事著寫與大學士等商
酌又禮部題浙江江西湖廣三省典試主考開
列侍講學士高士奇等職名

一一　内閣起居注

康熙議準海上貿易

（康熙二十三年七月十一日）

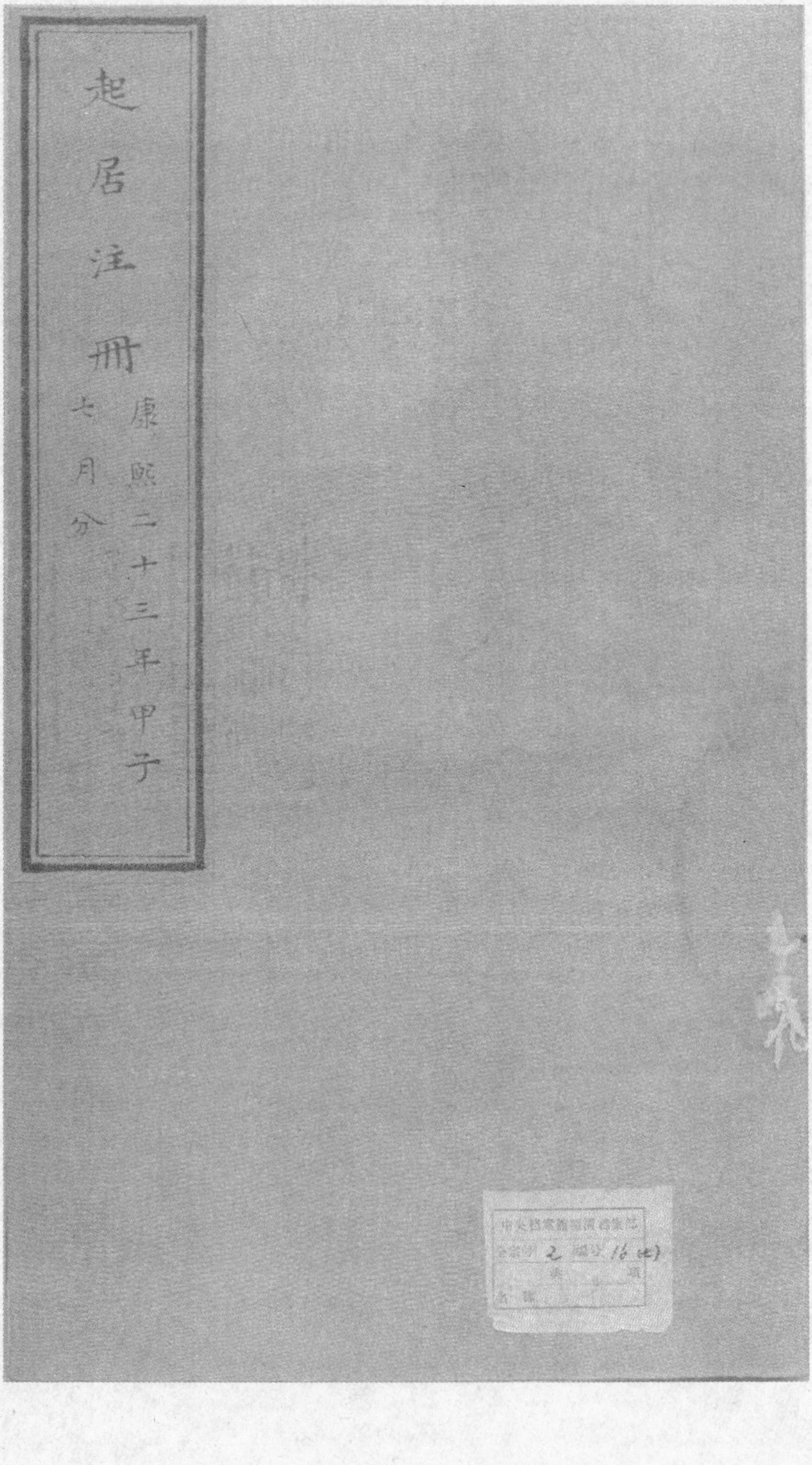

一一　內閣起居注

康熙議准海上貿易

（康熙二十三年七月十一日）

不幾徒死乎今或有犯罪甚輕反坐以重罪者
皆係文墨之吏不詳體緣由徒執法律之過耳
又工部題總河靳輔奏請奏銷香河縣搬署
口築修堤岸共用銀兩數目議准行
上曰此修築價值過多着工部賢能司官一員前
去詳察具奏諭畢
上問學士石柱曰爾曾到廣東幾

曾到肇慶高州廉州雷州瓊
州等府自潮州入福建境臣奉
命往開海界閩粵兩省沿海居民紛紛羣集焚香
跪迎皆云我等離去舊土二十餘年毫無歸
故鄉之望矣幸
皇上神靈威德削平寇盜海不揚波我等衆民得
還故土保有室家各安耕穫樂其生業不特

一一 内閣起居注 康熙議準海上貿易（康熙二十三年七月十一日）

此生仰戴

皇仁我等子孫亦世世沐

皇上洪恩無盡矣皆擁聚馬前稽首懽呼沿途陸

續不絕

上曰百姓樂于沿海居住者原因可以海上貿易

捕魚之故爾等明知其故海上貿易何以不議

准行石柱奏曰海上貿易自明季以來原未曾

開故議不准行
上
上曰先因海寇故海禁未開為是今海寇既已投
誠更何所待石柱奏曰據彼處總督巡撫提督
云臺灣金門厦門等處雖設官兵防守但係
新得之地應俟一二年後相其機宜然後再
開
上曰邊疆大臣當以國計民生為念今雖禁海若

一一 内閣起居注

康熙議準海上貿易

(康熙二十三年七月十一日)

私自貿易者何嘗斷絕今議海上貿易不行者
皆由總督巡撫自圖便利故也石柱奏曰
皇上所諭甚是地方官員或此等存心亦未可定
上問曰先差往展界官員皆未至瓊州今爾既至
其境彼處地方形勢若何百姓生計若何石柱
奏曰瓊州地方原稱一千七百里臣等往察
共計十三州縣周圍二千七百

一一　内閣起居注
康熙議準海上貿易
（康熙二十三年七月十一日）

熟生黎熟黎二種人居住男
口視繞城居住之民甚為富饒服飾鮮明至
遠離府城各州縣之民容色皆陋其地產沉
香檳榔花椒等物生黎人入山採取貨與熟
黎熟黎人轉販諸商山有瘴氣即熟黎人亦
不敢入入則必病矣
上曰聞瓊州偏居海中甚為炎熱至夏時日高朗

不見人影夜間止見南極老人等星並不見北
極星北極星被地遮揜爾親至彼處果如是否
石柱奏曰臣等不知天文不識南極北極等
星但日在頭上仰面而視
上曰總兵官内有聲名者為誰石柱奏曰順德府
總兵官蔡璋年七十餘小貌雖極粗鄙而整
列船兵甚為嚴肅官兵皆誠服潮州總兵官

一一　内閣起居注

康熙議準海上貿易

（康熙二十三年七月十一日）

馬三奇原任提督馬得功之子伊標下有伊父舊屬數百健丁凡地方稍有賊盜即親率兵丁勦滅于地方有益彼處人民亦頗稱贊

上曰馬三奇年幼劉成龍馬雲程朕素知之

上問曰廣東總督何如石柱奏曰據彼處人云總督吴興祚不受屬下官員禮物居官亦善但到任未久今雖如此久後亦未可知[illegible][illegible][illegible]

上問曰巡撫何如石柱奏曰巡撫李士禎雖六十
餘歲容貌甚少據彼處人云李士禎雖稍受
禮物為人和平不生事端較前任巡撫金儁
為優
上曰此言最是凡居好官之後者最難勝任著名
亦未即得居不肖官之後者最易勝任百姓因
苦于前任不肖官貪所以稍有好

一一 内閣起居注

康熙議準海上貿易

(康熙二十三年七月十一日)

前廣東官員内劉東權居官稍優

來任金儁等品行貪劣人民甚為受累後李士

禎到時稍優所以稱善即今原任總督巡撫等

或有多行貪婪積惡者今皆覆敗于己何益謂

天報遠可乎圖納奏曰

皇上所見極是又

問石柱曰福建總兵官黄大來爾曾見否彼處人

一二　内閣起居注

内閣學士石柱巡視澳門等地情形
(康熙二十三年七月十一日)

上顧石柱曰爾至廣東想至香山嶼石柱奏曰臣
曾至其處香山嶼居民以臣為奉
旨開展海界之官皆放砲遠接甚為恭敬其本地
頭目至臣前跪云我輩皆海島細民
皇上天威平定薄海内外克取香山嶼我等以為
必將我輩遷移蒙
皇上隆恩令我輩不離故土老幼得所皆
生今又遣大臣安插沿海居民
相貿易此地可以富饒我等誠懽欣無盡矣
皇上浩蕩洪仁我輩何能酬答惟有竭力奉公以

納貢賦効犬馬之力已耳
上曰聞香山嶼地方周圍皆水惟北有一小道通
旱路石柱奏曰
皇上洞悉萬里之外較臣等親至其地更爲真切
彼處武官云前荷
皇上威靈大軍直入嶼内人等莫不震慴故不戰
即降

一三　廣東巡撫楊琳奏折

英法商船到粵內有西洋畫師郎世寧等（康熙五十四年八月十六日）

廣東巡撫奴才楊琳爲奏
聞事七月十九日有香山澳本澳商人從小西
洋貿易船回澳門搭載西洋人郎寧石羅
懷中二名奴才於八月初六日傳至廣州
據郎寧石稱係畫工年二十七歲羅懷中
稱係外科大夫年三十六歲俱於舊年三
月二十一日在大西洋搭船八月初十日
到小西洋今年四月十一日在小西洋搭
船七月十九日到香山澳因天氣暑熱在
船日久請假休息併製做衣服往北京

一三　廣東巡撫楊琳奏折

英法商船到粵内有西洋畫師郎世寧等(康熙五十四年八月十六日)

天朝効力等語奴才見是技藝之人捐給盤費
衣服俟其休息可以起身即遣人伴送進
京合先奏
聞再今年大西洋舡未到自六月十九日起至
八月初五日止共到原在香山澳居住之
西洋人往小西洋貿易回澳舡共四隻所
載粗貨藥材香料魚翅紫檀等物並無細
巧物件又七八兩月由虎門進港至廣州
舡三隻一隻係㶷栗國舡裝載藥材香料
等物一隻係嘆咭唎舡裝載嗶吱緞哆囉

一三 廣東巡撫楊琳奏折

英法商船到粵內有西洋畫師郎世寧等(康熙五十四年八月十六日)

呢黑鉛苧物一隻係佛蘭西舡無貨係裝
載番銀來廣置貨再廣東地方寧靜米糧
照常平賤晚禾茂盛俟收成後另報合并
具摺遣家人李奉賫
進謹
奏

知道了西洋人着速催進京来

康熙伍拾肆年捌月拾陸日奴才楊琳

一四　廣東巡撫楊琳奏折

報告雨水收成并法國商船來粵置貨
（康熙五十五年五月二十二日）

廣東巡撫奴才楊琳爲
奏報夏田雨水收成事廣東今歲二三月内
雨水甚多閏三月間雨澤偶缺至四月十
二三等日大雨霑足現今各府早稻漸次
登場計廣南韶肇高雷廉瓊等府收成約
有八分九分不等惟惠州所屬之海豊一
縣潮州所屬之惠來潮陽二縣入夏以來
得雨畧遲收成約有六七分不等至於米

價先因青黄不接廣惠潮三府每石一兩
二三錢不等南韶肇羅四府州每石一兩
一錢一兩不等高雷廉三府每石六七錢
不等瓊州一府每石七八錢不等早穀漸
次收穫自是漸減俟收割完畢新米價值
另行
奏報沿海一帶自編查保甲澳甲之後今年
春夏頗稱寧靜陸路地方惟龍門縣報有
廖姓被刼傷死伊家教書舉人盜案一起

賊徒五十餘人被官兵鄉練追捕殺死六
人陸續拏獲三十二名未獲者十餘名現
在照限審
題再外國洋舡止到有法蘭西三隻係載銀
來粤置貨又香山本澳及本省洋舡貿易
回帆者計有五隻所載係平常粗貨合併
奏
聞爲此專差家人李泰賫摺謹
奏

知道了

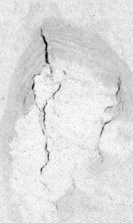

康熙伍拾伍年伍月貳拾貳日奴才楊琳

一五　廣東巡撫楊琳奏折

報告收成雨水米價并英法商船到廣
（康熙五十五年六月二十七日）

廣東巡撫奴才楊琳爲
奏報新米價值事廣東今歲早稻收成分數
及雨水米價奴才業已具摺
奏報在案今早稻收割完畢新米價值廣州
惠州肇慶等處每石九錢一兩不等潮州
一府每石一兩一二錢不等南韶羅定等
處每石八九錢不等高雷廉瓊等處每石
六七錢不等六月內大雨霑足晚稻盡得
栽插再今歲正月至五月到有法蘭西洋
舡三隻先經
奏報今六月內又到三隻共計六隻皆載銀
來廣置貨訪其六舡銀數約計有八十餘

萬兩此外於六月二十六日又到暎咭唎
洋舡二隻所載貨物銀兩海關尚未驗看
合併奏
聞

知道了

康熙伍拾伍年陸月貳拾柒日奴才楊琳

一六　兩廣總督趙弘燦奏折

報告外船到粵情形(康熙五十五年七月二十六日)

總督廣東廣西兵部右侍郎兼都察院右副都御史奴才趙弘燦謹
摺跪請
皇上聖安竊奴才至愚極陋荷蒙
聖主豢養教訓四十餘年毫無報効頃得恭覲
闕廷少伸依戀復蒙
皇上格外恩施優加
温諭
聖衷之眷顧過於父母之愛子且頻
賜克食并珍珠荷包緑石硯奇物及各種書籍俾奴才飽飫

天廚之異味獲捧
內府之奇珍又
御製詩篇匾對
親揮宸翰嘉獎逾涯此皆從古人臣所未有者而奴才得沐
殊恩至於此極雖永矢捐糜不足以仰報萬一業於回署
之日將犬馬感激下情具疏奏謝
天恩諒邀
睿鑒奴才受

主如此深恩惟有益加勉勵日夜兢惕所有地方事務現
在殫心料理至於各官之賢否凡有關係之情事奴才
不時訪察一有見聞即行察摺具
奏以備
睿裁今所屬境内俱各寧静本年早收約計八九分現在
米價每石銀八九永一両不等晚禾俱已栽種雨水調匀
秋收又必豐足仰頼
皇上洪福歲登大有奴才身在地方心切歡忭理合具摺恭

一六　兩廣總督趙弘爛奏折　報告外船到粵情形(康熙五十五年七月二十六日)

報上慰
聖懷再查本年所到洋船已有一十八隻係法蘭西暎咭唎
加喇吧呂宋各處来者又有香山岙澳洋船在大西
洋貿易回帆于七月内到廣帶有西洋人二名知天
文一人彈唱一人奴才已會商撫臣楊琳就近查明
著發進京外合併奏
聞為此具摺專差家人柴逢智賫
奏以
聞

一六　兩廣總督趙弘爛奏折
報告外船到粵情形(康熙五十五年七月二十六日)

朕安奏知道了

康熙伍拾伍年柒月　貳拾陸　日奴才趙弘燦謹跪書

一七 廣東巡撫楊琳奏折

保送會天文之西洋人進京并英國等商船到粤(康熙五十五年八月初十日)

廣東巡撫奴才楊琳爲奏

聞事本年七月十四日有香山本澳洋舡在大

西洋貿易回帆搭載西洋人嚴嘉樂戴進

賢二名并西洋人書信一封奴才隨差員

傳喚於七月三十日到省嚴嘉樂年三十

八歲稱會天文并會彈琴戴進賢年三十

六歲稱會天文因慕

天朝聖化於本年二月二十一日在大西洋搭

載来粤願進京効力等語奴才捐給銀兩

製備衣服擬於八月初十日差人伴送起

一七　廣東巡撫楊琳奏折　保送會天文之西洋人進京并英國等商船到粤(康熙五十五年八月初十日)

程初六日
欽差烏林大李秉忠到粤奴才隨將西洋人二
名并書信一封遵
旨交李秉忠聽其將
奏帶京再今歲廣東自二月至六月到有法
蘭西洋船六隻暎咭唎洋船二隻俱係載
銀來廣置貨奴才業經兩次
奏報在案今七月内又到暎咭唎洋船一隻
撫粟國洋船二隻所載係黑鉛紫檀棉花

沙藤哆囉呢羽毛布檀香蘇合香乳香沒
藥西穀米自鳴鐘小玻璃器皿玻璃鏡丁
香降香等項貨物此內亦有銀兩今年統
共到有外國洋船十一隻共載銀約有一
百餘萬兩廣東貨物不能買足係各行舖
户代往江浙置貨奴才嚴飭地方文武眺
諭各番客約束各船水手跟從人等不許
生事并嚴飭各行舖户不許誆騙番客致
生事端照伊回帆風信發遣歸國合并具
摺同李秉忠奏摺

一七　廣東巡撫楊琳奏折

保送會天文之西洋人進京并英國等商船到粤(康熙五十五年八月初十日)

進呈謹

奏

知道了

康熙伍拾伍年捌月初拾日奴才楊琳

一八　廣東巡撫楊琳奏折

保送燒琺琅工匠進宫并報洋船數目
（康熙五十五年九月初十日）

廣東巡撫奴才楊琳爲
呈驗事奴才訪得廣城能燒法藍人一名潘
淳原籍福建住家廣東試驗所製物件頗
好奴才令其製造法藍金鈕欲連人進呈
內廷効力值烏林大李秉忠奉
差到粵令其試驗伎藝可取奴才隨與安頓
家口并帶徒弟黃瑞興阮嘉猷二人隨李
秉忠一同赴京所有潘淳燒成法藍時辰
表一個鼻烟壺二個鈕子八十顆合先
呈驗再今歲七月內到有西洋人嚴嘉樂戴
進賢二名願赴京効力奴才已經具摺奏
聞今李秉忠自澳門回省又查有西洋人倪天

一八 廣東巡撫楊琳奏折

保送燒琺瑯工匠進宮并報洋船數目
（康熙五十五年九月初十日）

爵一名亦稱曉得天文一并由驛來京至
外國洋舡自八月內奏報十一隻之外此
後無到其香山本澳洋舡往外國貿易回
帆者今年自三月起至八月止共到有十
一隻廣東現今雨水調匀秋禾豐茂俟收
成後閑明分數另報合并具摺同李秉忠
奏摺
進呈謹
奏

知道了

康熙伍拾伍年玖月初拾日奴才楊琳

一九　兩廣總督趙弘燦奏折

續到澳門船隻并遵旨西洋人無照不許出境（康熙五十五年九月十六日）

總督廣東廣西兵部右侍郎兼都察院右副都御史奴才趙弘燦謹
摺跪請
皇上聖安切照
欽差李秉忠至廣東省城後至肇慶傳
旨西洋人無照者不許出境奴才欽遵
聖諭時刻留心隨差家人三名跟李秉忠至澳門尋買西洋
物件俟購到之日奴才專差家人隨李秉忠進京另摺
具
奏外再先到洋舡一十八隻已經具摺奏
報今又續到澳門四隻合再奏

一九　兩廣總督趙弘燦奏折　續到澳門船隻并遵旨西洋人無照不許出境（康熙五十五年九月十六日）

聞至本年粤省早收豊熟奴才先經摺
奏今晚造又届登場約計收成有九分十分不等米價每
石銀七錢八錢九錢不等歲登大有山海敉寧相應一併奏
聞恭慰
睿懷為此具摺差家人薛廷仕賫奏以
聞

知道了

康熙伍拾伍年玖月　拾陸　日奴才趙弘燦謹跪書

二〇 兩廣總督楊琳奏折

巡閱澳門及沿海砲臺情形
（康熙五十六年五月初十日）

兩廣總督奴才楊琳為奏

聞事。奴才於四月初十日到任，十八日即就近先往澳門查閱，有住澳西洋頭目帶領彝兵百名站隊迎接，奴才諭以

皇上柔遠德意，容你們在此居住，須安分守法，不敢生事者，惟恐禁止米麪則飢餒自斃耳。再查勘砲臺一事，奴才到廣州同將軍、撫、提會議，廣東沿海八府綿長四千餘里，繞道往回停留，估計約來一年始克竣事。今議得巡撫將軍不宜遠離，止在廣州一

府同左翼鎮總兵官查勘奴才因惠潮二
府界連福建自編設澳甲之後海面失事
甚少舊年十月至今年三月又報失事數
起恐文武怠玩奴才親往碣石潮州南
澳三鎮總兵官查設砲臺一面稽查澳甲
點驗舟師事竣將至肇慶府屬查勘提督
往高雷廉瓊四府同高州瓊州二鎮總兵
官查勘分路行走庶易竣事布政司庫奴
才存有羨餘銀四萬兩原留為地方公用

今與撫臣商酌先擇最緊要地方即動此
銀修築其次緊要者再陸續捐築總不派
累百姓或有移改營制之處另題請
不許買中國的人不許在界外又祖氏人
地方蓋造房屋西洋人回稱我等守法不
敢生事但我等本澳有舡八隻專賴貿易
養活今聞禁止南洋我等舡隻不知禁否
奴才諭以南洋不許中國人行走你們原
是外國人

二〇　兩廣總督楊琳奏折

巡閱澳門及沿海砲臺情形
（康熙五十六年五月初十日）

皇上恩典任憑你們行走生理就是南洋諸國
来中國做生意的俱不在禁内但不許帶
中國人出去若你們到呂宋噶囉吧等處
有中國人要搭船回来者只管帶来到時
交與地方官查收伊等叩頭稱
萬歲又據西洋人回稱我們西洋人在澳多年
孳生男婦大小共有八千餘口奴才細訪
實有萬餘口俱仰藉
天朝衣食又感慕
皇上德威寄居彈丸一無代守險要奴才計其

食米每歲二萬餘石麦麪在外伊等買賣
旨再今歲外國洋舡尚無到者雨水甚是霑足
早禾茂盛現今廣州肇慶潮州三府粗細
二種米價每石七八錢其餘府分六錢七
錢不等合并具摺專差標下千總劉引道
家人張鳳奇賫
進謹
奏

知道了

康熙伍拾陸年伍月初拾日奴才楊琳

二一 兩廣總督楊琳奏折

英國等船來粵并護送本地畫匠進京

（康熙五十六年八月二十日）

兩廣總督奴才楊琳爲奏

聞事廣東今年六七兩月到有英咭利洋船三

隻澎拜國洋船一隻所載係哆囉呢紫檀

胡椒黑鉛藤子等貨並無西洋技藝之人

倘有續到另行

奏報今有本地畫匠二人試其所畫雖屬平

常但二人情願進京効力可同潘淳楊士

章一處工役學習是以奴才遣人伴送來
京再奴才沿海查勘砲臺於七月二十八
日暫回肇慶料理案件今於八月二十日
起程往陽江沿海地方查勘合并奏
聞謹
奏
知道了
康熙伍拾陸年捌月貳拾日奴才楊琳

二二　兩廣總督楊琳奏折

報告兩省雨水米價并洋船來粵
（康熙五十七年三月二十四日）

兩廣總督奴才楊琳爲奏
聞地方情形事廣東廣西兩省入春以來雨水
霑足早禾已經播插米價廣東廣惠潮肇
四府每石九錢一兩不等餘各七錢八錢
不等廣西各府俱七錢八錢不等百姓樂
業舊年十二月内到有法蘭西洋舡一隻
係載銀錢來廣置貨今年正月内到有澳
門回棹洋舡二隻所載係胡椒海參烏木
蘇木等粗貨亦有銀錢又舊年十二月初

一日肇協守備張若臣因捕盜傷亡一案
盜犯七十五名俱已全獲現在審
題理合具摺奏
聞謹
奏

知道了

康熙伍拾柒年叁月貳拾肆日奴才楊琳

二二 兩廣總督楊琳奏折 報告兩省雨水米價并洋船來粵（康熙五十七年三月二十四日）

二三　兩廣總督楊琳奏折

西洋商船到粵并查問回國洋人

(康熙五十七年六月二十八日)

兩廣總督奴才楊琳爲奏
聞到粵洋船事本年五月内到有大西洋船二
隻一隻是載葡萄酒烏木海菜等粗貨一
隻是新兵頭來澳換班並無貨物亦無技
藝之人六月内又到暎咭黎洋船一隻裝
載哆囉呢嗶吱洋布番錢等物又香山本澳
彝人回棹洋船四隻所載是胡椒小茴香
檳榔鹿筋海菜等項再五十五年十月内
奴才接武英殿監修書官伊都立等奉
旨發來紅字票着用巡撫關防發與各洋船上

舡頭體面人帶與西洋教化王去奴才先
問在粤西洋人據稱四十五年差往西洋
去之龍安國薄賢士二人於四十六年十
二月内將到大西洋遭風壞舡淹斃查已
經前撫臣范時崇奏
聞在案今詢據現到之西洋舡上人所言無異
又查問四十七年差往西洋去之艾若瑟
陸若瑟二人下落據云四十八年十二月
内已到大西洋陸若瑟於五十年七月内
身故艾若瑟今在大西洋大理亞國發去

二三 兩廣總督楊琳奏折

西洋商船到粤并查問回國洋人
(康熙五十七年六月二十八日)

紅票伊等行至小西洋已見發到彼處西
洋人閱看歡喜隨後遇有便舡即帶往大
西洋去又據各西洋人説先因傳言未敢
輕信今見紅票知道
旨意自然就差人復
命等語理合具摺奏
聞

知道了

康熙伍拾柒年陸月貳拾捌日奴才楊琳

二四 兩廣總督楊琳奏折

英法商船到粤羅馬教皇將派人來華及禁南洋貿易事宜(康熙五十七年七月二十七日)

兩廣總督奴才楊琳爲奏
聞續到洋船事本年五六月內到有西洋兵頭
來澳門換班船二隻暎咭黎船一隻奴才
已具摺奏
聞在案今七月內又到有暎咭黎船二隻裝載
哆囉絨嗶吱黑鉛銀錢等物又到咈蘭嘶
船一隻裝載胡椒白籐乳香等粗貨據紅
毛船上人向廣州住堂之西洋人李若瑟
說五十五年帶去與西洋教化王紅字票
已於五十六年十月內到大西洋教化王

二四 兩廣總督楊琳奏折

英法商船到粤羅馬教皇將派人來華及禁南洋貿易事宜(康熙五十七年七月二十七日)

見了紅票已差人前往都令府去傳艾若
瑟聞得偧艾若瑟一到羅瑪府教化王處
就要差西洋大人同艾若瑟來中國復
命請
聖安寺語再本年五六七月内香山澳門回棹
彝舡在柔佛國咖喇吧陸續搭回漢人共
三十九名内廣東人十一名福建人二十
八名奴才同護廵撫印務布政使王朝恩

傳到親詢俱係未定例以前貿易在外并
稱在外國貿易漢人知道禁止南洋俱恐
想回家等語奴才等將福建人移送福建
督撫去訖仍勸諭澳門西洋人令其回帆
之時聽漢人附搭不得多索舡錢各西洋
人感戴
皇上不禁他們貿易俱認搭載以圖報効將來
留住外國之人自然陸續得歸俟年終將
搭回人数彚冊
題報合併奏
聞

知道了西洋来人内若有各樣學問

或行醫者必着速送至京中

康熙伍拾柒年柒月貳拾柒日 奴才楊琳

二五　兩廣總督楊琳奏折

英法商船來粵并禁南洋貿易華僑歸國情形(康熙五十七年閏八月初八日)

兩廣總督奴才揚琳爲奏

聞事。本年六月十九日有澄海協把總吳國樑在大鵬營領回添設戰舡二隻，行至歸善縣大星地方，遇暴風擊碎，内一舡載兵二十七人，幸係近岸礁石，俱已登岸。一舡係把總吳國樑帶兵二十五名，在小星山脚下擊碎，止有兵丁六名抱板飄流登岸，把總及兵十九名俱遭淹没。奴才查訊登岸各兵口供，現在

二五　兩廣總督楊琳奏折

英法商船來粵并禁南洋貿易華僑歸國情形(康熙五十七年閏八月初八日)

題報官兵係因公淹沒奴才等捐賑賞其家
屬查出該把總之子現在營當船兵即拔
補百總各故兵名糧仍挑選其子弟入伍
八月初一日潮州府地方颶風大雨南澳
澄海達濠海門四營戰船擊碎共十一隻
淹沒兵丁十九名潮州新築堤岸復被衝
決鹽船鹽廠多遭衝壞沿海房屋吹去瓦
者多亦有吹倒者惟田禾早稻已經收割
晚禾新栽風定水退不致損害奴才會同

護巡撫布政使王朝恩捐銀採買木料查
明將碎戰船本年届當拆造者動帑打造
未届修造者捐銀修造以應巡防堤岸鹽
廠捐銀委員速行修築淹没兵丁卹賞家
口挑其手弟食糧被風倒房窮民量加給
賞已各得所但颶風係沿海常有之事理
合奏
聞再本年五六七月内到西洋兵頭來澳門换
班船二隻暎咭黎船三隻咈喇嘶船一隻

奴才業兩次
奏報今七八月内又到暎咭唎舡三隻裝載
胡椒沙藤黑鉛哆囉絨嗶吱緞等貨再在
外國貿易逗留漢人聞南洋禁止無可貿
易各思回籍陸續搭載彝舡到粤有合夥
在外國自買彝舡并挈其在外國所娶之
妻妾兒女而回者本年已共有三百餘人
内福建人居多奴才現在遣發回籍俟年
終彙

報各處晚禾俱屬茂盛自獲豐收合并奏

聞謹

奏

知道了

康熙伍拾柒年閏捌月初捌日奴才楊琳

二六　兩廣總督楊琳奏折

澳門西洋人理事官進獻方物
（康熙五十八年正月初九日）

兩廣總督奴才楊琳爲奏
進事據住澳門西洋人理事官嘍嚓哆哶呈稱
哆哶住居澳門世受
皇上恩典澤及遠夷貿易資生俾男婦萬有餘
口得以養活
聖恩高厚無可報荅敬備土物十六種伏乞代
進稍盡微誠計開進
上物件洋錦緞三疋珊瑚二樹西洋香糖粒九
瓶玻璃器四件鼻烟十二礶衣香一盒檳

椰膏六確珊瑚珠二串共二百零七粒金
線帶五丈火漆一小盒水安息香共二十
個鼻烟盒六個戒指六個保心石大小共
二十個銀盒一個内小盒六個絨線狗四
個等情到奴才據此查澳門住居彝人感
戴
皇恩每遇歲時
萬壽誦經禮拜共祝
聖壽無疆今備具土物呈請奴才代

進乃遠人一片誠敬實心合將繳到物件代為

恭

進謹

奏

知道了還有賞賜之物傳旨賞去

康熙伍拾捌年正月初玖日　奴才楊琳

二七　兩廣總督楊琳奏折

法蘭西洋船帶有外科醫生及琺琅藝人(康熙五十八年六月初二日)

兩廣總督奴才楊琳
廣東巡撫奴才楊宗仁爲奏
聞到粤洋舡事本年五月十二日到有法蘭西
洋舡一隻據報裝載燕窩胡椒絨氈等貨
内有法蘭西行醫外科一人名安泰年二
十六歲又會燒畫法瑯技藝一人名陳忠
信年二十八歲奴才等隨催令安泰陳忠
信即速赴京據二人回稱在洋舡日久天
氣又熱必稍得歇息方可起身奴才等現

在捐備衣服行裝，令其於六月十八日即
公同遣人伴送來京，再擬廣州住堂西洋
人李若瑟回稱，住堂西洋人戈維理傳聞
艾若瑟哥哥口信，艾若瑟於前年冬月在
羅瑪府回至玻爾都加爾國上舡來中國
復
命，今年可到等語，俟有實信，當即星飛奏
聞。為此公同具摺專差賫

二七 兩廣總督楊琳奏折 法蘭西洋船帶有外科醫生及珐琅藝人（康熙五十八年六月初二日）

進謹

奏

知道了

康熙伍拾捌年陸月初貳日奴才楊琳 楊宗仁

二八 兩廣總督楊琳奏折

續到英船二隻(康熙五十八年六月二十四日)

兩廣總督奴才楊琳爲奏

報續到洋船事本年五月十二日到有法蘭

西洋船一隻內有法蘭西行醫外科一名

安泰又會燒畫法瑯技藝一名陳忠信奴

才業會同巡撫公摺奏

聞於六月十八日遣人伴送赴京在案今於六

月十一日到暎咭唎洋船一隻裝載胡椒

黑鉛魚翅等貨六月十五日又到暎咭唎

洋船一隻裝載黑鉛哆囉呢等貨二船内
並無搭有西洋學問技藝之人所有續到
洋船二隻理合具摺奏
報
謹
奏

知道了

康熙伍拾捌年陸月貳拾肆日奴才楊琳

二九 兩廣總督楊琳奏折

通曉天文曆法西洋人徐茂昇到粵（康熙五十八年八月十二日）

兩廣總督奴才楊琳爲

奏報續到洋舡及晚禾雨水事本年外國洋

舡先到法蘭西一隻暎咭唎二隻奴才業

兩次奏

聞今七八月内又到暎咭唎洋舡六隻蘇律地

洋舡一隻所載係洋布黑鉛胡椒木香沙

藤黄蠟等貨亦有帶銀錢置貨者先後共

計到洋舡十隻尚有一隻湾於香山之

灶地方將次入口又在外國貿易住居

人搭載澳門夷舡回籍及合夥買舡共駕
回籍者本年共到有十四起男婦大小計
五百九名口此內有所娶番婦不肯遠來
止挈其所生幼小子女而歸奴才細察番
情無不感戴
聖恩畏威懷德所以番船年多一年而在外國
暫住之人久沐
皇上休養深恩寧使棄其妻子搭舡遠歸人心
固結一至於此再七月十七日澳門夷舡

二九 兩廣總督楊琳奏折 通曉天文曆法西洋人徐茂昇到粵（康熙五十八年八月十二日）

自小西洋貿易回粹搭西洋人徐茂昇一
名據稱曉得天文律法詢以艾若瑟行止
云已經起身来中國復
命若八月内不到必為風色所阻奴才看艾若
瑟曾否到来即差送徐茂昇赴京又本年
廣東廣西兩省早禾俱十分收成米價平
賤奴才已經
奏報今七八月内各報雨水充足晚禾秀茂
又卜豐收地方寧靖合并奏

謹
聞
奏

知道了

康熙伍拾捌年捌月拾貳日奴才楊琳

二九 兩廣總督楊琳奏折 通曉天文曆法西洋人徐茂昇到粵
(康熙五十八年八月十二日)

三〇 兩廣總督楊琳等奏折

華僑樊守義回國書寫西洋見聞

(康熙五十九年六月二十一日)

兩廣總督奴才楊琳
廣東巡撫奴才楊宗仁 爲奏

聞事員外李秉忠於六月十七日到廣州奴才

等隨傳到樊守義公同細問據樊守義將

歷年在西洋事情親筆書寫口供奴才等

又將進

上箱匣公同開看開列摺單并在樊守義行李

箱内檢出波爾都加爾國王所給護身票

一紙書信一紙李秉忠逐一另摺奏

聞所有李秉忠送到
奏摺交奴才等代
進其樊守義在洋舡久今現在調理於七月
初間差人伴送來京再大西洋舡隻於六
月十七日自澳門外洋開行來廣州因連
日東南風信不順一轉西南風即可進虎
門內港理合一併奏

三〇 兩廣總督楊琳等奏折

華僑樊守義回國書寫西洋見聞

(康熙五十九年六月二十一日)

聞謹

奏

康熙伍拾玖年陸月貳拾壹日奴才楊琳 楊宗仁

三一　兩廣總督楊琳奏折

護送歸國華僑樊守義進京

（康熙五十九年七月初二日）

兩廣總督奴才楊琳
廣東巡撫奴才楊宗仁　爲奏
聞事樊守義自西洋回粵奴才等業經節次
奏報在案今於七月初二日奴才等公同遣
人護送樊守義来京理合奏
聞再樊守義原坐来之大西洋船已於六月二
十二日進虎門到黄埔灣泊内從咖喇吧
搭回福建人魏鎮等六名現在訊供發遣
回籍合并奏
知謹
奏
康熙伍拾玖年柒月初貳日奴才楊琳　楊宗仁

三二　兩廣總督楊琳奏折

洋船帶來雕刻技藝修道士
（康熙五十九年八月十四日）

兩廣總督奴才楊琳
廣東巡撫奴才楊宗仁　爲奏
聞事本年八月初四日有續到西洋人三名一
名買蒙擇一名夏歷三一名席若漢詢稱
康熙五十八年九月内教化王差同大臣
來中國復
命令其分路先來買蒙擇夏歷三二名係傳教
修道之士席若漢會雕刻木石人物花卉
兼會做玉器奴才等試其技藝精巧手快

三二一　兩廣總督楊琳奏折

洋船帶來雕刻技藝修道士（康熙五十九年八月十四日）

候員外李秉忠起身即將席若漢一名帶同來京此後如有通曉天文及技藝之人到粤當即差人伴送来京再本年外國洋舡至八月十四日止共計到有十三隻澳門本港回棹夷舡共計有十六隻自安南貿易回廣商舡共計四隻從外國搭舡回籍及自置舡回籍者共計十二起男婦共三百五名口理合一併奏

三二　兩廣總督楊琳奏折

洋船帶來雕刻技藝修道士
（康熙五十九年八月十四日）

聞又員外李秉忠奏摺一封同奴才等奏摺係
封固附入本箱交奴才等在京家人賫
進謹
奏
康熙伍拾玖年捌月拾肆日奴才楊琳 宗仁

三三　兩廣總督楊琳奏折　報告洋船數目(康熙五十九年十月二十五日)

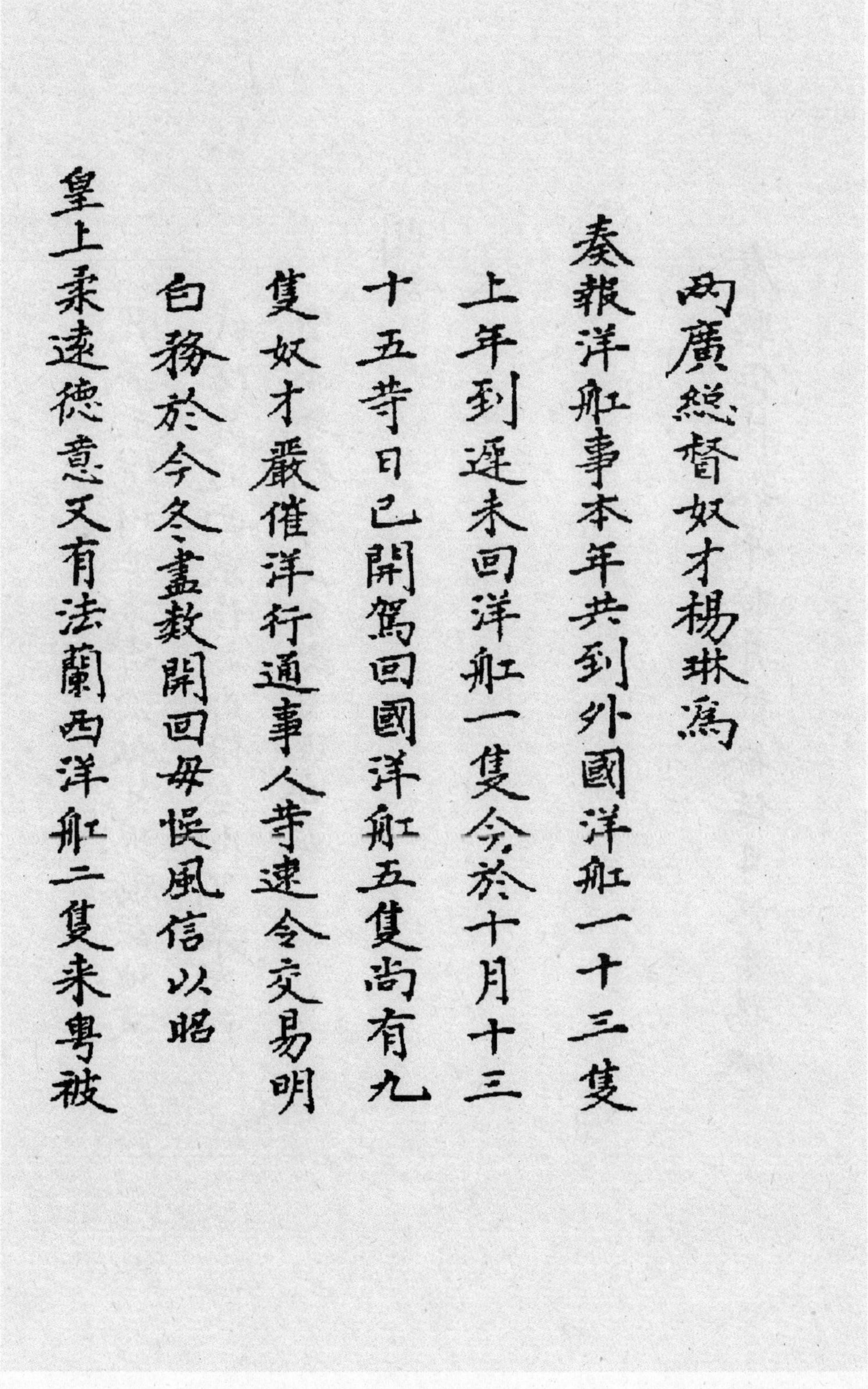
兩廣總督奴才楊琳為
奏報洋船事本年共到外國洋船一十三隻
上年到遲未回洋船一隻今於十月十三
十五等日已開駕回國洋船五隻尚有九
隻奴才嚴催洋行通事人等速令交易明
白務於今冬盡數開回毋悮風信以昭
皇上柔遠德意又有法蘭西洋船二隻来粤被

風飄至瓊州地方寄泊奴才現飭該地文
武防護遇南風信起即催令開駕來省所
有本年到粤洋舡數目理合奏
聞謹
奏
康熙伍拾玖年拾月貳拾伍日奴才楊琳

三四　兩廣總督楊琳奏折

法蘭西商船到粵（康熙六十一年五月二十七日）

兩廣總督奴才楊琳爲

奏報早禾收成分數事今歲廣東春夏雨暘
時若早禾陸續登場高低田地俱有十分
收成近年以來又爲第一豐稔米價陳米
每石九錢一兩不等俟新米齊出自必又
減廣西地方田禾止栽種一次上年收成
稍薄本年春間二麦雜糧豐收接濟民食春
夏雨水亦足早稻將次收割晚禾茂盛兩
省水陸地方俱各平靜又外國洋舡本年

三四　兩廣總督楊琳奏折　法蘭西商船到粤(康熙六十一年五月二十七日)

四月初九日到蘓喇𢚜子舡一隻所載藤
子檳榔木香苛藥材粗貨五月十四日到
法瑯西舡一隻係載番錢来廣置貨合并
奏
聞謹
奏
康熙陸拾壹年伍月貳拾柒日奴才楊琳

三五　兩廣總督楊琳奏折

條陳海禁事宜(雍正元年七月二十六日)

兩廣總督臣楊琳爲面
奏事本年六月初八日奉到
御批籌海事宜條陳一摺着臣與滿保密字商
酌而行欽此遵即密字與閩浙督臣滿保
商酌去後欽惟
皇上勵精圖治念海洋多有匪類竊發致厪
聖懷臣身任封疆敢不悉心籌畫謹就摺內三
條逐一陳對
一察奸之宜嚴察一條查康熙四十六年原
任福建督臣梁鼐條奏商漁船隻如出外

三五　兩廣總督楊琳奏折　條陳海禁事宜(雍正元年七月二十六日)

洋者十船編爲一甲取具連環保結一船
爲匪餘船並坐等因又康熙五十年原任
福建督臣范時崇條奏欲清盜源無過於
嚴查保甲嗣後將失察出口爲盜沿海州
縣等官俱挨次處分等因又康熙五十一
年原任鎮海將軍馬三奇題令各省督撫
提鎮嚴飭地方文武官弁於沿海口岸及
內地所屬地方遍行查緝按季出結送部
等因各奉

旨通行在案查洋盜向惟廣東福建爲多江南
浙江次之廣東洋盜又多在潮州惠州二
府臣自任巡撫總督於潮惠二府口岸盤
察尤嚴各澳大小船隻俱行編甲五十六
年臣復
題准每年派出總兵副將帶領遊守千把分
爲東西中三路巡遶兩班輪流更替又將
商船設立聯䑸護送之法奸民知貨船難
刦無所覬覦福建查察甚嚴近年閩粤兩
省洋面失事較從前已少至於無海關稅

三五　兩廣總督楊琳奏折　條陳海禁事宜(雍正元年七月二十六日)

单貨物者不許出入其附近島與險僻處
所不時遣撥官兵遊巡今惟有嚴飭沿海
文武遵照查照保甲内外巡緝成例實力
奉行

一海米之宜嚴禁一條奉
御批米之事朕向所悉知此事最要緊着實嚴
查欽此查康熙五十六年臣在京
陛見時會同九卿於禁止南洋案内定議一切
出洋舡隻按其海道遠近舡内人數多寡

三五　兩廣總督楊琳奏折　條陳海禁事宜（雍正元年七月二十六日）

停泊發貨日期每人每日准帶食米一升
餘米一升以防風信阻滯出口時文武官
逐一驗明方許放行若有於定數之外多
帶米糧貨賣者查出將米入官賣米之人
處絞文武官隱匿不報事發從重治罪等
因立法已屬嚴密臣於回任後復行沿海
州縣將商船所帶口糧設立用印米票令
船戶於開放時赴地方官報明船内人數
若干路程若干帶米若干地方官填給印
票赴守口營汛驗對符合始許出口其漁

舡則朝出暮歸每人止許帶米一升半又
於潮州緊要海口委員專司查米按季更
換今奉
諭旨臣惟有再加申飭實力稽查
一城郭之宜完葺一條奉
御批設法之說使不得朕甚不悦地方捐助爾
等酌量可緩則緩之欽此查近海城垣臣
素所留心五十六年臣奉
旨查勘添設沿海砲臺將向設營制未建城垣
之前山寨虎門寨達濠營三處各新築城

垣一座於修造砲臺案内彙疏
題報其餘舊有而殘䟦者倡率陸續修葺不
敢動用正項亦不敢派累百姓力之所能
即因時制宜倘果有工程浩大力所不能
者臨時會同撫臣斟酌請
旨遵行以上三條臣接准閩浙督臣滿保咨字
與臣意見相同其原有定例者實力整頓
不致法久廢弛或有因地因時應行更易
者一面酌行一面請
旨總在靖盜安民仰副
皇上憂勤惕勵至意理合面

三五　兩廣總督楊琳奏折　條陳海禁事宜(雍正元年七月二十六日)

奏并恭繳原奏
御批臣本愚昧是否有當伏乞
聖主指示施行謹
奏

歷觀數十年來一切立法何嘗不盡善盡美皆因
爾等大吏屢因急急日弛一日所倚無法不可問矣朕今
雍正元年柒月　貳拾陸　日臣楊琳
諄諄勸勉爾等者正為日久廢弛之故也屢勝出
聖考六十年德政之外不但朕不能駕於古來今亦恐
更有甚異之故也當日

三五　兩廣總督楊琳奏折　條陳海禁事宜(雍正元年七月二十六日)

皇考只道爾等大臣自然是人心人面，何患不尊旨行
何知爾等督撫唯知一張曉示，滿一紙虛文，即為
奉行，不但日久廢弛，即起當何嘗實心奉行一日
也。今日朕不過仍將
皇考之旨再宣諭爾等一次，爾等若仍如康熙年之
奉行，然朕豈能如
先帝之寬仁容恕也。身家性命當著實留心保重
要緊。朕在此日未晚一刻不閑，在此辦理朝事，
爾等何忍優游自在安閑於衙署也。大家著實
用一番氣力振作，無替一番，用力三四年，方可挽回流俗，不然
非善事也。朕自即位來，不見你有什麼興利除弊
之舉，若仍如前以因循為安靜，匿隱為數君賊

三五　兩廣總督楊琳奏折　條陳海禁事宜(雍正元年七月二十六日)

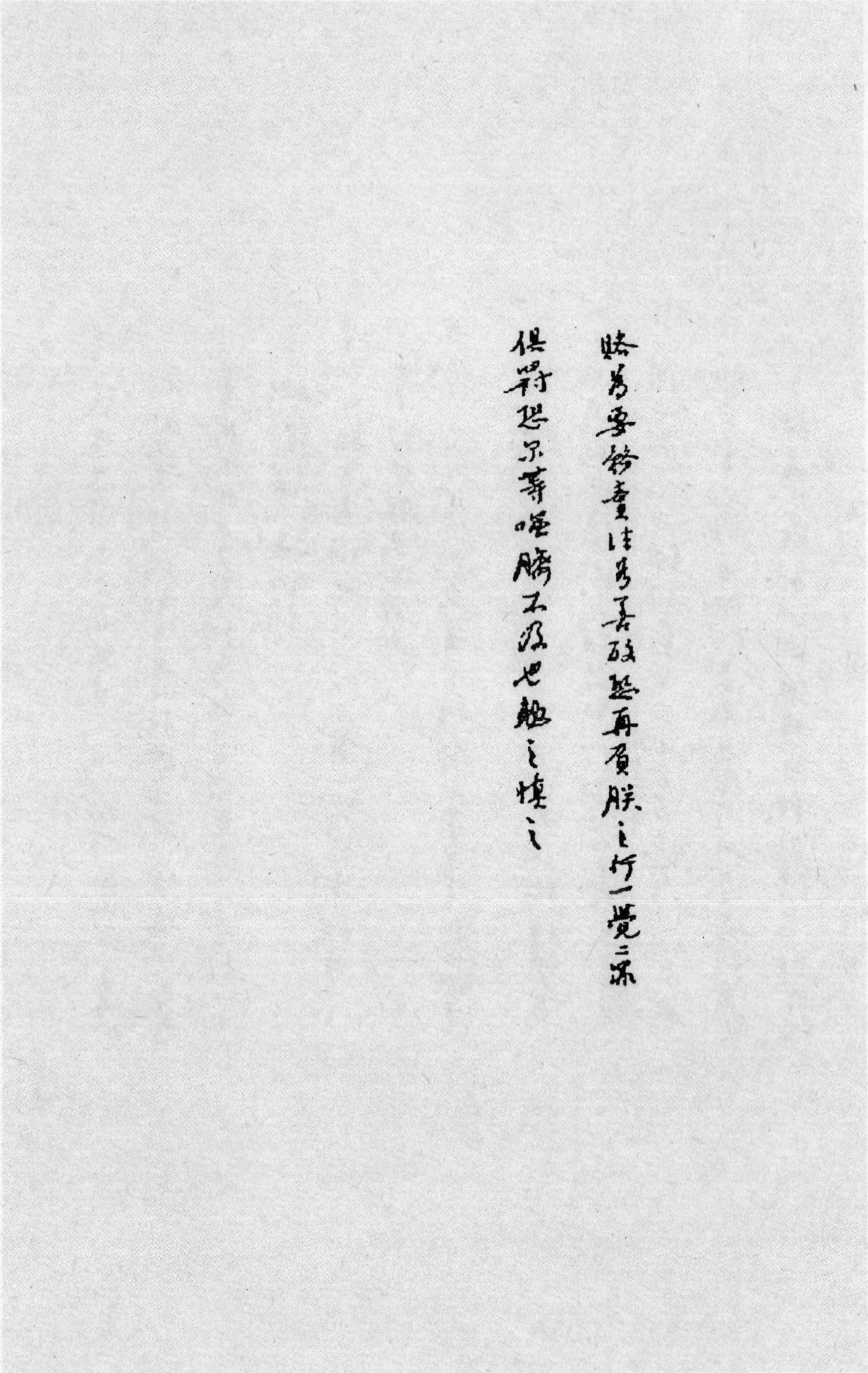
賭為要務查出為善設若再負朕之行一覺察
俱罸恐爾等噬臍不及也慎之慎之

三六　兩廣總督楊琳奏折
出海民船通行編號
（雍正元年七月二十六日）

兩廣總督臣楊琳爲恭繳
諭旨事。本年六月初八日奉到清字
硃諭一道，着將出海民船按次編號，刊刻大字
船頭桅杆油飾標記等因。欽此。臣遵會同
廣東撫提二臣通行沿海文武將商漁船
隻各按次編號，刊刻籍貫，船頭油以紅色，
桅杆亦油紅一半，面寫黑大字，令人顯而
易見，并咨會福建、浙江、江南督撫提諸臣
各遵

三六　兩廣總督楊琳奏折
出海民船通行編號
（雍正元年七月二十六日）

諭旨油飾標記業具疏
題覆在案所有原奉
硃諭理合具摺恭繳謹
奏

雍正元年柒月　貳拾陸　日臣楊琳

三六 兩廣總督楊琳奏折 出海民船通行編號 (雍正元年七月二十六日)

據楊琳奏稱自各口設立砲臺之後近年洋盜絕
少未必非歷年漁船樑頭縮小之故惟應仍照舊
制遵
旨各省出海船隻分別油飾刊刻編號為是若反寬
大其樑頭恐無知小人以為海禁漸弛復行販米
接濟賊船亦未可定
此係遵臣下意見

三七 署理廣東巡撫年希堯奏折 暹羅及英船到港（雍正元年八月初六日）

署理廣東巡撫事務布政使臣年希堯謹

奏爲奏報續到洋船事竊查洋船來廣貿易

自本年伍月拾貳日起至柒月初叁日止

共到洋船陸隻業已奏

聞今於柒月貳拾壹日又到暹羅國船壹隻柒

月貳拾貳日又到暎咭唎國船貳隻柒月

貳拾伍日又到暎咭唎國船壹隻柒月貳

拾陸日又到暹羅國船壹隻捌月初叁日

又到干喇囉國船壹隻共又到洋船陸隻

連前共到洋船壹拾貳隻至澳門住居西洋人船隻原許其出洋貿易查于陸月拾柒日回澳壹隻係先往蘇辣國貿易貳拾捌日回澳壹隻係先往小西洋國貿易柒月拾貳日回澳壹隻係先往吱呀國貿易拾捌日回澳壹隻係先往暹羅國貿易拾玖日回澳貳隻係先往咖喇吧國貿易貳拾陸日回澳貳隻内壹隻係先往哥斯達國貿易壹隻係先往咖喇吧國貿易又回

三七　署理廣東巡撫年希堯奏折

暹羅及英船到港

(雍正元年八月初六日)

澳壹隻係先往地滿國貿易又回澳叁隻

内貳隻係先往咖喇吧國貿易壹隻係在

暹羅國買新船回澳貿易以上共回澳船

壹拾貳隻相應一并奏報嗣後如再有洋

船到廣及回澳船隻另爲奏

知

謹

奏

知道了

雍正元年捌月　　初陸　　日

三八 廣東巡撫年希堯奏折

報告洋船來廣情形

(雍正元年十月初十日)

廣東巡撫臣年希堯謹

奏爲回奏事。廣東潮州鎮臣侯潆到省，口傳

上諭

聖躬萬安，諭臣等不必憂慮。臣跪聽不勝忻忭。伏思

我

皇上大孝性成，當哀慟迫切之餘，勉强抑情，勵精圖

治，是誠善繼善述，

社稷蒼生之福。臣每頌

皇上諭旨，備言天下民情風俗、地方利獘、吏治賢否，

無微不照。臣即身居外任，尚不能周知如此詳

悉，仰見

皇上日理萬幾勞心焦思臣遠在嶺南不能時常躬
請
聖安雖蒙
諭臣不必憂慮然臣心無日不懸懸
闕庭也又侯潆同將軍管源忠傳
上諭左翼鎮總兵應該移駐順德縣查此事臣已具
摺恭請
聖裁今
皇上明見萬里先已洞悉臣現在與督臣楊琳具疏
請

三八　廣東巡撫年希堯奏折

報告洋船來廣情形

（雍正元年十月初十日）

旨矣再本年洋船到廣及澳門西洋人出洋船隻回

澳已經奏報今又到噗咭唎國船貳隻回澳船

伍隻本年共到洋船壹拾肆隻共回澳船壹拾

柒隻理合一併奏

聞謹

奏

雍正元年拾月　初拾　日

三九　廣東總督楊琳奏折

整飭粤省漁船管見

（雍正二年二月十五日）

廣東總督臣楊琳爲請

旨事本年正月二十九日臣差進摺子人回捧

到封發

御批正白旗漢軍副都統金鐸條陳拖風船隻

及違式漁船槩行拆毀奏摺

硃批金鐸條奏此摺爾可與提督董象緯密商

而行應行即行不應行密摺回奏欽此遵

即抄録

硃批原摺密商提臣董象緯俟商妥另行會

三九　廣東總督楊琳奏折

整飭粵省漁船管見

（雍正二年二月十五日）

奏外查拖風船即漁船之大者因其船可以
出洋撒網拖風故名曰拖風船向惟惠州
潮州二府俱有之從前此等船隻樑頭濶
有一丈餘尺船身長四丈餘尺漁民裝載
鹽米隨處捕魚得魚即用鹽醃滿載始歸
每年自九月起至次年三月止一年之錢
糧衣食在此數月出辦康熙四十四年前
任兩廣督臣郭世隆因粵洋多盜定議漁
船樑頭不得過五尺水手不得過五人艙
面不許釘蓋板桅止用單朝出暮歸不許

三九　廣東總督楊琳奏折

整飭粵省漁船管見

(雍正二年二月十五日)

越境採捕其長大漁船盡行拆毀後遂沿
以為粵省之例非具題咨部之定案也但
海面與內河不同微風一起浪高丈餘大
小船隻艙面必用鎖腹蓋板浪從蓋板上
而過即從兩傍水櫓而出護住艙身不致
沉沒況採捕非在深水洋面不能得魚以
樑頭五尺之船入在大海渺如一線又去
其蓋板浪起艙滿頃刻即沉有必不能行
之勢所以漁民將丈量之樑頭則遵照五
尺即有容寬者亦相去不遠其船腹則漸

三九　廣東總督楊琳奏折

整飭粵省漁船管見

（雍正二年二月十五日）

闊大蓋板仍復私用雖無從前之大桅風
漁船較前督臣郭世隆所行之式則已不
符由是地方官吏於丈量給照時則指其
違式得索陋規守口弁兵亦執其違式得
勒餽送而漁民亦恐一違定式即不能採
捕資生甘心餽獻此立一法而生一弊之
積習也夫廣東沿海數百萬生靈多以捕
漁爲業海即其田也船即其耕耨之具也
有一家而獨造一船者有數家而合造一

三九　廣東總督楊琳奏折

整飭粤省漁船管見

（雍正二年二月十五日）

船者仰事俯育皆在於船如必執郭世隆
所定成式雖有船不敢出海即出海亦止
可在淺水株捕不能得魚嗷嗷待哺勢必
挺而走險臣早欲明寬其丈尺許以釘蓋
桅又恐涉寬於漁民昧於防盜之議年來
惟嚴禁文武兵役不許勒索查禁漁船不
許多帶口糧伏之相維相制而已自各口
設立砲臺之後近年洋盜絕少據金鐸所
奏名為捕魚而資包藏機詐釣連奸猾此
等情弊未嘗無之然不過千百中之一二

三九　廣東總督楊琳奏折

整飭粵省漁船管見

(雍正二年二月十五日)

耳以千百中之一二防其未然將器大漁

船槩行拆毁殊屬未便我

皇上聖明仁慈遠照萬里

特頒諭旨各省出海船隻分别油飾刊刻編號

某省某府州縣之船一見即知使難混雜

又頒

上諭稽查保甲以别良奸禁帶米糧出口以杜

接濟此誠探本窮源弭盗之要訣已蒙

睿照無遺至於船隻大小似屬末務況福建浙

江等省題定漁船樑頭不得過一丈水手

三九　廣東總督楊琳奏折

整飭粵省漁船管見

(雍正二年二月十五日)

不得過二十人桅之用單用雙聽從其便
廣東所行樑頭不得過五尺水手不得過
五人艙面不許釘蓋板止用單桅與福建
定制大小懸殊今指廣東漁船之違式者
乃違樑頭五尺之式非違樑頭一丈之式
也臣愚以為漁船若照福建定式則粵省
漁船甚多誠屬不可若仍照郭世隆所議
定式又海所斷不能行徒為兵役留需索
之門合無將昔日所定樑頭不得過五尺
者改為不許過七尺水手不得過五人者

三九　廣東總督楊琳奏折　整飭粵省漁船管見
（雍正二年二月十五日）

改為不許過七人船面准其釘蓋板惟桅杆止許用單桅出口每人止許帶食米一升餘米一升以防風浪阻隔造船時船主取隣佑保甲甘結水手取同船互結一船為匪事發甲隣連坐一人為匪事發互結連坐桅止用單則不能遠行米無多帶則不能久出仍有防閑之具而漁船得蓋板禦浪採捕謀生從前徒立法而不能行者今則務使有可遵之法文武兵役自不敢復借違禁二字恐其需索沿海百萬生靈

三九　廣東總督楊琳奏折　整飭粤省漁船管見

（雍正二年二月十五日）

感戴
聖恩於無極矣臣不敢冒昧具奏合將臣之所
灼見者先行請
旨應否具題更定伏候
聖主指示以便會商提臣董象緯會
奏施行

雍正貳年貳月　拾伍　日臣楊琳

四〇　西洋人戴進賢奏折

請準洋人留住省城免驅澳門
（雍正二年五月十一日）

西洋人戴進賢等謹
奏爲籲
恩垂鑒事切臣等自利瑪竇航海東來歷今幾二百
年幸荷
聖朝優容無外故士至如歸守法焚修原非左道兹
因福建之事部議波及各省一概驅往澳門遠
臣奉
命惟謹敢不凜遵惟是澳門非洋船常到之地若得
容住廣東或有情願回國者尚可覓便搭船今
俱不容托足則無路可歸澳門雖住洋商而各

四〇 西洋人戴進賢奏折 請準洋人留住省城免驅澳門（雍正二年五月十一日）

省遠臣不同一國者甚多難以倚靠可憐欲住
不能欲歸不得此誠日暮途窮之苦也近接廣
東來信撫臣奉文之後出示行牌嚴加催逼限
六月内驅往澳門不許遲過七月因思臣等荷
蒙
聖恩留京備用則每年家信往來亦所不免倘廣東
無人接應將來何以資生我
皇上仁恩溥博薄海内外咸荷

覆幬似此老邁孤踪棲身無地不得不冒瀆
嚴威惟望
聖恩寬厚俯賜矜全行令廣東免其驅逐嗣後各省
送往之西洋人願赴濠門者聽往濠門願住廣
東者容住廣東如此則臣等感激涕零受
恩靡盡矣再各省現有衰老病廢難行之人可否暫
容此又出自
皇上格外隆恩非臣等所敢擅
請也臣等不勝呼號待
命之至謹繕摺具
奏伏乞

皇上睿臺特賜俞允施行

雍正二年五月　十一　日

朕自即位以來諸政悉遵
聖祖皇帝憲章因與天下興利除弊令爾等
往澳門一事皆由福建省住居西洋人在地方
生事滋擾因封疆大臣之請廷議之奏施行
政者公事也朕豈可以私恩惠爾等以廢國家之
輿論乎今爾等既哀懇乞求朕亦只可諭廣東
督撫暫不催逼令地方大吏確議再定

四一　兩廣總督孔毓珣奏折

遵旨議覆漁船樑頭管見

(雍正二年六月二十四日)

兩廣總督臣孔毓珣謹

奏爲遵

旨回奏事本年閏四月十六日臣奉

發到正白旗漢軍副都統金鐸條陳拖風船隻及

違式魚船槩行拆毀一摺又前督臣楊琳議覆

一摺又廷臣意見一摺蒙

硃批將你意見當如何料理奏來再定欽此查金鐸

以漁船可以衝風破浪恐生奸猾應行拆毀楊

琳以漁船樑頭太窄不能捕魚應稍加寬大廷

四一　兩廣總督孔毓珣奏折

遵旨議覆漁船樑頭管見

(雍正二年六月二十四日)

臣以寬其樑頭恐無知小人爲海禁漸弛復行販米接濟賊船應照舊制各有所見臣素未深悉海洋情形及抵廣東留心體訪知沿海一帶地窄人稠居民多以捕魚爲生而捕魚必在深水洋面方能得魚洋面風浪甚大船隻必用鎖腹蓋板方可禦浪因有船身長大拖風船名色此歷來之情形也自康熙四十四年前督臣郭世隆懲粵洋之多盜將長大漁船盡行拆毀改爲樑頭不得過五尺水手不得過五人艙面不

許釘蓋板撓止用罩朝出暮歸不許越境採捕
雖未題明定制相沿即爲廣東成例然漁民實
不能遵船身仍私造寬大蓋板仍用惟地方文
武兵役得借違式需索文職丈量給照則有茶
果票規武職口岸查驗則有季規月規即地方
頭人土棍亦勒餽送稍不如意俱得以違式懲
之漁民不敢不應逐日涉深臨險辛勤採捕半
歸衆飽一旦無以資生勢必流爲盜劫歷任督
撫未嘗不禁究未能絶此又歷來之流弊也臣

四一 兩廣總督孔毓珣奏折

遵旨議覆漁船樑頭管見

(雍正二年六月二十四日)

思洋盜即係內地之民內地民人出入行踪難
瞞地方隣佑耳目或久出不返或挾貲驟歸地
方隣佑無不知之緊嚴保甲慎密稽查有犯即
發有發必究務必重處匪類自難逞奸實不在
乎漁船之大小若因船大恐易爲盜即小船出
海奪坐商人大船未嘗不可爲盜勢必并小船
禁止而後可似非探本窮源之論現今各省商
漁船隻悉遵
上諭分省油飾刊刻編號一見即知爲某省某府某

縣之船矣廣東向定船頭桅杆油飾紅色黑筆
寫字節據各州縣編號造報大約廣肇高廉雷
瓊六府漁船洋面不寬樑頭俱窄惠潮二府漁
船地近福建洋面廣濶樑頭俱寬式八尺九尺
及一丈不等此二府內約有漁船三千餘百隻
如一槩拆毀窮民勢難重造即廢一年生業如
重造過小亦不能出洋捕魚自康熙四十四年
改造定式之後至五十三四年洋盜尚多其明
驗也查前督臣楊琳所議漁船樑頭改為不得

過七尺水手不得過七人艙面許用蓋板桅杆照舊用單桅米糧每人止許帶食米一升餘米一升以防風浪阻隔等語臣以爲防閑嚴切即樑頭寬大亦屬無碍除漁船止許用單桅米糧每人止許帶食米一升餘米一升照舊例行外其樑頭改爲不得過九尺水手改爲不得過九人艙面許用蓋板庶船大可以放心捕魚而桅止用單仍不能遠行外洋也至於防閑之法查漁船俱就港道聚集而泊應每港選擇殷實公

正者充爲船長量給工食大港二人小港一人
其港計漁船若干隻各船主之奸良責成船長
稽查保結其船計水手若干人水手之奸良責
成船主稽查保結如水手中有形跡可疑者船
主即通知船長逐去船主内有形跡可疑者船
長即報官更换倘水手有爲匪事發并坐船主
船主有爲匪事發并坐船長出口時船長會同
汛兵查點有無夾帶器械及多餘米糧入口時
查驗有無夾帶貨物船長徇隱不舉從重治罪

四一 兩廣總督孔毓珣奏折
遵旨議覆漁船槳頭管見
(雍正二年六月二十四日)

遇夜灣泊各船俱用鐵環連鎖槳篙搬起崖上
每船用水手一二人守宿港口則用船主三四
人輪流守宿以防奸徒偷船出洋倘捕魚時陡
起暴風人船漂沒者船長報官必訊取同港船
主互結實有確據方准銷除如係揑報從重治
罪仍將槳頭定式水手食米定數每港豎立石
碑使各遵守從前文職官役之茶果票規武職
弁兵之季規月規及頭人土棍之勒索餽送嚴
行禁革倘有不遵許漁民赴督撫衙門呈告審

實題參悉照貪賍例治罪則兵役不敢執違式
以詐人漁民亦不肯復受其違式之詐捕魚盡
可發賣養家不致被衆分肥自然漸次溫飽雖
寬其樑頭而實嚴其法禁爲匪之念庶不敢萌
然亦惟在州縣營弁之得人督撫之留心此就
臣愚見當如此料理是否有當應否具
題定例伏候

四一 兩廣總督孔毓珣奏折

遵旨議覆漁船樑頭管見
(雍正二年六月二十四日)

聖裁指示遵行謹

奏

朕細加斟酌此論未當

雍正貳年陸月貳拾肆日

四二 兩廣總督孔毓珣奏折 條陳澳門貿易等事 （雍正二年六月二十四日）

兩廣總督臣孔毓珣謹
奏爲遵
旨回奏事本年閏四月十六日臣奉
發到通政司右通政臣梁文科條奏敬陳粵東事
宜一摺
硃批此事當如何料理奏來欽此查粵東依山附海
田地甚少生齒甚繁歲產米穀不足供百姓日
食且地方潮濕米穀不能久貯家無積蓄一遇
荒歉遂致缺乏此梁文科所以有預爲籌畫之

四二　兩廣總督孔毓珣奏折　條陳澳門貿易等事（雍正二年六月二十四日）

議也如原奏內稱近河近海之處被勢力豪强
批照納糧佔爲己業不許窮民採捕請嚴行禁
止一條查廣潮二府屬內河向有一種名曰蛋
户以船爲家不耕田地專事採捕爲生隸諸河
泊所供納課米蛋户人衆而窮承糧河面即其
世業雖勢力豪强之人不能佔管又肇慶一帶
遇春夏之交廣西水發小魚初生細如毛髮漁
户用密麻布爲袋張諸流水得來散賣畜養俗
名曰魚苗惟南海縣之九江堡人熟知水性方

能撈取本地居民素所不諳從前批租不一每
致爭訟康熙四十七年經地方官詳定此項租
銀即爲每歲修築近河田地堤岸之用其在高
要縣屬者則收抵無征虛糧餘修堤岸然每年
不過撈採一月過此則魚苗不産聽人採捕在
撈魚苗者出租則無人爭執本自情願在地方
官藉此修築堤岸保護田糧公事有濟是内河
原無强佔之處毋庸議惟外海原無税糧向有
豪强地棍認納漁課覇佔海面號爲海主港主

四二　兩廣總督孔毓珣奏折

條陳澳門貿易等事

（雍正二年六月二十四日）

凡出入漁船認納租銀方得採捕康熙五十六
年經前督臣楊琳查禁將沿海州縣額編漁課
按漁船多寡均攤征收聽漁户自納禁革海主
港主名色有福建投誠漢軍公鄭克塽家屬以
奉部行分定爲詞佔管南澳海面經督臣
題請永禁於雍正元年十月十三日奉
旨這事情著照所奏行仍行文楊琳若鄭克塽鄭纘
禹等家屬在彼處生事濫行即行提拏審明具奏
該部知道欽遵在案

皇上聖明遠照萬里奉此
嚴旨不特鄭克塽等家屬不敢生事即沿海豪强亦
暫雖如此後不能期其必也不時察訪為要
但欽跡臣惟奉行稽查倘有豪强佔僭內河外
海不許窮民採捕者重加懲處以恤窮民又原
奏內稱廣東各處山內出產鉛錫任民刨挖以
爲餬口之計一條查廣東向有鉛錫等礦
聖祖仁皇帝時曾奉有聽窮民偷採之
旨後復停止但廣東田少人多窮民無以資生不能
禁其不偷即兵役趕逐亦不過散於一時不久

仍聚臣愚以為天地自然之利原所以生養窮
民棄置可惜不如擇無碍民間田地廬墓出産
鉛錫之山場招商開採俾附近窮民可藉工作
養生并堪抽收課餉實係有益無損業於到任
後具疏
題請應俟奉
前已有滿保進奏旨開採使不得
旨到日遵行又原奏内稱香山澳門居住紅毛人户
口日增宜設弁員彈壓一條查前明嘉靖年間
有西洋人来中國貿易灣泊澳門後遂認納地

祖居住相沿二百年臣委恭將鍾維嶽往香山
查點兵馬驗看澳門情形據鍾維嶽回稟西洋
人住居之地東西一百二十餘丈南北二百一
十六丈其人係黑白二種約有二千餘百名大
率俱屬軟弱不懂漢話不事耕種惟造作西洋
器皿并在各洋往來貿易以養家口設立頭目
約束其地原有香山協把總一員帶兵五十名
防守又有粵海關稅館及牙行貿易漢人一百
餘十戶又澳門內旱路十餘里地名前山寨原

四二　兩廣總督孔毓珣奏折
條陳澳門貿易等事
（雍正二年六月二十四日）

設有關閘不容西洋人擅入內地撥香山協左
營都司一員守備一員帶兵駐劄五十六年於
前山寨造城一所居住官兵四面安設砲臺以
示控制是原有官兵防閑彈壓惟嚴飭官兵用
心巡查毋庸另議安設矣臣思此等西洋人住
久人衆驅之則無地可驅且守法納祖相安無
事
皇上四海一家原無庸外視惟是康熙五十六年定
例禁止南洋不許中國人貿易澳門因係夷人

四二　兩廣總督孔毓珣奏折　條陳澳門貿易等事
（雍正二年六月二十四日）

不禁獨佔其利近年每從外國買造船隻駕回
貿易船隻日多將無底止臣擬查其現有船隻
仍聽貿易定爲額數朽壞准修此後不許添置
以杜其逐歲增多之勢容臣另
題請
旨飭行至於外國洋船每年來中國貿易者俱泊於
省城之黄埔地方聽粵海關征税查貨並不到
前有西洋人亦經照已畫行不必議奏也
澳門灣泊也臣蒙
皇上擢用隆恩凡可爲地方民生應行之事自當竭
力漸次舉行摺内三條俱切中粵東時事理合

四二　兩廣總督孔毓珣奏折
條陳澳門貿易等事
（雍正二年六月二十四日）

逐一回
奏。臣謹奏
聞
知道了。朕著封疆大臣凡料理地方事宜者以大
者遠者爲主，行一事出一令，必籌永遠不易
之利害，並方爲備，爲目前小利，截枝爲益，須慮
事机，小民一時之拙，於爲哉。至凡大有干係必輕重
酌量，始終詳審，必洞徹真源，深知灼見，而後行
方免失悞也。凡百不可造次輕率，勉之慎之。

雍正貳年陸月　貳拾肆　日

四三　兩廣總督孔毓珣奏折

確議拖風船樑頭定式

(雍正二年七月初九日)

兩廣總督臣孔毓珣廣東提督臣董象緯謹
奏爲回奏事臣董象緯奏覆拖風船一事奉
硃批爾此奏甚公甚直毫無隱諱甚屬可嘉大槩與
楊琳意見相似朕已將原議原奏皆發與孔毓珣
斟酌可與總督確議妥當再奏聞等因欽此臣孔
毓珣前奉
發到正白旗漢軍副都統金鉷條陳拖風船一摺
又前督臣楊琳議覆一摺又廷臣意見一摺蒙
硃批將你意見當如何料理奏來再定欽此臣孔毓
珣留心體訪歷来情形流弊見漁船之樑頭不
妨過寬惟在稽查嚴密因議於泊船港道選擇
船長稽查一港船主又責成船主稽查一船水

四三　兩廣總督孔毓珣奏折

確議拖風船樑頭定式
（雍正二年七月初九日）

于事發運坐每夜輪流看守出入公同盤察遇
有遭風壞船必查訊確實方准開銷明示樑頭
定式水手食米定數使文武官弁不得借違式
二字恣其勒索於未接奉
硃批董象緯覆奏之先臣孔毓珣已遵
旨繕摺奏請
聖裁今臣等公同確商意見相同無可另議應俟
御批到日遵行理合會
奏請
奏
已有旨了
雍正貳年柒月　初玖　日

四四　兩廣總督孔毓珣題本

請準西洋人在省城廣州居住遇便回國（雍正二年十月二十日）

總督兩廣等處地方臣孔毓珣謹

題爲移咨事該臣等查得各省居住西洋人先經閩浙督臣

滿保

題准部覆如係精通曆法及有技能者送京効用餘俱送廣

東澳門安插隨據西洋人戴進賢等

奏請寬免驅逐奉

上諭行臣等暫止勿往澳門毋致吏治民生無甚大害可以容

留着臣等確議具奏等因行據布政使國理珠等會詳前

來臣等伏查西洋人感慕

聖朝德化先後前來中國就廣東而論未有生事犯法之處於

吏治民生無甚大害亦無神益惟一旦盡送往澳門安插

該處濱海地窄難以聚居亦無各本國便船附搭廣州省

城則每歲洋船聚泊應將原住廣東各堂及各省送到之

人視其年力壯健及願回西洋者遇有本國船到令其搭

回如年老有病及不願回者聽在廣州省城天主堂居住

不許復往各處行走倘不守本分招致男婦行教誦經治

四四 兩廣總督孔毓珣題本

請準西洋人在省城廣州居住遇便回國(雍正二年十月二十日)

罪遞回其外府州縣所設天主堂改為公所素設悮入其

教者俱令改易如仍聚衆誦經從重治罪地方官不實心

防禁容隱不報查參議處悉照原議遵行如此則外國之

教不得流行而遠人亦不致失所矣謹會

題請

旨雍正二年十月二十日題十二月初三日奉

旨該部議奏

四五　兩廣總督孔毓珣題本

清查澳門西洋人并請限定洋船數目

(雍正二年十月二十六日)

兩廣總督臣孔毓珣謹
題為酌陳澳門事宜事竊照廣東香山縣屬澳門向有西洋
人居住臣到任後委驗形勢查點彝漢戶口及西洋船隻
據稱西洋人男婦共三千五百六十七名口大小洋共二
十五隻內舊有一十八隻從外國新買回澳船七隻又附
近民人寄澳居住生理共男婦二千五百二十四名口臣
思此等西洋住久人家守法納租與中國人錯雜而居原
無容異視惟是定例禁止南洋貿易澳門西洋人不在禁
內近年貿易得利每從外國買造船隻駕回若不限以定
數將來船隻日多來者日眾將現在洋船二十五隻編列
字號即為定額不許添置此外無故前來西洋人不許容
留居住則西洋人既得貿易資生亦不敢種類繁庶溷雜
內地謹會
題請
旨雍正二年十月二十六日　題十二月初十日奉
旨九卿詹事科道會議具奏

四六　兩廣總督孔毓珣奏折

遵諭嚴行海禁(雍正二年十月二十九日)

兩廣總督臣孔毓珣謹
奏爲回奏事臣會同提臣董象緯奏覆拖風漁船
一案於本年九月三十日奉
發廷議内
硃批此廷議是禁海宜嚴餘無多策爾等封疆大吏
不可因眼前小利而遺他日之害當依此論實力
奉行欽此臣前察訪未周恐漁船式小難於出洋
採捕文武兵役得藉遺禁勒索是以議請寬其
探頭而嚴其稽查今蒙
皇上睿慮深遠特發廷臣公議

四六　兩廣總督孔毓珣奏折　遵諭嚴行海禁（雍正二年十月二十九日）

諭以海禁宜嚴餘無多策臣現將沿海漁船逐一編
查油飾遵照廷議艚有船隻免其折毁新造者
仍遵定式查禁不許寬大并選擇船長稽查一
港船主又責成船主稽查一船水手事發連坐
以仰副
皇上慎重海防之至意也又奉到
批回臣奏報將積盜梁亞月等正法一摺
硃批爾初到任如此振作一二事猶可不可爲常人

四六　兩廣總督孔毓珣奏折　遵諭嚴行海禁（雍正二年十月二十九日）

命盗案萬萬不可隐匿私和等因欽此臣初到廣
東因見民俗不以盗竊爲耻又不知畏法武弁
兵丁習慣安逸亦不肯勉勵適遇現獲梁亞月
等一起審明即行正法捕盗兵丁立拔把總欲
使盗賊知儆兵丁知勸原屬一時權宜振作不
敢視以爲常數月以來各營武官兵丁頗能出
力拏賊刦案亦少臣惟仰遵
聖諭斟酌事情緩急請
旨而行又陸路將備千把情願在水師効力者今於

每年出洋巡哨時一同演習行走已遵
旨合詞具題又候補道員方顧瑛到粤口傳
上諭已一一凛遵所有奉接
聖訓遵行緣由理合具摺彙
奏臣謹
奏

是只要實力奉行絲毫莫懈

雍正貳年拾月　貳拾玖　日

四七 兩廣總督孔毓珣奏折

西洋人赴澳門并洋船泊黄埔水手不得登岸只許正商與其交易(雍正二年十月二十九日)

兩廣總督臣孔毓珣謹

奏爲恭繳

硃諭事雍正二年閏四月十六日臣齎摺人回捧到

硃諭壹道跪讀之下蒙

皇上訓臣料理地方修己治人之道無不備悉并

諭臣不要忙了逐事籌畫得當再具奏聞臣遵將所

知所見事件陸續回

奏恭讀

聖諭内西洋人之安插亦未甚妥外來之洋船總發

放不當可竭力盡心料理欽此查各省居住西洋

人先經閩浙督臣滿保題准有通曉技藝願赴

京効力者送京此外一槩送赴澳門安插嗣經

四七　兩廣總督孔毓珣奏折

西洋人赴澳門并洋船泊黃埔水手不得登岸只許正商與其交易(雍正二年十月二十九日)

西洋人戴進賢等奏懇寬免逐回澳門發臣等
查議臣思西洋人在中國未聞犯法生事於吏
治民生原無甚大害然曆法算法各技藝民間
俱無所用亦無裨益且非中國聖人之道别爲
一教愚民輕信誤聽究非長遠之計惟西洋乃
係總名分有十餘國各人住籍不同澳門濱海
偏僻之地欲回則無船可搭欲住則地窄難容
經臣議將各省送到之西洋人暫令在廣州省
城天主堂居住不許出外行教亦不許百姓入
教除有年老殘疾者聽其久住外餘則不限以

四七　兩廣總督孔毓珣奏折

西洋人赴澳門并洋船泊黄埔水手不得登岸只許正商與其交易(雍正二年十月二十九日)

年月遇有各人本國洋船到粤陸續搭回此外
各府州縣天主堂盡行改作公所不許潛往居
住業會同將軍撫提諸臣具
題其澳門居住之西洋人臣委員查點男婦共計
三千五百六十七名口各有家室生業與行教
之西洋人不同住經二百年日久人衆無地可
驅守法納租亦稱良善惟康熙五十六年禁止
南洋之後澳門西洋人非貿易無以資生不在
禁内獨佔販洋之利近年每從外國造船駕回
連前共有二十五隻恐將來船隻日多呼其族

四七　兩廣總督孔毓珣奏折

西洋人赴澳門并洋船泊黃埔水手不得登岸只許正商與其交易(雍正二年十月二十九日)

類來此謀利則人數益衆臣擬將現存洋船二
十五隻編列字號作爲定數朽壞者准修補此
後不許添造并不許再帶外國之人容留居住
亦經具疏請
旨定例此安插兩種西洋人是否妥協伏候
聖裁再外來洋船向俱泊於近省黃埔地方來回輸
納關稅臣思外洋感慕
聖朝德化齎本遠來原爲圖利臣飭令洋船到日止
許正商數人與行客交易其餘水手人等俱在

船上等候不得登岸行走撥兵防衛看守仍飭
行家公平交易毋得欺騙定於十一十二兩月
内乘風信便利將銀貨交清盡發回國不許悞
其風信致令守候則遠人得公平交易而去即
無不感恩慕義而來於關稅有益亦不致别生
事端其查貨收稅係撫臣管理臣所行發放之
法理合奏
聞至於地方應行事宜就臣識見所及盡心料理但
臣智識短淺惟恐所行不當仰懇
皇上逐事指訓俾臣不致錯悞則感戴

四七　兩廣總督孔毓珣奏折

西洋人赴澳門并洋船泊黄埔水手不得登岸只許正商與其交易（雍正二年十月二十九日）

聖恩益無極矣所有原奉
硃諭具摺恭繳并繪香山澳門圖恭呈
御覽謹
奏
朕不甚惡西洋之教但与中國無甚益處不
過從衆議耳你酌量如果無害外國人一
切從寬好恐你不達朕意過嚴則又不是
矣特諭
雍正貳年拾月　貳拾玖　日

四八　廣東巡撫年希堯奏折
解送粵海關羡餘銀兩
（雍正三年二月初三日）

廣東巡撫臣年希堯謹

奏為奏解海關稅羨銀兩事竊臣蒙

聖恩兼管粵海關稅務遵奉

俞旨體恤客商嚴飭各口委官吏役毋許需索苛刻

莫不感頌

皇仁臣於雍正貳年貳月貳拾肆日接管起至雍正

叁年正月貳拾叁日止連閏壹年已滿共收過

洋船及各口稅銀玖萬柒千貳百玖拾肆兩伍

錢陸分查粵海關額銀并銅觔水脚及加徵湖

絲共銀肆萬叁千柒百捌兩伍錢陸分肆厘發

四八 廣東巡撫年希堯奏折 解送粵海關羨餘銀兩
（雍正三年二月初三日）

布政司兑收貯庫取具庫收送部給發經制各役工食及解費各項共用銀陸千伍百捌拾陸兩尚剩羨餘銀肆萬柒千兩臣現在起解赴部兑收轉解

内庫理合具摺奏報伏乞

皇上睿鑒謹

奏

知道了。報部之事又奏他作什麼？想廣東一省無事可入奏來，特特叫左人奏如此之件事，真大奇

雍正叁年貳月　初叁　日

四九　廣東巡撫年希堯奏折

遵旨於省城洋行及澳門貨店購尋花番巴恭進內廷(雍正三年四月初七日)

廣東巡撫臣年希堯謹

奏本年叁月初玖日臣齋摺承差回廣臣接到摺

匣內奉

發花番巴貳塊花小絨貳塊據臣齋摺承差口稱太

監傳

諭旨令臣照式購尋恭

進欽此臣即於省城各洋行并澳門彝人貨店照式

遍尋不得據各行商回稱從前洋船曾有帶來

花番巴花小絨今柒捌年不見此貨來廣等語

四九 廣東巡撫年希堯奏折

遵旨於省城洋行及澳門貨店購尋花番巴恭進内廷(雍正三年四月初七日)

臣惟覓尋得舊存番巴貳疋壹係元青色壹係
大紅色其花樣顔色與奉
頒原式不合敬先恭
進俟本年洋船到來如帶有合式者臣即另齎恭
進理合具摺奏明謹
奏

雍正叁年肆月　初柒　日

五〇 兩廣總督孔毓珣奏折

洋船灣泊黄埔只許行商與之貿易(雍正三年九月初九日)

兩廣總督臣孔毓珣謹

奏爲奏明到粤外國洋船事。竊照今年陸月初肆日到暎咭唎國洋船壹隻，陸月拾伍日到暎咭唎國洋船貳隻，所載俱係黑鉛、番錢、哆囉嗶吱等貨。柒月初肆日到法蘭西洋船壹隻，所載黑鉛、番錢、羽緞、哆囉等貨。柒月拾柒日到暎咭唎國洋船壹隻，哥沙國洋船壹隻，咖喇吧國洋船壹隻，所載胡椒、藤木、檀香等貨。柒月拾捌日到嗎吧喇嘶國洋船壹隻，柒月貳拾捌日到暎咭唎國洋船貳隻，所載係胡椒、檀香、黑鉛、番錢等

五〇　兩廣總督孔毓珣奏折

洋船灣泊黄埔只許行商與之貿易(雍正三年九月初九日)

貨以上陸柒月兩月共到外國洋船拾隻俱灣泊黄埔地方委官彈壓稽查不許内地閑雜人等擅入夷船生事併嚴飭牙行通事人等貿易貨物公平交易務在歲内乘風信盡令開發歸國所有到粤外國洋船數目理合

奏報謹

奏

知道了嚴加約束稽查不可仍循故套

雍正叁年玖月　初玖　日

五一 内閣奉上諭

西洋教皇伯納弟多遣使進貢加禮優待并撫恤寓居中國守法之洋人(雍正三年十月初八日)

又西洋教化王伯納弟多遣使八

覲並進方物奏

上諭覽王奏並進方物具見悃誠我

聖祖仁皇帝怙冒萬方無遠弗屆

龍馭升遐中外臣民悲思永慕朕纘承大統追思紹述

前徽教化王地處極遠特遣使臣賫章陳奏感

先帝之重恩祝朕躬之衍慶周詳懇至詞意虔恭披閱之

寶(雍正三年十月　四

餘朕心嘉慰使臣遠來朕已加禮優待至於西洋寓

居中國之人朕以萬物一體為懷時時教以謹飭安

靜果能慎守法度行止無愆朕自推恩撫恤茲因使

臣歸國特頒斯勅並錫粧緞錦緞大緞六十疋次緞

四十疋王其領受悉朕惓惓之意

五二　兩廣總督孔毓珣奏折　續到洋船三隻(雍正三年十一月初十日)

兩廣總督臣孔毓珣謹

奏爲奏報續到洋船事竊今年八月以前到粤外

國洋船十隻經臣

奏報在案嗣於九月初八日續到暎咭唎國洋船

一隻所載係胡椒哆囉等貨同日到嗎喇咖國

洋船一隻所載係棉花黑鉛等貨九月二十三

日又到吕宋國洋船一隻所載係蘇木檳榔等

貨俱灣泊黄埔地方内嗎喇咖國洋船原裝棉

花起赴行家約有一半於九月十六夜船上自

行失火燒及棉花不能撲滅將船頂兩傍燒壞
止存船底尚未沉水舵梢燒傷一十八人臣據
報即委員看守相視原船不能修復仰體
皇上柔遠深恩免其船料鈔銀加意撫卹已起到行
貨物仍令納稅飭即變賣舵梢人等分搭各洋
船回國外所有續到洋船三隻燒壞一隻理合
奏報再各洋船十月內已開行回國四隻餘令各
洋行星速交貨務乘冬季風信開行合并

五二　兩廣總督孔毓珣奏折　續到洋船三隻(雍正三年十一月初十日)

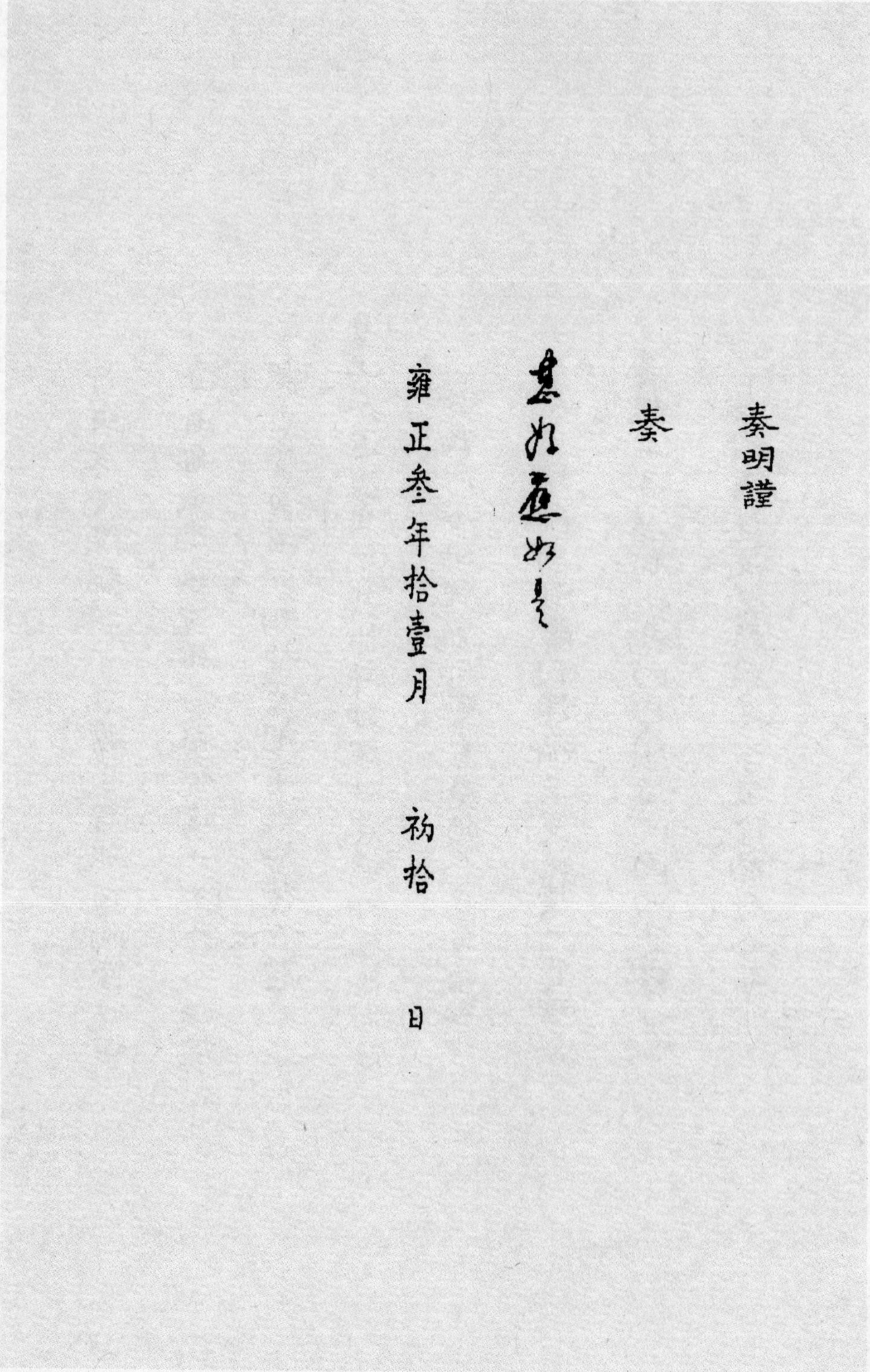
奏明謹

奏

甚好應如是

雍正叁年拾壹月　初拾　日

五三　兩廣總督孔毓珣奏折

酌議廣東海洋防務

（雍正三年十一月十五日）

兩廣總督臣孔毓珣謹
奏為奏明海洋情形事本年九月初七日欽奉
硃諭朕實不達海洋情形所以總無主見有人條奏
朕觀之皆似有理所以搖惑而不定全在你代朕
博訪廣詢詳慎斟酌其至當奏聞若亦不能洞悉
寧遲日月不妨也可與楊文乾萬際瑞陳良弼黄
助等平心和衆詳議奏聞欽此臣跪讀之下仰見
皇上以一心而周萬國
聖不自聖下詢蒭蕘臣敢不據所見以對臣雖生長
北地自到廣東時將海上情形細細體訪援古

五三 兩廣總督孔毓珣奏折

酌議廣東海洋防務

（雍正三年十一月十五日）

証今竊見今之議海洋者動以明時倭患為言
但明時倭患其弊有二一在司権各官聽任牙
行欺騙夷人貨物銀錢使夷商不能歸國忿積
於中内地奸棍得而勾引之遂致猖獗一在沿
海汛防惟藉衛所屯軍此輩止習農業素不知
兵及遇有事則調土兵調猺兵文檄未到倭人
已搶掠飽載去矣啟外夷窺而踈内禦所以流毒
多年若
本朝則沿海設立水師鎮副叅遊分地管轄戰船
羅列要口安設砲臺内禦已固自

五三　兩廣總督孔毓珣奏折

酌議廣東海洋防務

（雍正三年十一月十五日）

皇上御極將海關征稅責之各省巡撫各撫臣皆知
稟遵
皇上聖訓守法奉公外國彝船來中國貿易者俱得
獲利而去欣欣願出其途外彝又絕間有一二
匪類偷出海口搶奪衣食所不能免然係单桅
小船不能遠出外洋非在洋面擒拏即於登岸
就縛不能爲患臣於經理七省海洋案内業備
列
題明在案碣石鎮臣陳良弼臣經面商亦無異議
瓊州鎮臣黄助路遠未到撫臣楊文乾提臣萬

五三　兩廣總督孔毓珣奏折

酌議廣東海洋防務

（雍正三年十一月十五日）

際瑞俱係新任臣現在會商俟伊等徐徐察訪
或有應更改之處臣必平心和衷會商妥確再
行奏
聞大約凡條奏所言多得之傳聞未曾身歷體認探
本窮源臣不敢因循偏執亦不敢張大其詞以
臣愚見惟在水師將備得人加以內地譏嚴可
保得廣東海洋無事
皇上宵旰憂勤誠恐以海洋
厪念合先
奏明以舒

聖懷臣謹
奏

知道了

雍正叁年拾壹月　拾伍　日

五四 廣東巡撫楊文乾奏折

報告洋船來廣貿易情形
（雍正三年十二月初十日）

臣楊文乾謹
奏爲奏
聞事切臣於十一月十四日回任查本年外洋來廣貿易
各船自六月初四日起至九月二十五日止共到一
十三隻內嗎喇咖國船一隻船商塞郎於九月十六
日被火焚燬燒死水梢二十餘人今該商已經附搭
同伴洋船回國又暎咭唎國船三隻嗎吧喇嘶國船
一隻先於十月十五十八二十五等日陸續回國臣
回任後又據報暎咭唎國船三隻法蘭西國船一隻
俱貿易事竣於十一月二十五十二月初五等日開
行回國訖其餘四隻并暹羅國接

五四　廣東巡撫楊文乾奏折

報告洋船來廣貿易情形
（雍正三年十二月初十日）

貢船二隻尚未開行至澳門住居西洋人船隻自本年
五月十七日起至九月二十六日止共回澳船一十
七隻原係先往小西洋咖喇吧交趾哥斯達地滿呂
宋等國貿易今俱回澳理合繕摺具
奏伏乞
皇上睿鑒
朱批：知道了
雍正叁年拾貳月　初拾　日

五五 兩廣總督孔毓珣奏折
西洋教皇使臣回國日期
（雍正四年二月十二日）

兩廣總督臣孔毓珣謹
奏爲奏明西洋使臣回國日期事竊西洋教化王
臣伯納地哆於上年六月間遣使臣噶嘡都易
德豐進
貢臣委標下千總李成明護送赴京蒙
皇上優加賞賜遣員送回於雍正三年十二月二十
五日回到廣東省城值法蘭西夷船到粵貿易
回帆使臣等即齎捧
賜物搭法蘭西船開行回國訖住省西洋人無不感
戴

五五　兩廣總督孔毓珣奏折

西洋教皇使臣回國日期
(雍正四年二月十二日)

聖恩賞賜多品爲從來未有之事所有搭船回國日

期理合

奏明謹

奏

知道了外彝人尚宜以恩厚為懷萬不可與

爭利切記

雍正肆年貳月　拾貳　日

五六　廣東巡撫楊文乾奏折　西洋國王遣人朝貢到粤（雍正四年八月初五日）

廣東巡撫臣楊文乾謹

奏為外洋歸誠心切遣員入

貢事切西洋人張安多於康熙六十年奉

差回國并賚

頒賜物件令該國王聞

聖天子新登大寶嚮慕心殷專遣親信内員麥德樂恭捧

表文方物航海遠來虔誠朝

貢查西洋原非常貢之國理應具

題請

旨方可令其進京但麥德樂等急求瞻

天仰
聖不敢在粵稽留今張安多擬於八月十三日先行進京
麥德樂擬於九月初旬進京臣因該國王係朝賀
聖天子嗣位非同泛常是以加意優待以仰體
皇上柔懷遠人之至意并不敢延緩阻其嚮化之誠是以
另行具疏
題報外今將麥德樂等急求赴京入
覲不及候
旨緣由謹先繕摺遣家人許忠兵丁胡皓敬賫

五六　廣東巡撫楊文乾奏折　西洋國王遣人朝貢到粤（雍正四年八月初五日）

奏明伏乞
皇上睿鑒
知道了是

雍正肆年捌月　訨　日

五七 廣東巡撫楊文乾奏折

外國貿易洋船到粤情形

（雍正四年八月初五日）

臣楊文乾謹

奏爲奏

聞事。切照外國貿易洋船每歲皆於七八月間抵粤，今年

自八月初一日起至初五日止，共已到洋船五隻。内

洋商啞啥布𠺕喇唵哦三船係從暎咭唎國開来，洋

商咪哦𠼝咀嗷一船係從𡂿唎國開来，洋商哈𠸄嗹

嗯一船係從紅毛國開来，除現在安頓妥協聽其交

易，又陸續回澳洋船共八隻，俟後有續到再行奏

聞。令臣於八月初六日遵例入闈鄉試，一切事務俱於出

闈之日再行具

奏。惟是粤東去京遥遠，往返須七八十日，且邊海要區

應奏之事甚多臣蒙
皇上原賞摺匣四個不敷倒換應用伏乞
天恩再賜幾匣庶遇有緊要事件不致
奏報稽遲矣為此繕摺奏
請伏乞
皇上睿鑒

覽　匣已添發來

雍正肆年捌月初五日

五八　廣東巡撫楊文乾奏折　條陳粤省海洋漁船事宜

（雍正四年十月二十一日）

臣楊文乾謹

奏爲獲

奏海洋漁船事切照粤東漁船一項臣於去年離任赴

楚時曾將所訪大槩繕摺

奏後奉

硃諭俟回任後再一一詳悉斟酌奏聞不必急忙徐徐料

理奏來欽此伏查粤省沿海地方共八府除肇高雷廉

瓊五府海邊俱有礁石漁船不甚爲害外惟廣惠潮

三府最爲緊要臣一面確訪一面委惠潮道方顆瑛

親往廣惠潮三府之沿海各縣逐一查驗今查得三

五八 廣東巡撫楊文乾奏折
條陳粵省海洋漁船事宜
（雍正四年十月二十一日）

府屬大小漁船共有一萬二百餘隻內大者名爲網
繒板罟其樑頭自一丈至六七尺不等舵水皆在十
名內外止用單桅與定例相符小者有夾罟板繒鳥
船釣船縺船蜡船等名其樑頭皆在五尺以內舵水
止四五人及二三人亦與歷任督撫酌定丈尺相符
向之拖風撈繒等違式大船之名因查禁嚴切皆改
稱網船繒船樑頭亦較前改小矣但惠潮兩府之網
繒船全身俱有龍骨兩頭尖高可以乘風破浪廣屬

五八　廣東巡撫楊文乾奏折

條陳粵省海洋漁船事宜

（雍正四年十月二十一日）

網繒船龍骨止在中央兩頭低平而方難經風浪是以站洋之弊惠潮漁船爲甚其板繒等項小船廣屬最多往往不入編烙藏奸爲匪又較甚於惠潮兩府此粵省大小漁船之式樣情景也查沿海數十萬窮民其無田土可耕無技藝自贍者原藉捕魚爲養命之本斷不能絕其往捕但以此數十餘萬毫無家業慣習風浪不惜性命之人若不嚴加防範聽其恣意行私其弊又安可勝窮伏思現今各船梁頭丈尺雖不違式而網繒大船結幫出口直抵外洋每多帶米糧或暗藏軍器至一月兩月竟不歸港名曰站洋勢

五八 廣東巡撫楊文乾奏折

條陳粵省海洋漁船事宜

（雍正四年十月二十一日）

必有結交匪類接濟米糧等弊至夾呂等小船既不編號印烙出入全無稽查勢必有載賊出海截賊登岸等弊此設法禁止斷不可不加意嚴禁也細查從前定例防微杜漸之法不為不密其所以日久相沿不能嚴禁者皆緣漁船一項向為文武衙門利藪故其武職衙門自總兵以至千把并自兵字識文職衙門自知縣以至典史巡檢及書辦衙役無不皆有陋規如花紅季規月規羨魚寄禮給照換牌等項名色

五八　廣東巡撫楊文乾奏折　條陳粤省海洋漁船事宜
（雍正四年十月二十一日）

不一而足故大船一年每隻至十餘兩小船一年每
隻亦至數兩規禮入手之後大船則任其在洋一月
兩月小船逐日出港所帶何物所載何人總不過問
漁户人等遂竟恃爲屏障全無一毫顧忌是以各處
汛口疎防失察殆無虚日其源實出於此夫漁船之
不可禁絶其出洋者乃所以資養窮民而出洋之不
可不嚴禁編烙之不可不嚴查者實所以絶盜源然
欲嚴出洋編烙之法尤須盡裁總兵知縣以下兵丁
衙役以上各陋規庶於海疆方能實有裨益至船隻
應禁各條款定例已載者須加整飭定例未備者宜

五八 廣東巡撫楊文乾奏折

條陳粵省海洋漁船事宜

（雍正四年十月二十一日）

加斟酌令將應禁應行各條逐一臚列為我
皇上陳之
一漁船陋規文武皆有臣嚴加禁飭令文員已去大
半惟武職衙門依然不改且沿海地方與武職衙
門相近一切陋規武職居多總兵統率一方倘能
實心率屬則沿海口岸不難弊絕風清惟隸得受
規禮不特法令莫行亦且互相諱匿各口岸漁船
出入全無稽察更有奸棍營弁串通勾結攬用大

船搬運米穀出洋外而接濟盜糧内而市價騰湧

爲害甚大請將各陋規逐一開明勒石永禁仍責

成各道府稽查出結如有仍前私受者不論文武

大小槩許揭報請參加等治罪如道府不行查揭

别有發覺將該道府以狥庇併參但内有總兵大

員仰懇

聖諭特頒庶知懔畏而革除可以淨盡矣

一䌷繒等大船得以久出站洋雖因口岸稽查不嚴

亦由各船首尾高尖可耐風濤應請嗣後成造此

等大船首尾不許高尖樑頭不許過八尺其從前

五八 廣東巡撫楊文乾奏折

條陳粤省海洋漁船事宜

（雍正四年十月二十一日）

違式者限以三年内改造合式至各種小漁船若

裝釘蓋板披水便可抵禦風浪今請成造小漁船

樑頭總不得過五尺不許擅裝蓋板私用披水從

前凡有擅用者盡行拆去庶致盜之源可以永塞

一海洋船隻例應編烙給照造冊報官粤東船隻私

造者多並不報官給照州縣無從稽查汎弁明知

故縱應請將現在大小漁船逐一查點印烙字號

給與執照將船户姓名籍貫造冊報明督撫司道

衙門備查仍照例編甲聨綜十船爲甲五船互結
一有違犯四船連坐若新造之船務令報官取具
澳甲族隣保結造完之日一體印烙給照編報入
冊如有私造及無照之船在港行駛將船户照例
問擬澳甲地保一併坐罪船隻入官失察之文武
官弁
題參重究
船隻出洋必藉淡水以爲飲食出口之後米糧尚
易購求惟淡水無處尋覓是以大船站洋必帶大
水櫃盛貯數日飲用淡水以爲久留海面之計令

五八　廣東巡撫楊文乾奏折

條陳粵省海洋漁船事宜

（雍正四年十月二十一日）

請嚴禁私帶大號水櫃并不許擅帶大篷以致來
風無阻仍欽遵從前
諭旨將船篷油飾大書某縣某港某字號船户姓名庶可
望之了然哨巡舟師亦易於分別矣
一各港口稽查船隻除樑頭五尺之小漁船不准出
洋止許在本港採捕外其餘大漁船每人每日帶
食米一升五合之外不許多帶顆粒并適船務須
搜檢嚴禁夾帶軍器硝磺釘鐵樟木等物勒令朝

出蔡歸如本日不歸或無故收入別港及舵水出
入不符立即拿送究治若有報稱遭風飄溺者必
訊取澳甲長及同艅互結各船供結方准銷號如
有虛揑將縣營一并參究
一船隻內有本船戶自行造用者有富戶置造船隻
租賃與人駕駛者此造船之人恐日後有事牽累
多以鬼名報造若遇犯事則係無賴之徒頂名當
罪令請造船之人務報實在姓名并印烙船尾如
有犯事除治租船之人外仍究治船本犯以杜托
名詭避

五八　廣東巡撫楊文乾奏折

條陳粵省海洋漁船事宜

（雍正四年十月二十一日）

一漁船照票例應年終繳换但恐小民悮於繳領之
煩凡守候稽延或致有悮潮信應請每遇一官到
任换照一次其間船户舵水偶有交易事故更换
許即呈報註明照内不許官吏藉端留難索詐違
者立時叅究

一各口岸向止營汛弁兵盤驗權由一己得以任其
需索查各州縣現有民壯原爲稽查奸宄而設應
令州縣每口派撥三四名或五六名協同兵丁巡

還倘有勒索苛求使兵役互相告訐并請令各縣
遴委廵檢典史等雜職官員各營另委千把不時
稽查每月出具員弁兵役無弊甘結由營縣加結
轉送倘有捏結故縱一并参究
上各條係考諸現在情形并参之海洋定例斟酌
增減籍措覆
奏伏祈
皇上睿鑒施行至前蒙
硃批飭查花魚奶蝦罟艇等違式船隻乃係内河艇類臣

五八　廣東巡撫楊文乾奏折

條陳粤省海洋漁船事宜
（雍正四年十月二十一日）

現在嚴查行令盡行拆毁改造合併聲明謹

奏

會同提督臣蘇明良詳議具奏

雍正肆年拾月　貳拾壹　日

五九 廣東巡撫楊文乾奏折

報告粵海關稅銀并清查陋規

（雍正五年閏三月初一日）

臣楊文乾謹

奏為奏

聞事竊照廣東粵海關稅務于正月二十三日已滿計去

年洋船僅到七隻除正額銀四萬三千七百五十兩

俱發布政司收庫羨餘銀四萬八千零委員觧送內

部交納已經起身外查粵海關陋弊甚多臣先將書

役藉稱繳官公費需索商民陋規銀一萬餘兩情由

查出革除

奏明在案此外尚有分頭担頭摽頭等項係管關衙門

陋規相沿已久臣思若一併革除徒於洋商有益與
小民無涉況洋商獲利甚厚亦不必令其再加便宜
但臣受
恩深重絲毫不敢自私總計各項陋規共得銀三萬八千
一百有零臣本擬差官至別省穀賤處所採買穀石
以廣倉儲近聞各省穀價頗不甚賤採買亦覺艱難
容臣經過江西湖廣地方時親加採聽確實或仍買
穀貯廣或將銀兩解部以充公羡俟臣
陛見時面

五九　廣東巡撫楊文乾奏折
報告粤海關稅銀并清查陋規
（雍正五年閏三月初一日）

奏請
旨令因海關羡餘銀兩解部合將所得各項陋規數目一
併奏
聞伏乞
皇上睿鑒
到京面奏

雍正伍年閏叁月　初壹　日

六〇　内閣奉上諭

著閩浙總督廣東巡撫酌議漂流外洋之人定限回鄉事(雍正五年六月二十二日)

雍正五年六月二十二日内閣奉
上諭昔年曾奉
聖祖仁皇帝諭旨海外噶喇巴乃紅毛國泊船之所呂
宋乃西洋泊船之所彼處藏匿賊盜甚多内地之民
希圖獲利往往有留在彼處之人不可不預為措置
欽此隨經廷臣與閩廣督撫議令内地之人留在
外洋者准附洋船帶回内地已時奉
旨准行在案此乃
聖祖仁皇帝綏靖海疆且不忍令内地之民轉徙異地
實仁育義正之盛心也但數年以來附洋船而回
者甚少朕思此等貿易外洋者多不安本分之人
若聽其去來任意不論年月之久遠伊等益無顧

六〇 内閣奉上諭

著閩浙總督廣東巡撫酌議漂流外洋之人定限回鄉事(雍正五年六月二十二日)

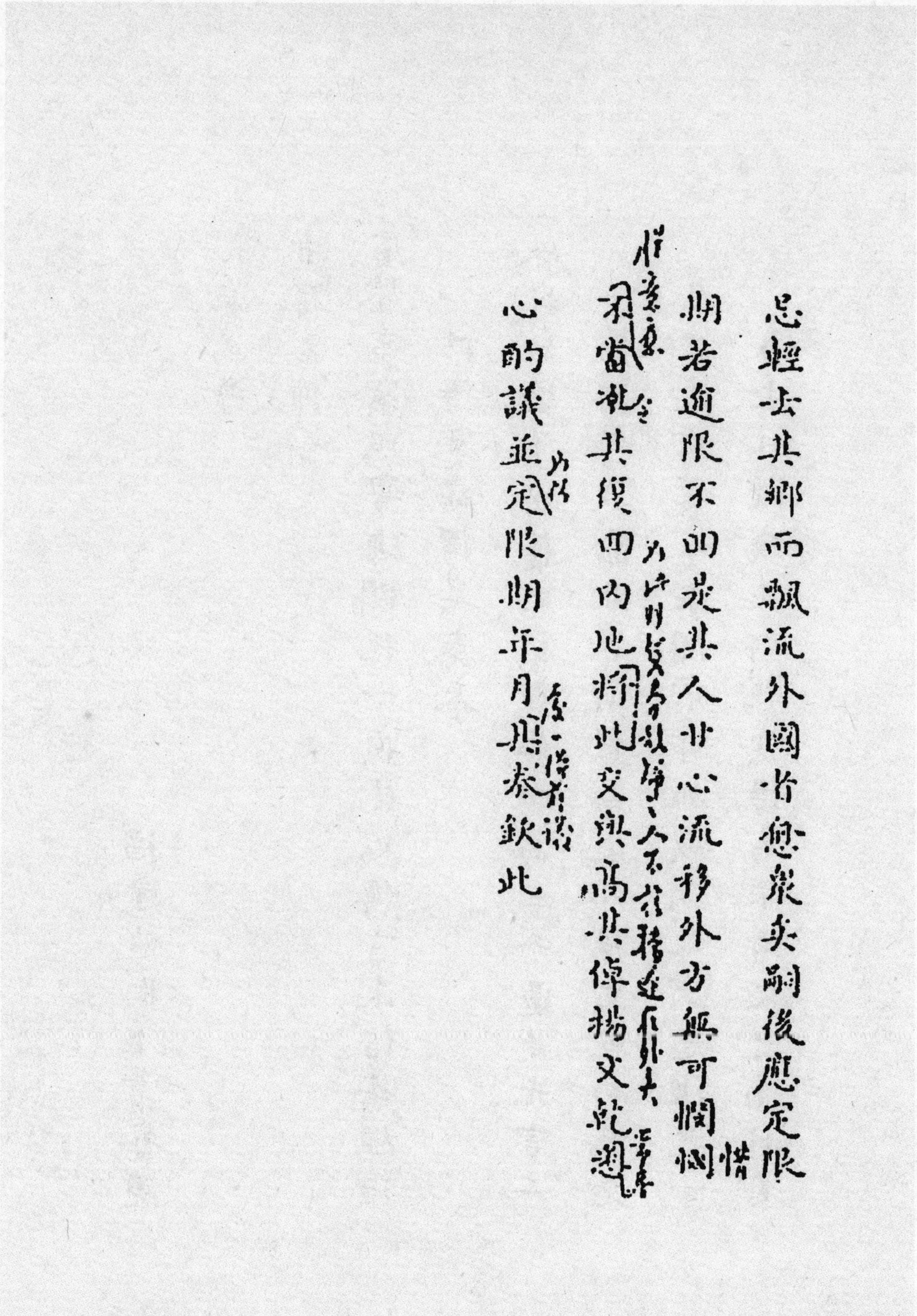

忍輕去其鄉而飄流外國者愈衆矣嗣後應定限
期若逾限不回是其人甘心流移外方無可憫惜
朕意應不准其復回內地將此交與高其倬楊文乾遵
心酌議並定限期年月具奏欽此

六一 福建巡撫常賚奏折

前廣東巡撫楊文乾經征粵海關税務情弊(雍正五年十月二十五日)

福建巡撫臣常賚跪

奏爲遵

旨覆奏仰祈

睿鑒事竊照粤海關税一項先以傳言未信復經確

訪得實繕摺具奏奉

硃批知道了所獲之利郎此四萬三千還是先言二

十餘萬之數除此洋商貿易之外楊文乾尚有見

小處没有據實奏聞不可加減欽此伏思臣之一

身生自微賤並無親族得爲依倚又乏滿洲漢

前廣東巡撫楊文乾經征粵海關税務情弊(雍正五年十月二十五日)

軍相爲維持且賦性魯鈍不諳時務仰蒙
皇上天恩豢養訓誡時加不兩年間
委以巡撫重任是臣之身
皇上生之臣之名
皇上成之即肝腦塗地捐軀報効尚不足于萬一今
以臣之所知奉
旨覆奏不爲據實確陳敢少加減有負
聖恩實爲天地之所不容矣謹詳細陳之查粵海關
税定額四萬有零雍正四年據楊文乾報稱連

溢羨九萬餘兩臣細加查訪因經手書辦俱令
田籍其細數未得盡知總數實有十五萬零羨
人帶來銀內每兩抽銀三分九厘爲之分頭計
得銀二萬餘兩此係粤海關舊例再紅黄顔色
綢緞例禁出洋 楊文乾令其置買每緞一疋得
銀七錢線綢五錢綢疋及線每觔得銀四錢約
計得銀萬兩又洋船所載多半皆屬番銀于起
船時勿論其是否置貨先以每兩加一抽分得
銀四萬三千兩此係 楊文乾例外之求後以進

上
物件洋船開艙時撿選奇巧純歸署内並不發價
專行代價約置銀二萬餘兩又將銀一萬九千
兩作銀二萬交鹽商沈弘甫生利每年取利七
千二百兩再查專行數家内有或爲推病者有
或爲遠避者盖因楊文乾進京時傳各行吩咐
今年計要八月回粤彝人帶來銀兩不能細查
總以洋船所置貨物湖絲一担扣銀二十兩茶
葉扣銀五兩磁器等貨扣銀二兩按担計銀回
時彙繳此楊文乾之見小處也至人言湖廣武

六一　福建巡撫常賚奏折　前廣東巡撫楊文乾經征粤海關税務情弊(雍正五年十月二十五日)

昌之漢口山東之東昌各有生業雖傳聞不啻
一口但未確訪得實不敢妄奏謹此奏
聞伏惟
睿鑒謹
奏

六一　福建巡撫常賚奏折　前廣東巡撫楊文乾經征粵海關稅務情弊（雍正五年十月二十五日）

惟操守二字實難得人素何三人行必有我師汝當勉
廉廉一字況實無益有害之物人人皆知多之者不遠
尔大無事不等設比將這操事毫不欺隱朕得知之
應殺者殺應戒者戒應罰者罰則龍顏為小也但
楊文乾自以為小關國計民生何敢為者實萬收龍
不知如何能欺人耳目所謂弄巧成拙矣再不改悔
明鑒至名實俱敗也所以天下事無巧法惟一誠
格
天耳餘無良策也勉之戒之

雍正伍年拾月貳拾伍日

六二 兩廣總督孔毓珣奏折 西洋官商在澳門慶祝萬壽（雍正五年十一月十六日）

兩廣總督臣孔毓珣謹

奏為奏

聞西洋官商在澳慶祝

萬壽事據廣東分巡惠潮道樓儼稟稱奉署理廣東

巡撫阿克敦行委陪御史常保柱伴送西洋使

臣安德樂歸國於本年拾月貳拾陸日前至香

山縣澳門西洋使臣安德樂等欲於拾月叁拾

日率領兵目理事彝商慶賀

萬壽御史常保柱再三宣諭我

皇上崇尚節儉不事繁文西洋使臣安德樂等僉稱

皇上深仁厚澤加惠遠人實爲異數已擇於天主堂
誦經恭祝
聖壽自此慶賀之典億萬斯年我国官商心悦誠服
國王聞之亦必歡喜並非别樣虚文等語御史
常保柱見其感激出於至誠不能勸止至期彝
官商民排班行禮虔誠慶賀於拾壹月初壹日
御史常保柱在澳起程回京等情又據香山協
副將湯寬棨報相同等因各到臣據此臣思我

皇上懷柔大德恩待遠人實從來未有之
曠典是以外夷歡欣感激齊祝
聖壽萬年愛戴之心出於至誠是皆
皇上仁恩普被之所致也臣又聞御史常保柱一路
康靜待夷人亦甚得體所有據報西洋使臣官
目夷民慶祝緣由合行奏
聞謹
奏

六二　兩廣總督孔毓珣奏折

西洋官商在澳門慶祝萬壽

（雍正五年十一月十六日）

具奏此啟說聞不同聞得常保住一路將來恐
難免夷費下居到處支應人夫騷擾地方事、
皆道有傳聞體在夷許祈自然感謝天朝
體統何未知果否可據奏聞不可拘執另
奏

雍正伍年拾壹月　拾陸　日

六三 兩廣總督孔毓珣奏折

遵議廣東漁船事宜

(雍正六年三月二十二日)

兩廣總督臣孔毓珣廣東巡撫臣楊文乾謹

奏爲遵

旨會議漁船事宜事雍正伍年伍月初拾日臣孔毓

珣等在京欽奉

皇上面交撫臣楊文乾覆奏廣東漁船壹摺

聖諭着臣回任同撫臣楊文乾會商具奏欽此嗣因

撫臣楊文乾奉

差赴閩於本年正月回粤臣等欽遵公同會商查漁

船定例樑頭不得過一丈水手不得過二十人

粤省港澳多而海道長前任督臣郭世隆定於

六三　兩廣總督孔毓珣奏折

遵議廣東漁船事宜

（雍正六年三月二十二日）

樑頭不許過五尺水手不得過五人艙面不許
釘蓋板桅止用單朝出暮歸立法較別省為嚴
非通行之例也雍正二年閏四月間臣孔毓珣
欽奉
皇上發下前任督臣楊琳議請樑頭改寬七尺水手
不得過七人桅止用單每人止許帶食米一升
餘米一升於港口勒石文武兵役自不敢復借
違禁需索等因又廷臣以近年洋盜絕少未必
非歷年漁船樑頭縮小之故惟應仍照舊制奏
硃諭臣孔毓珣將你意見當如何料理奏來再定經
臣孔毓珣回奏樑頭寬大覺屬無碍漁船止用

單桅即不能遠涉外洋惟在內地稽查嚴密并
請每港設立船長遇夜灣泊守宿船用鐵環連
鎖革除陋規等因議奏嗣于雍正貳年玖月叁
拾日奉
發廷議內
硃批此廷議是禁海宜嚴餘無多策爾等封疆大吏
不可因眼前小利而遺他日之害當依此論實力
奉行欽此臣孔毓珣欽遵在案今撫臣楊文乾所
奏諸條定例現行者實應再加整飭未備者會
同斟酌謹逐條會商定議仰祈

六三　兩廣總督孔毓珣奏折　遵議廣東漁船事宜（雍正六年三月二十二日）

聖鑒

一漁船陋規與販運米穀出洋一條臣等遵照
定例歷經飭禁現在沿海將備等官俱係出
具印結分送各衙門查核恐有陽奉陰違應
照撫臣楊文乾所奏將陋規開明勒石永禁
責令道府稽查按季出結不論文武大小概
許揭報請叅如道府不揭別有發覺請以狥
庇例并叅議處再請文員有犯亦許武職揭
報應文武互相稽察立法更爲周密至于總
兵爲武職大員倘有違犯請于叅疏內聲明
請

旨加倍治罪自知儆惕畏懼矣

一䌷䌷大船站洋一條查䌷䌷漁船樑頭過小

即不能捕魚應照撫臣楊文乾所奏嗣後成

造此等大船首尾不許高尖樑頭不許過八

尺其從前違式者限三年内改造不許久出

站洋至于小漁船仍照廣東舊制樑頭不得

過五尺蓋板披水不許裝釘本港採捕務令

朝出暮歸仍嚴示曉諭違則按法重處

一漁船報官印烙編甲一條查漁船成造時地

方官先取保結裝成後驗明印烙給照每十

船編爲一甲俱係定例臣孔毓珣于雍正二
年間又按港澳之大小漁船之多寡設立船
長小澳漁船少者立船長一人大澳漁船多
者設立船長二三人一船水手之良歹責成
船主一港船主之良歹責成船長并飭各縣
編號印烙在案今撫臣楊文乾稱有私造無
照之船在港行駛深恐日久法弛應照所奏
再嚴加申飭編甲查點并造册分報督撫司

六三　兩廣總督孔毓珣奏折　遵議廣東漁船事宜（雍正六年三月二十二日）

道衙門以備查核

一禁多帶淡水一條查船隻出洋必帶淡水若

禁帶大水櫃實可以杜久留海面之弊應照

撫臣楊文乾所奏禁止至于海船風蓬俱視

船隻之大小長短製定其油飾書號業經奉

旨遵行今應再加通飭

一小船本港採捕每日帶食米一升五合嚴禁

夾帶軍器硝磺等物一條查粤東漁船向來

每人每日止許帶食米一升又餘米一升以

六三　兩廣總督孔毓珣奏折

遵議廣東漁船事宜

（雍正六年三月二十二日）

防風信行之已久今撫臣楊文乾請每人每
日帶食米一升五合所差無多毋庸更改至
于小船止令本港採捕朝出暮歸并禁夾帶
軍器硝磺釘鐵樟板等物及舵水出入不符
立即拏究遣風者必取澳甲長供結俱係定
例應如撫臣楊文乾所奏再行申明
富户製造船隻租賃務報本名一條查裝造
船隻雖例係地方官取結查驗但有本户恐
日後事累捏造鬼名地方官失于查察及至

事犯僱人頂罪難保必無應照撫臣楊文乾

所奏再行明白申禁

一改定漁船换照之期一條甚爲有便漁民查

漁船向例年終换給照票漁民每年實有守

候稽延之苦應如撫臣楊文乾所奏每遇一

官到任换照一次舵水事故即註明照内不

許留難臣等再請换照必于正任之官其署

印官不許换照以杜重複并可免署官擾累

索詐之弊

一各口岸派撥州縣民壯三四名或五六名協
同兵丁巡邏一條查各縣沿海口岸甚多臣
等再議恐無多餘民壯分撥且兵役果能互
相訐告則事屬有益若通同作奸更多剝削
不如令文職州縣一體不時查察若有守口
弁兵需索許各縣照依將備一體揭報如無
需索令各縣出具弁兵守口無弊印結按季
送查倘有扶結查出并以狗庇參處
以上諸條原係參酌成例臣等遵

六三　兩廣總督孔毓珣奏折

遵議廣東漁船事宜

（雍正六年三月二十二日）

旨定議如蒙

聖恩准行臣等即逐條明白分晰出示申明使民易

曉不必另行具

題謹將原摺一并恭繳伏乞

皇上睿鑒批示遵行謹

奏

所議妥協了照此議行著無庸報部部議不必具題

雍正陸年叁月　貳拾貳　日

六四　廣東巡撫楊文乾奏折

蘇禄國貢使船隻遭風損壞委員安頓代修船桅(雍正六年五月二十四日)

臣楊文乾謹

奏爲奏

聞事本年四月初八日據香山協報稱有蘇禄國貢使阿石丹龔廷綵并隨從人四十五名船一隻於四月初二日被風飄至香山澳據稱船内供有

勅書及

御賜各物於三月初三日自福建開洋中途遭風斷桅等語臣查蘇禄係從來未通聲教之國今因嚮慕

聖天子恩威遐播抒誠

六四　廣東巡撫楊文乾奏折

蘇禄國貢使船隻遭風損壞委員安頓代修船桅(雍正六年五月二十四日)

朝貢非尋常

貢船及貿易商艘被風飄泊可比隨行布政司飭將貢

使人等即搬移上岸住居公館撥發員役照料每日

給發口粮銀米備辦薪蔬加意優待其所壞大桅估

計工料銀約三百餘兩現在于公費銀内照数發給

刻日鳩工委員監修等候北風信發即當另資粮粮

俾其速于歸國不致日久稽留以仰副

皇上柔懷遠人之至意俟

貢船開行之日另行具疏

六四 廣東巡撫楊文乾奏折

蘇祿國貢使船隻遭風損壞委員安頓代修船桅(雍正六年五月二十四日)

題報外謹先將安頓居住支給口粮代修船桅緣由具

摺

奏明謹

奏

是當之極

雍正陸年伍月 貳拾肆 日

六五 兩廣總督孔毓珣奏折

探得前巡撫楊文乾收取洋船包銀情形（雍正六年七月十八日）

兩廣總督臣孔毓珣謹
奏爲奏明事竊廣東粵海關徵收税課每年俱以
洋船之多寡定税課之充裕今年五六月間前
撫臣楊文乾任内到有暎咭唎國大洋船二隻
小洋船一隻係海味藥材胡椒檀香嗶吱等項
貨物并帶有置貨銀兩尚聞有船停泊外洋觀
望但不知確數臣接署印務仰體
聖仁廣示招徠以裕
國課于七月十三日報有暹羅國正副
貢船各一隻已經入口帶有蘇木烏木等項壓艙

六五 兩廣總督孔毓珣奏折

探得前巡撫楊文乾收取洋船包銀情形(雍正六年七月十八日)

貨物于七月十六日又聞有暎咭唎國商船一
隻將近入口尚未進港除暹羅國
貢船照例俟布政使查詳到日具
題外臣聞前撫臣楊文乾于夷船稅例規禮之外
又于洋行另有所取令臣署印問之管關委官
與海關書役俱云不知詳細臣傳洋行密問據
朕從先隨常楊文乾之言多不可信況楊文乾
稱以臣平日誠實相待不敢欺瞞此事實屬有
素性狂妄輕躁必貪婪一樣甚可惡況此以
之但並非規禮上年署撫院常賚阿克敦即無

六五　兩廣總督孔毓珣奏折

探得前巡撫楊文乾收取洋船包銀情形(雍正六年七月十八日)

[illegible]
此項臣詢其楊撫院是如何收取據稱貨物上
[illegible]
正稅之外有按彝船大小帶來買貨銀兩多寡
而估船者每隻行家或包銀壹萬或包銀捌千
陸千叁千不等係行家現繳即聽其自行買貨
或有撫臣楊文乾與洋行另有交往則加一抽
收俟貨物上船繳送者其銀俱係番錢九一二
成色行中自赴撫院衙門兊交外人並不知道
[illegible]
令大人署印我們俱情願幫助公用照依彝船
每隻大小估送但懇求不可併入羡餘以致成
例等語臣思此項銀兩既出自行家情願似可

六五　兩廣總督孔毓珣奏折

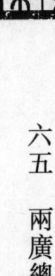

探得前巡撫楊文乾收取洋船包銀情形(雍正六年七月十八日)

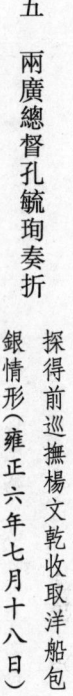

順伊繳送于錢糧有益至于夷船之來全憑行
家招致今伊等不願併入羨餘臣請將來收起
盡數解
進內庫
當日在楊文乾尔有繳內庫消不知
皇上充爲賞賜之用似可不必傾銷致有折耗弍臣
是何項要務明白請旨
仍行傾銷足色解進恭請
聖示臣受
恩深重不敢絲毫欺隱自私合先

奏明謹

奏

覽

雍正陸年柒月 拾捌 日

六六 兩廣總督孔毓珣奏折

訪聞日本情形及廣東洋面防範

（雍正六年十一月二十二日）

兩廣總督臣孔毓珣謹

奏爲奏

聞酌防粵洋情形事竊臣欽奉

上諭聞有内地之人潛往日本國令臣查訊防範有

應奏聞之事具摺密奏等因欽此臣經將欽遵緣

由具摺

奏覆及將接到浙江督臣李衛知會之處一併奏

聞在案臣復密爲查訪凡所聞日本國情形俱係四

五年前往彼國貿易人所説者據稱中國商船

與各彝貿易船隻凡到日本俱係另設一所居

六六　兩廣總督孔毓珣奏折

訪聞日本情形及廣東洋面防範
（雍正六年十一月二十二日）

住不得外出伊國内人船亦禁出本國境界以
防漏信各外夷人船俱可前往該國惟與西洋
天主教極仇不通貿易商船所泊之長崎港口
有東西砲臺兩座安銅大砲銅子母等砲位又
設有管生理番官一年一換番王住在祉家地
名曰京水陸路程至長崎有一月餘聞有一小
路至番王處甚近係禁止行走其國敬禮僧人
現有幾個學問好的大和尚乃是中國人其地
馬多牛少耕種多係用馬餘不知道等語臣當
再爲確訪惟是廣東海道綿長外番羅列臣聞

暹羅國地廣人稀中國人在彼處居住落業者
約有萬餘人以中國人而往外國居住其中即
難保無匪類潛匿防範更宜周到臣查廣東禦
東洋者在南澳爲要衝防西南洋者在瓊州爲
要衝前督臣楊琳題定南澳鎮瓊州協各巡本
管洋面而潮惠廣肇高雷廉等府地方分爲東
中西三路鎮將輪班巡哨其法倣自籌海圖編
所載盖奸艘必乘順風而來我師迎擊不能縱
放火器得有上下夾攻隨風利便施放火械易
於擒堵而沿海要口又設有砲臺巡防更加嚴

六六 兩廣總督孔毓珣奏折

訪聞日本情形及廣東洋面防範

(雍正六年十一月二十二日)

密臣遵奉

俞旨於沿海營伍復再加整頓如東路之澄海協副將陳國銨中路之新安營遊擊韓紹正地方緊要少有閣茸俱經糾劾再師整飭汛口盤察嚴緊砲臺報修堅固完工者已九分餘未竣者不過數處現在差督歲内必可通完是内地既有防守又有哨巡外番斷難窺伺臣又與水師鎮將細度形勢詳加籌議僉云中路之老萬山雖屬外洋實與香山縣之澳門對峙離澳門水程相隔一百五六十里其山週圍三十餘里高聳海中凡洋船入廣與各省商船往赴南洋者收

口放洋俱以此山爲準須安兵設立烟墩瞭守
等語臣查老萬山歸營管轄先經原任碣石總
兵陳良弼條奏經臣委員查勘石壁陡立海風
甚大房屋不能建造大船不能灣泊惟山前有
西灣一澳遇北風畧可寄碇而澳以内悉屬石
礁大船不能駕入因議以每年巡海撤師之後
官兵常加巡查遇有商船失盗不准以撤師免
議等因
奏覆現在照行在案今議瞭高望遠必須撥兵應
於山頂築烟墩三座用槳船循石徐進至山前
坡岸灣泊如遇颶風則槳船輕便可以撬上山

坡搭蓋草寮置放議在香山虎門大鵬三協營內各撥兵三十名槳船二隻共船六隻兵九十名搭蓋草房三十間兵丁住宿照輪廵之例一年上下兩次換班其兵丁上屆令虎門協撥千把一員管束下屆令香山協撥千把一員管束如此扼防海洋信息易於瞭探而來往商船亦便於防護其建築烟墩搭蓋兵房需費無多臣當自行發給不必動支錢糧兵丁遠戍海島自

當優恤臣酌加犒賞以示鼓勵臣俟擬定之後

即咨明兵部立案再查水師以火砲爲利用而

外國船隻多有牛革防護以避砲擊者今年暹

羅入

貢臣閲其正副兩船週圍俱掛生牛皮詢其所由

係遮擋鎗砲而設船内利用之砲火無不悉備

臣查此等船隻必須先行攻燒蓬桅應用火箭

火筒火罐等器現在添製水師備用又查沿海

各營存營火藥多少不等而存留年久多有走

性現在加添硝磺合製外但火藥一項最關緊

六六　兩廣總督孔毓珣奏折
訪聞日本情形及廣東洋面防範
（雍正六年十一月二十二日）

要應宜預備廣州理事同知經管軍器每年藥
局所製俾敎將軍駐防甲兵操演往往各營赴
局採買者乏藥給應臣今現發銀兩採買硝磺
轉發理事同知合製存貯局内如將軍標操演
即每年出舊易新可免日久走性無用又可存
貯有備緩急足用也查廣東洋面自七月間逸
出匪徒於老萬山打刦暹羅國
貢船并商船雖未得財臣委撥兵船嚴捕先經奏

聞已獲四十餘名今先後拏獲現經審實監禁者計
賊犯陳振五等已一百二十二名通來洋面寧
謐惟據南澳總兵許良彬稟報准福建浙江知
會九月間浙江有白色白艕船兩隻在定海洋
面遊逸恐乘北風飄入閩粵知會哨捕等語臣
現飭沿海水師查探如果有飄入粵境不難堵
擒然此不過浙閩逸出之小盜無足爲慮且海
疆全憑鎮將得人粵中東路南澳總兵許良彬
扼禦於外潮州總兵尚濚防範於内西路瓊州
總兵施廷專控扼援應中路舟師縱横聯絡相

六六　兩廣總督孔毓珣奏折

訪聞日本情形及廣東洋面防範
（雍正六年十一月二十二日）

資爲用臣不時查察嚴加整飭粵東雖多番舶
貿易而防範周密海疆自可寧謐我
皇上慎重海防誠恐有厪
聖懷合將臣現在防範緣由再行奏
聞謹
奏
該實力爲之
雍正陸年拾壹月　貳拾貳　日

六七 內閣奉上諭著各關口據實填寫部頒商船征稅號簿(雍正七年二月二十三日)

戊戌

上

諭內閣各省關口開放船隻向例有部頒號簿
以便稽查茲聞各關另設私簿征收報部時始
將號簿挨日填造其意以船隻往來多寡不齊
不能逐日有徵收之數目是以匀派填造如此
則簿內數目與商船過稅串票毫不相符殊非
政體且凡事據實則可以無弊作僞則弊竇叢
生嗣後各關於部頒號簿務須據實填寫如無
船隻過稅之日亦即註明倘仍踏前轍定行嚴
加議處該部亦不得混行指駁致滋弊端

六八　廣東海關革職留任監督祖秉圭奏折

英法荷等國洋船到粵并得一面玻璃鏡(雍正七年閏七月二十九日)

廣東海關革職留任監督奴才祖秉圭謹
奏爲恭報洋船到粵事奴才荷蒙
聖恩命管理廣東海關税務仰賴我
皇上仁恩遠播海外各國群齎所産爭來貿易自六
月十八日起至今有英吉利法蘭西河蘭等國
洋船陸續已到八隻聯接踵而至者尚有數帆
一應錢糧現在照例催徵奴才敬備外洋方物
六種恭繕另摺
進呈玻璃鏡今年無甚大者奴才僅得一面鏡身寬
二尺八寸長四尺三寸現在修整架坐齊備即

再得大鏡不必另修架坐無用也

六八 廣東海關革職留任監督祖秉圭奏折 英法荷等國洋船到粵并得一面玻璃鏡(雍正七年閏七月二十九日)

行恭

進仰祈

睿鑒謹

奏奴才祖秉圭曷勝惶恐戰慄之至

覽

雍正七年閏七月二十九日

六九 廣東巡撫傅泰奏折

請將洋船規禮銀留普濟堂
（雍正七年十月二十八日）

署廣東巡撫臣傅泰謹

奏爲請

旨事竊查雍正二年五月内欽奉

上諭設立普濟堂經前任撫臣年希堯建設將老疾

無依之人收養棲息仰見我

皇上弘恩浩蕩使宇宙之内無一夫不得其所直與

天地之覆載生成同其高厚也至堂内日給費用從前

年希堯兼管粤海關税務時查知洋船來粤置

貨有每兩分頭銀五重又每船一隻進口有放

關規禮銀一百三十二兩向爲左翼鎮等衙門

規禮年希堯將此項銀兩撥入普濟堂應用歷
任相因已經六載兹海關監督臣祖秉圭諭令
通事將此項銀兩繳貯關庫迨廣州府將前項
情由具詳祖秉圭批云養濟孤貧事隸有司非
本監督所能示奪等因今據布政使王士俊按
察使樓儼詳稱堂内現收貧老三百五十八名
日給柴米菜盐及董事人役工食置買各老人
冬衣等項每年約共需銀一千八百餘兩全藉

六九　廣東巡撫傅泰奏折

請將洋船規禮銀留普濟堂

（雍正七年十月二十八日）

此洋船銀兩支應若悉繳關庫則普濟堂老民

嗷嗷之食恐非仰體

皇上矜恤貧老之至意等因呈詳前來臣查粵東圭

諭繳關庫雖爲愼重錢糧起見但普濟堂貴無

所出又未便置而不顧第念此項分頭并放關

銀兩原係左翼鎮衙門陋規並非關稅內之項

可否仍留普濟堂應用免其繳貯關庫臣未敢

擅便謹具摺奏

請伏乞

皇上睿鑒施行

將祖秉圭厲色嚴屏之俾令與他觀此一事
祖秉圭畏懼之念毫未改悔也看他小心保
首領為要

雍正柒年拾月　貳拾捌　日

六九　廣東巡撫傅泰奏折　請將洋船規禮銀留普濟堂（雍正七年十月二十八日）

七〇　廣東海關革職留任監督祖秉圭奏折

報告關稅錢糧(雍正七年十一月初四日)

廣東海關革職留任監督奴才祖秉圭謹
奏爲恭報關稅錢糧事竊奴才自四月十二日接
管粵海關稅至今八月海外洋船共到八隻今
已陸續開去五隻大關暨各口錢糧除支用外
共收有一十三萬餘兩在庫合先奏
聞前蒙
恩賞帶辦事人員張鍹祖彥張弘漢張鎬羅永齡等
五名奴才分委各口辦事俱勤慎無過但各口
夏秋事多冬春事少且大槩規模已定嗣後三
四人儘足委用而理藩院筆帖式張鍹到廣水

七〇 廣東海關革職留任監督祖秉圭奏折 報告關稅錢糧(雍正七年十一月初四日)

土不服奴才已經給咨令回本任辦事合併奏

聞謹

奏奴才祖秉圭曷勝惶恐戰慄之至

覽

雍正七年十一月初四日

七一　廣東海關革職留任監督祖秉圭奏折

購覓内廷配藥所需平常伽楠香

（雍正七年十一月初四日）

廣東海關革職留任監督奴才祖秉圭謹

奏爲

奏明事。十月初一日據奴才家人齎到内務府劄

字一封，内開：雍正七年八月二十一日奉

旨：着内務府總管寄字與粤海關監督祖秉圭，配藥

需用平常伽楠香四十觔，着該監督尋覓送來。欽

此。字到該監督加意尋覓四十觔，得時即差人

送至本府。爲此寄知等因。准此。伏查廣東近年

七一　廣東海關革職留任監督祖秉圭奏折

購覓內廷配藥所需平常伽楠香

（雍正七年十一月初四日）

伽楠香來者甚少　奴才購覓一月以來僅得十
五觔恐一時不能齊備一俟買足即差人齎赴
內務府交納合先奏
聞謹
奏　奴才祖秉圭曷勝惶恐戰慄之至

覽

雍正七年十一月　初四　日

七二 廣東海關革職留任監督祖秉圭奏折

洋船放關銀兩撥入普濟堂公用
(雍正八年正月二十九日)

廣東海關革職留任監督奴才祖秉圭謹

奏爲冒昧陳情仰祈

睿鑒事。本年正月十九日，傅泰差人叫奴才到巡撫

衙門宣傳

聖旨。奴才隨即前往跪聽，據傅泰口云：洋船上有普

濟堂公用銀一千餘两，因你要入關庫，我

奏了請

旨。動何項銀子補用，欽奉

硃批：自然何用請旨？祖秉圭你叫來厲聲恥辱之，以

此看來祖秉圭負恩之心毫未改悔你下旨與他

嗣後着實小心保守首領要緊欽此　奴才聞

命之際不覺惶恐汗流措身無地伏思　奴才身沐

天高地厚之恩並無絲毫報効屢有罪過多端　奴才

歷次

奏摺曾經陳明

恩深重之臣獲罪理應加倍重處即將　奴才立置重

典亦法所允當今荷

寬仁不即加罪降

旨切責警誡將來自問何人得沐
殊恩一至於此　奴才嗣後惟凜遵
訓旨兢業小心勉贖前罪上副
聖主矜全至意正所以自保身命也至傳泰摺
奏洋船放關銀兩撥入普濟堂公用一事　奴才實
有下情確有憑証竊　奴才蒙
恩賞差廣東海關監督到任後清查各項錢糧據書
辦稟稱凡外國洋船出口貨物價值每兩收銀
五分四釐名爲分頭内監督得三分五釐監督

家人與書辦得一分四釐左翼鎮總兵官得五釐自左翼鎮衙門改設順德之後該鎮所得分頭經前任巡撫年希堯撥入普濟堂公用又洋船進口出口尚有規例俱係通事經手　奴才復傳通事五人清查各項據通事黃惠等稟呈刊刻洋船規例一單每洋船一隻有銀一千九百五十七兩四錢四分內有左翼鎮虎門協廣州協番禺縣等衙門放關銀共一百三十二兩下註今交廣州府字樣　奴才因問左翼鎮分頭銀

七二　廣東海關革職留任監督祖秉圭奏折

洋船放關銀兩撥入普濟堂公用
（雍正八年正月二十九日）

兩已交廣州府公用爲何這項放關又交廣州
府呢據云說是也在普濟堂公用歷來俱經通
事交送但今年洋船該交銀子俟明年洋船出
口纔交即如雍正六年共到洋船七隻此項放
關共該交廣州府銀九百二十四兩至今止交
了一百六十五兩有零其餘俟今年洋船冬間
出口之時纔交等語竊思養贍孤老係按日計
口授食去年應交之銀拖欠許多爲日許久普
濟堂日用將何支應事涉疑似奴才當即諭令
通事雍正七年分此項放關銀兩不許拖延俱

交關庫暫貯俟問明再行轉發隨據廣州府詳
稱雍正七年分放關銀兩據通事稟稱關部諭
令提解關庫普濟堂將何支用等因前來奴才
檢查案卷並無撥發卷宗且府詳止言放關之
銀並不提起分頭一項　奴才一面批駁一面催
收因念事關養贍孤老又行移咨撫臣查卷並
請清查因何拖欠許久有無中飽即爲咨覆以
便將此項銀兩轉發該府支用旋准撫臣傅泰

咨稱並無撥發卷案止有司道公議詳文一件

原有分頭知府每年開報冊内亦俱載明收過

分頭銀兩等語　奴才伏查分頭與放關原屬兩

項　奴才咨問放關之銀旣撫回咨以及司道原

詳惟載分頭並無放關一字是普濟堂公用已

有分頭銀兩支應則此項放關之銀應歸關庫

彙解不便聽其影射當即咨覆前後行文歷歷

可查且傳奉係交代關務之人設使當時吐露

應行給發一字　奴才亦具有人心焉肯忍心害

理奪取孤老些需之食以充庫項況　奴才咨查

七二　廣東海關革職留任監督祖秉圭奏折

洋船放關銀兩撥入普濟堂公用
（雍正八年正月二十九日）

者乃雍正七年放關之銀至雍正八年冬間方
始交收之項並非時不可待之事其雍正六年
之銀直至雍正七年冬季尚欠許多廣州府官
已經更换以前支用者何人今日催追者何人
並不一行清查乃止以分頭含糊洛覆遽以養
贍孤老無銀請
旨不解何意　奴才前因事屬微小既經印文往來是
以未敢煩瀆
聖聽今傳泰既經奏

七二　廣東海關革職留任監督祖秉圭奏折

洋船放關銀兩撥入普濟堂公用
（雍正八年正月二十九日）

聞所有犬馬下情不得不冒昧繕摺仰瀆
天顏一陳始末併將往來咨文抄録謹呈
御覽其所收雍正七年分放關銀兩　奴才跪聽
聖旨後當即發交廣州府訖合併陳明謹
奏　奴才祖秉圭曷勝惶恐戰慄之至

似此事該好辦好益

雍正八年正月　二十九　日

七三 廣東海關革職留任監督祖秉圭奏折 報告收支關税錢糧數目(雍正八年四月二十八日)

廣東海關革職留任監督 奴才祖秉圭謹

奏爲恭報關税錢糧事。竊 奴才奉

旨管理廣東海關，於雍正七年四月十二日到關任事，連閏扣至雍正八年三月十一日，計十二個月一年期内，共收税鈔正課銀九萬四千九百六十五兩五錢六分八釐，耗銀一萬八千二百四十两一錢九分，書役担規除工食支用外收

銀一萬三千九百一十九兩一錢四分分頭銀
七千九百七十五兩四錢洋船規禮銀五千七
百四十六兩二錢一分三釐行家繳送銀二萬
五千三十五兩　奴才各口家人担規銀一萬八
千四百二十八兩一錢二分三釐又書役人等
節省銀一萬三千七百五十二兩四錢五分九
釐共銀一十九萬八千六十二兩九分三釐内
除解交布政司庫原額銀四萬三千五百六十
四兩又除經制各役工食銀一百八十六兩又

除部科考核季報等銀一千二百五十九兩又
除解銀進京水陸脚價添平飯食等銀八千七
百二十八兩三錢八分四釐又除　奴才家人担
規銀一萬八千四百二十八兩一錢一分三釐
蒙
恩賞給　奴才用度另摺陳
奏外今共解部銀一十二萬五千八百九十六兩
五錢八分六釐又准署撫臣傅泰移交搭解自
雍正六年十二月二十四日至雍正七年四月

七三　廣東海關革職留任監督祖秉圭奏折

報告收支關稅錢糧數目

(雍正八年四月二十八日)

十一日計三個月十八日傅泰管關任内經收
贏餘銀三千七百五十兩九分三釐担羨銀四
千五十四兩四分又雍正六年分行欠續完繳
送銀九千四十兩五分金子六十兩又繳送項
下節省銀一千二十八兩一錢六分二釐金子
五十兩連前通共解銀一十四萬三千七百六
十八兩九錢三分一釐金子一百一十兩　奴才
咨會撫臣傅泰差委順德縣縣丞左修品賫解
進京但路途遥遠解送多鞘恐解官一人難以

照管　奴才又委帶出辦事之天文生張弘渶令
其協同解員管解赴部交納張弘渶　奴才到任
後委往瓊州税口辦理一年錢糧小心謹慎毫
無欺弊但係有職之員既委解餉進京不敢復
命回粵　奴才已給欽天監咨文俟張弘渶解餉
事竣即回該衙門辦事理合
奏明至　奴才奉
命管理關税當到任之初一切事件未得深知凡經
收正課規項悉照前任舊例而行固不敢絲毫

七三　廣東海關革職留任監督祖秉圭奏折

報告收支關稅錢糧數目
（雍正八年四月二十八日）

加增亦不敢冒昧遽減迨數月後聞見既確凡
有苛瑣不便商民之處　奴才　仰體
皇上愛恤商民至意陸續酌量寬減今一年所收錢
糧較從前爲數略多者皆係家人書役名下清
出中飽之項並非重斂商民恐厪
聖慮合併陳明謹
奏　奴才　祖秉圭曷勝惶恐戰慄之至

覽

雍正八年四月　二十八　日

七四 廣東海關監督祖秉圭奏折

法英荷等國洋船到關

(雍正八年十月初一日)

廣東海關監督監察御史 奴才祖秉圭謹
奏爲恭報海外洋船到關事竊照本年五月二十
九日以後海外各洋法蘭西暎咭唎河蘭甲雷
吠洗嗎吧喇等國商船大小陸續共到一十三
隻歷考從前實爲僅見是皆
聖主
仁恩遠播重譯聞風向化是以爭來恐後其已經入
口住泊黄埔者共十一隻尚有二隻因在波鬧
行梢遲以致風信欠順不能收口其暎咭唎國
船一隻駛至高州府電白縣地方已經攏岸船

七四　廣東海關監督祖秉圭奏折　法英荷等國洋船到關
（雍正八年十月初一日）

黄亮因專候風信便可到閩其嗎吧喇國船一隻飄至肇慶府陽江縣地方時及攏岸因遇風暴將船打沉所載銀貨悉沒深淵共傷番商水手五十餘人其餘五十餘人悉皆登岸當在沉船處所撈獲得銀一萬三千餘兩已由陸路齎到廣州省城奴才隨將雖商安置行家住歇犒賞酒米食物俱經得所先是奴才接見該船沉沒之報一面咨會督臣撫臣嚴飭附近居民不許搶奪一面遴選書役帶同沉沒商船同國番

七四 廣東海關監督祖秉圭奏折 法英荷等國洋船到關（雍正八年十月初一日）

人十餘名賞給番人盤纏銀一百兩前往沉船
處所督率僱募打撈所沉銀箱併堅重貨物設
有無知愚民來危竊取着落該地方官務令追
還外伏思此船既經沉沒片板無存番商水手
不能久待另造船隻勢必將撈獲銀貨買易茶
物附搭同國便船回歸該國 奴才 於沉船番商
稟見之時即當面宣布
皇上懷恤遠商之
聖德凡彼雖番船屢加

七四 廣東海關監督祖秉圭奏折

法英荷等國洋船到關
（雍正八年十月初一日）

恩典該商之船既遭風雖所有携帶銀兩貨物買易
出口之貨一切税項例應寬免不取分文俟西
回國之時
皇上還有加
恩賞賜番衆聞之咸各免冠頂首以手指心歌忻攢
謝所有番船到關以及被風船隻情事理合奏
聞請
旨恭候加
恩賞賜仰祈

七四 廣東海關監督祖秉圭奏折
法英荷等國洋船到關
(雍正八年十月初一日)

批示遵行奴才更有請者番船貨物現在紛紛駁下

大約十一月内俱要開行倘未奉

諭旨之先沉船商衆搭附之船急欲趁風回帆奴才

擬照時與撫臣相商酌動關庫羨餘銀二三千

兩同至公所傳齊番衆宣諭欽奉

聖旨垂念該商船隻沉没資本抛失其進口出口貨

物税項一概免征外又

命賜給盤費將

恩賞之銀公同當面

頒給以推廣

七四 廣東海關監督祖秉圭奏折

法英荷等國洋船到關

（雍正八年十月初一日）

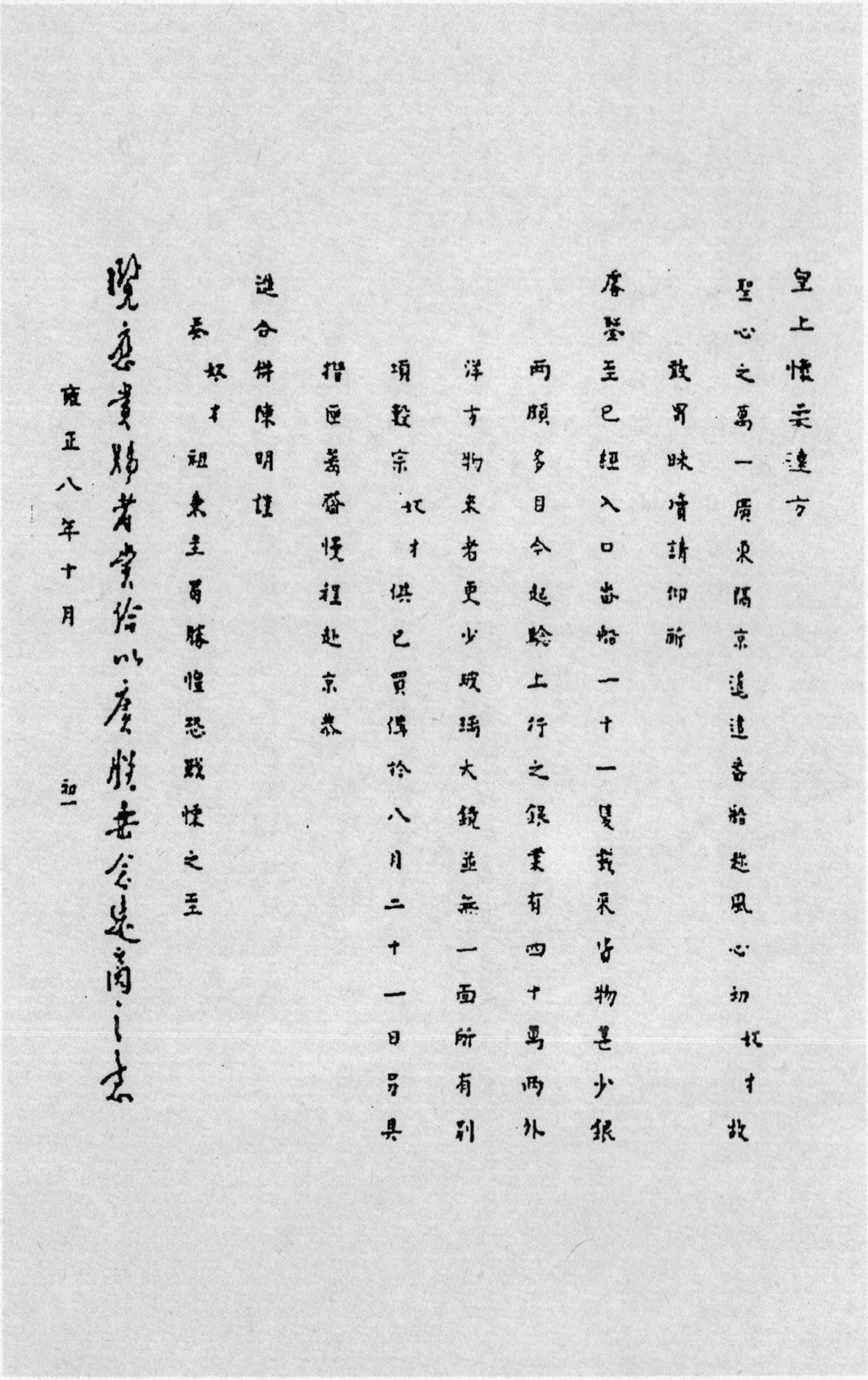

皇上懷柔遠方

聖心之萬一廣東隔京遙遠番船趁風心切奴才故

敢冒昧瀆請御祈

睿鑒至已經入口番船一十一隻載來貨物甚少銀

兩頗多目今起驗上行之銀業有四十萬兩外

洋方物來者更少玻璃大鏡並無一面所有別

項發京奴才俱已買備於八月二十一日另具

摺匣差齎慢程赴京恭

進合併陳明謹

奏奴才祖秉圭曷勝惶恐戰慄之至

覽奏貴賤者賞給以虞朕無介意是商人之志

雍正八年十月初一

七五　廣東布政使王士俊奏折　訪獲豐亨行林興觀等私賣幼女到吕宋并請於澳門設海防同知稽查洋船(雍正九年四月十一日)

臣王士俊謹

奏爲據實密

奏事竊廣州府屬香山縣之澳門爲粤省中路海道要

津外洋番客聚居既久生齒日繁黨類漸衆漢番貿

易洋船往來每有射利奸行與洋人熟識貪其厚值

或從彼教而私贅成婚或誘賣子女而肆行誆騙總

以澳門爲藏垢納汙之藪究其種類雖屬外國之波

臣而習處中華即爲

聖朝之赤子仰體

皇上懷柔遠人聲教旁施蠻貊舟車所至莫不尊親中外

固無異視但稽查防範不可不周定例森嚴不容寬

縱臣於本年三月内訪有吕宋番商安多牛方濟各

七五　廣東布政使王士俊奏折

訪獲豐亨行林興觀等私賣幼女到吕宋并請於澳門設海防同知稽查洋船(雍正九年四月十一日)

二人来廣貿易上年在省城豐亨行蔡大勲店内有林興觀係福建人素從番教相熟託其私買女婢帶回吕宋現有跟隨番商之馬阿寛何阿弟同至吕宋親見本年該番商又復来廣經臣密飭南海縣拘訊馬阿寛何阿弟供出前情隨唤林興觀訊供係轉託在行傭工之馮士霖於去年三月在佛山鞋舖柯勝昌店内用價十五兩買得幼女名唤碧挑年一十二歲帶回士霖家中同林興觀潛僱小船載至澳門送入洋船載去吕宋又澳門下船時另有大女子一口約年十八九歲身穿番衣聲音像是廣東人又會番話一同帶往該處幼女現送與白番哩拉哌大女子

現賣與教頭沙喔綢緞舖中馬阿寛等供明在案隨

令通事傳問安多牛方濟各稟稱伊等外國人氏到

廣買賣不知

天朝禁令買有幼女帶田是實今遵法紀情願田國送女

来廣總在九十月間准到等語臣伏思開洋貿易原

以招徠遠人奉揚

聖化今内地奸貪不法之徒敢違禁令私賣人口出洋踪

跡詭秘自應即行按律究擬因恐番商驚畏再四宣

示

七五　廣東布政使王士俊奏折

訪獲豐亨行林興觀等私賣幼女到吕宋并請於澳門設海防同知稽查洋船(雍正九年四月十一日)

皇恩中明大義俟其感激向化依限送回之後再將林興
觀馮士霖等詳明督撫二臣嚴行究治以彰法紀并
現在出示嚴禁查拿不許再有違犯外但查澳門要
地雖有香山協副將駐劄防守澳内漢番雜處並無
文員駐劄彈壓稽查臣前經屢請督撫二臣議於該
地添設海防同知一員與香山協副將文武互相稽
察整輯番民實為防患未萌之計後奉督臣改詳只
題添設香山縣丞駐劄前山寨究屬官職卑微不能整
飭今因林興觀等私買女婢出洋一案顯犯禁令似
應仍於澳地添設海防同知一員凡洋船在澳出口

責令該同知稽查夷帶以嚴中外臣爲地方起見不
得不緦緦過慮理合據實密
奏伏乞
皇上睿鑒
覽
雍正玖年肆月　　　　　　　　日
　　　　　　　　奩

七六 廣東海關監督祖秉圭奏折

關稅收支數目并進口洋船數目

(雍正九年四月二十六日)

廣東海關監督監察御史奴才祖秉圭謹
奏爲恭報關稅錢糧事竊奴才奉
旨管理廣東海關稅務今扣至本年三月十一日又
係一年其一年之内共收稅鈔正銀一十一萬
六千一百八十七兩二錢六分二厘耗銀二萬
二千八十兩九錢五分三厘分頭銀一萬一千
一百一十七兩四錢九分一厘洋船規禮銀八
千二百六十六兩五錢二分二厘書役担規除
支工食外收銀二萬九百二十一兩二錢九厘
行家繳送九八平十字番銀三萬二千一十兩

三錢六厘金一百兩又書役人等節省銀一萬
八千七十五兩九錢五分七厘通共收銀二十
二萬八千六百五十九兩七錢金一百兩內照
例解交廣東布政司庫充餉正額銀四萬三千
五百六十四兩又奉
旨賞賜鍾元輔家銀二千兩又奉
旨賞賜沉船番商回國盤費銀一千九百九十五兩
又支經制各役工食銀一百八十六兩又支民
壯工食銀一百五十兩又部科考核季報幇補
庶吉士等銀一千二百五十九兩又解銀進京

七六　廣東海關監督祖秉圭奏折

關稅收支數目并進口洋船數目

（雍正九年四月二十六日）

水陸脚價添平飯食銀一萬一千四百二十一

兩九錢六分九厘除以上支用外實應解部銀

一十六萬八千八十三兩七錢三分一厘金一

百兩現在咨會撫臣差委解員管解進京赴部

交納所有收支清數理合繕摺奏

聞去年進口洋船共有一十一隻各口年歲又皆豐

稔是以收數較多於前　奴才斷不敢加增苛斂

上廑

凡百聽其自然任勞不辭隱則已為不可勉強苛從此多收、、

宸衷也其經收稅鈔正銀以及解交藩庫並支發各

年來此盡不繳而多數隱若過多數、、歲而未有便報汝有所停

役民壯工食業於四月十三日遵例具本

款也總之不辭過眾人耳目謹慎據實為、、

七六　廣東海關監督祖秉圭奏折

關税收支數目并進口洋船數目

（雍正九年四月二十六日）

題報其解部羨餘銀兩恭繕清摺另呈
御覽再奴才家人名下規担一項蒙
恩賞給用度養廉今一年之內共收過銀二萬二千
進上物件在此款內動用
五百九十一兩七錢合併
是何項開銷亦具摺奏聞
奏明仰祈
睿鑒謹
奏　奴才祖秉圭曷勝惶恐戰慄之至
覽

雍正九年四月二十六日

七七　廣東海關監督祖秉圭奏折

英法荷等國商船來粵貿易及處理沉船銀貨（雍正九年七月二十八日）

廣東海關監督監察御史奴才祖秉圭謹
奏爲恭報海外番船到粵事伏查本年來粵貿易
海外番船自四月以後有暎咭唎法蘭西河蘭
嗎吧喇等國之船共到一十六隻先後進口現
在停泊黄埔地方竊自開關以來番船來粵從
未有如是之多此皆我
皇上懷柔
聖德遠播外洋是以番船紛紛爭來恐後各船貨物
現在查驗其賫來買貨之銀已經起過七十萬

兩在船未起者尚有許多共番船一十六隻之
内有嘆咭唎國船一隻名味吨吻者係去年來
廣因風不順在高州府電白縣地方停泊過冬
今歲四月方始進口其應納稅項　奴才仰體
皇仁傳集番商當面宣布
皇上懷柔遠方
聖心垂念該船守候日久所有稅項
恩免一半該番商聞之惟見其踴躍歡呼叩頭稱謝
不止再去年陽江縣地方打沉番船屢經督臣
撫臣委員嚴檄在沉船處所代爲打撈今又撈

七七 廣東海關監督祖秉圭奏折

英法荷等國商船來粤貿易及處理沉船銀貨(雍正九年七月二十八日)

獲得銀一萬五千餘兩並堅重貨物數宗俱經

陛任布政使王士俊當面給發番商收領訖似

此海面汪洋風波不測之地而督撫大吏仰體

皇仁使遠商已沒深淵之資本失而復得不特身受

番人稱揚感戴情狀難以言語形容即凡在廣

各船番商莫不歡忻拜舞歌頌

皇恩之周詳廣大也所有番船到粤等事理合具摺

奏

聞仰祈
睿鑒謹
奏
奴才祖秉圭曷勝惶恐戰慄之至

覽

雍正九年七月二十八日

七八 廣東布政使楊永斌奏折
請定鐵鍋出洋之禁
（雍正九年十月二十五日）

廣東布政使司布政使臣楊永斌謹
奏爲請定鉄鍋出洋之禁以杜奸弊事竊照鉄器
一項所關綦重不許出境貨賣律有明禁况近
以廢鉄亦可鎔製兵械本年奉有定例止許内
地變賣若捆載潜出邊境及海洋者照越販硝
磺之律分别治罪立法已屬周詳但臣查粤東
地方因向来出産鉄鍋凡洋船貨買歴未禁止
臣到任後檢查案冊見雍正七八九年造報彝
船出口冊内每船所買鉄鍋少者自一百連至
二三百連不等多者買至五百連併有至一千
連者其不買鉄鍋之船十不過一二查鉄鍋一

連大者二個小者四五六個不等每連約重二十觔不等百連約重二千餘觔如一船帶至五百連約重一萬觔帶至千連約重二萬觔臣思此項鉄鍋名雖煑食之器其實一經鎔煉各項器械無不可爲較之廢鉄之零星攢鑄更爲便易既販至外國作何應用無從查考況彛船出口帶至五百連者率以爲常計筭每年出洋之鉄爲數甚多誠有關係以臣管見嗣後此項鉄鍋應照廢鉄之例一體嚴禁毋論漢彛船隻概不許貨賣出洋違者該商船户人等郎照㧛載廢鉄出洋之例治罪官役通同徇縱亦照徇縱

七八　廣東布政使楊永斌奏折　請定鐵鍋出洋之禁
（雍正九年十月二十五日）

廢鉄例議處凡遇洋船出口仍交於海關監督
一體稽察至於商船上日用煑食之鍋應聽照
舊置用官役不得借端勒索滋擾如此則外洋
之鉄不致日積日多於防奸杜槩之道似有裨
益至煑食器具銅鍋砂鍋俱屬可用非必盡需
鉄鍋亦無不便外彝之處於我
皇上柔懷遠人之德意原無違礙臣不揣冒眛謹繕
摺具
奏是否有當伏祈
皇上睿鑒謹
奏
硃批：是
雍正九年十月　二十五　日

七九 廣東海關監督祖秉圭奏折

收解一年關稅銀兩數目
（雍正十年五月二十四日）

廣東海關監督監察御史奴才祖秉圭謹

奏爲奏報關稅銀兩事。竊奴才奉

旨管理廣東海關稅務，自雍正九年三月十二日起，扣至本年三月十一日，又係一年期滿，共收稅鈔正銀一十四萬二千六百四十一兩五錢四分九釐，耗銀二萬七千六百三十五兩一錢四分五釐，行家繳送銀五萬八百四十兩，分頭銀一萬九千二百七十四兩九錢八分一釐，洋船規禮銀一萬九百四十八兩九錢八分九釐，書役担規銀二萬五千三百七十三兩二錢三分二釐，又書役家人節省銀三萬二千三百九十四兩二分，通共收銀三十萬九千一百七兩九

七九　廣東海關監督祖秉圭奏折

收解一年關稅銀兩數目

（雍正十年五月二十四日）

錢一分六釐內照例解交廣東布政司庫充餉正額銀四萬三千五百六十四兩又支經制各役工食銀一百八十六兩又支民壯工食銀三百兩又部科考核季報帮補庶吉士等銀一千四百九十九兩又解銀進京水陸脚價添平飯食等項費銀一萬四千九百三十八兩二錢三分除以上支用外實解部銀二十四萬八千六百二十兩六錢八分六釐現在移咨撫臣差委解員管解進京赴部交納所有收解清數理合繕摺奏

七九　廣東海關監督祖秉圭奏折

收解一年關税銀兩數目
(雍正十年五月二十四日)

聞其正額正羨業於本年四月十九日遵例具本
題報在案合併聲明解部銀數恭繕清摺敬呈
御覽仰祈
睿鑒謹
奏 奴才祖秉圭曷勝惶恐戰慄之至

覽

雍正十年五月二十四日

八〇　廣東按察使黃文煒奏折

報告洋船數目及海關監督祖秉圭任用行商壟斷(雍正十年六月二十一日)

臣黃文煒跪

奏爲奏

聞事竊照廣東邊海要區商貨往來有歸地方官經

徵者爲落地稅銀至内港出海商船與外洋彝

船到廣上稅則歸粤海關差專政近年以來恭

逢

聖主柔遠恤商無隱不周彝商航海而至年盛一年

雍正九年内先後共到洋船一十八隻約計收

納正餘稅銀三十餘萬兩本港瓊潮等處各口

約收稅銀十餘萬兩懋遷日衆營運益多但外

彝挾資遠來全在榷關監督之員仰體

聖慈協同地方督撫布德釐奸公忠共濟庶爲恤商

裕課而監督祖秉圭以關務爲地方官不得過
問任用省城一二有力行商壟斷專利胥役人
等苛派作奸罔恤彝情臣訪聞既確不敢避
嫌怨理合據實奏
聞伏乞
皇上睿鑒謹
奏
已有旨矣
雍正拾年陸月　貳拾壹　日

八一　署理廣東總督鄂彌達奏折

驅逐廣州各天主堂西洋人至澳門及將教堂改為公所(雍正十年七月初二日)

署理廣東總督印務廣東巡撫臣鄂彌達謹

奏為奏

聞事竊照西洋人行教惑衆一案雍正貳年經部議

准浙閩督臣滿保

題請將通曆法有技能者送至京師餘俱安插澳

門續因戴進賢摺奏稱澳門非洋船常到之地

仍懇容住廣東奉

旨着督撫將軍提督確議前督臣孔毓珣等未經查

明澳門距省甚近實係洋船之所必經伊等家

信往來附船回國原無不便遂照戴進賢原奏

八一　署理廣東總督鄂彌達奏折

驅逐廣州各天主堂西洋人至澳門及將教堂改為公所（雍正十年七月初二日）

議覆容留居住省城該西洋人等理宜感激
皇恩安守本分不意仍不悛改招黨聚衆日增月盛
臣細加查察凡住天主堂者顯皆不吝金錢招
人入教地方無賴多隨衍中其法有願從其教
者必使自踐其祖宗父母之神主而焚於所尊
十字之下遂給以銀錢十枚俾以一錢招一人
既得十人從教乃予先從者月餉五錢而又予
十人以百錢俟百錢皆有人受而來從乃月餉
十人各五錢而陞初從者月餉一兩由是遞陞
遞招至於月給銀十兩者即令司其所招之人
愚民利彼金錢多從其教今查得省城設立教

堂男女多被誑惑男天主堂凡八處西門外揚仁里東約堂主西洋人安多尼副堂西洋人艾色引誘入教約一千四百餘人揚仁里南約堂主西洋人戈寧副堂順德人劉若德引誘入教約一千餘人濠畔街堂主西洋人謝德明同堂增城人歐歌山東人魏若韓引誘入教約一千二百餘人盧排巷堂主西洋人方玉章副堂西洋人朱耶芮引誘入教約一千一百餘人天馬巷堂主西洋人羅銘恩副堂順德人劉伊納爵

同堂順德人梁家相引誘入教約一千三百餘
人清水濠堂主西洋人彭覺世卜如善副堂西
洋人張爾仁赫蒼碧同堂江南人王弘義引誘
入教約二千餘人小南門内堂主西洋人閔明
我副堂新會人汪四同堂始興人黄紹興張瑪
畧南海人劉若敬增城人勞贊成番禺人郝若
瑟區良祐何伯衔引誘入教約一千四百餘人
花塔街堂主西洋人華姓副堂西洋人卞述芳
引誘入教約三百餘人以上八堂共引誘入教
男子約萬人又女天主堂凡八處清水濠女堂

主順德人譚氏劉氏引誘入教婦女約四百餘
人小南門内女堂主順德人陳氏引誘入教婦
女約三百餘人東朗頭盬步兩堂女堂主俱順
德孀婦梁氏掌管引誘入教婦女約六百餘人
西門外變名聖母堂堂主順德孀婦何氏引誘
入教婦女約二百餘人大北門天豪街變名聖
母堂堂主正藍旗人余氏引誘入教婦女約三
百餘人小北門内火藥局前女堂主順德孀婦

蕪氏引誘入教婦女約二百餘人河南滘口女
堂主南海人唐瓊章妻戴氏同堂孀婦盧氏唐
氏引誘入教婦女約三百餘人以上八堂共引
誘入教女子約二千餘百人臣細查其行徑多
出金錢買人入教現在黨類已多行爲甚屬不
法若不早爲經理必致別生事端臣再四思維
我
皇上懷柔遠人中外一體固不應遽加驅逐但目擊
情形令人駭異男堂奔走若狂女堂穢汙難述
倘仍因循延緩恐爲人心風俗之憂臣與署撫

臣揚永斌觀風整俗使臣焦祈年詳加斟酌分
作三層料理暗破奸謀先傳到各堂西洋人諭
以不便在省設教招摇立押搬往澳門住居俟
秋後令其附舟回國次再查明各堂副堂主係
中國無賴之入教者加以夥騙外彝罪名重扙
嚴懲係外省者觧回各該原籍約束係本省者
發往瓊南禁錮然後再將各女天主堂堂主令
其親屬領回收管出示曉諭令各改過自新其

天主堂房屋或改作公所或官賣良民住居其
西洋人非有貨物交易不容潜至省城港口營
汛嚴加盤詰稽查即海關監督亦不得輕批准
澳彝無事入省庶乎不致蠱惑人心敗壞風俗
潜生事端臣等身任封疆不得不思防微杜漸
現在密加料理不露形跡大約一月之内邪黨
悉行驅除矣臣等爲寧謐地方起見不揣冒昧
已經次第舉行伏乞
皇上睿鑒臣謹會同署撫臣揚永斌觀風整俗使臣
焦祈年合詞具

八一　署理廣東總督鄂彌達奏折　驅逐廣州各天主堂西洋人至澳門及將教堂改為公所(雍正十年七月初二日)

八一　署理廣東總督鄂彌達奏折

驅逐廣州各天主堂西洋人至澳門及將教堂改為公所(雍正十年七月初二日)

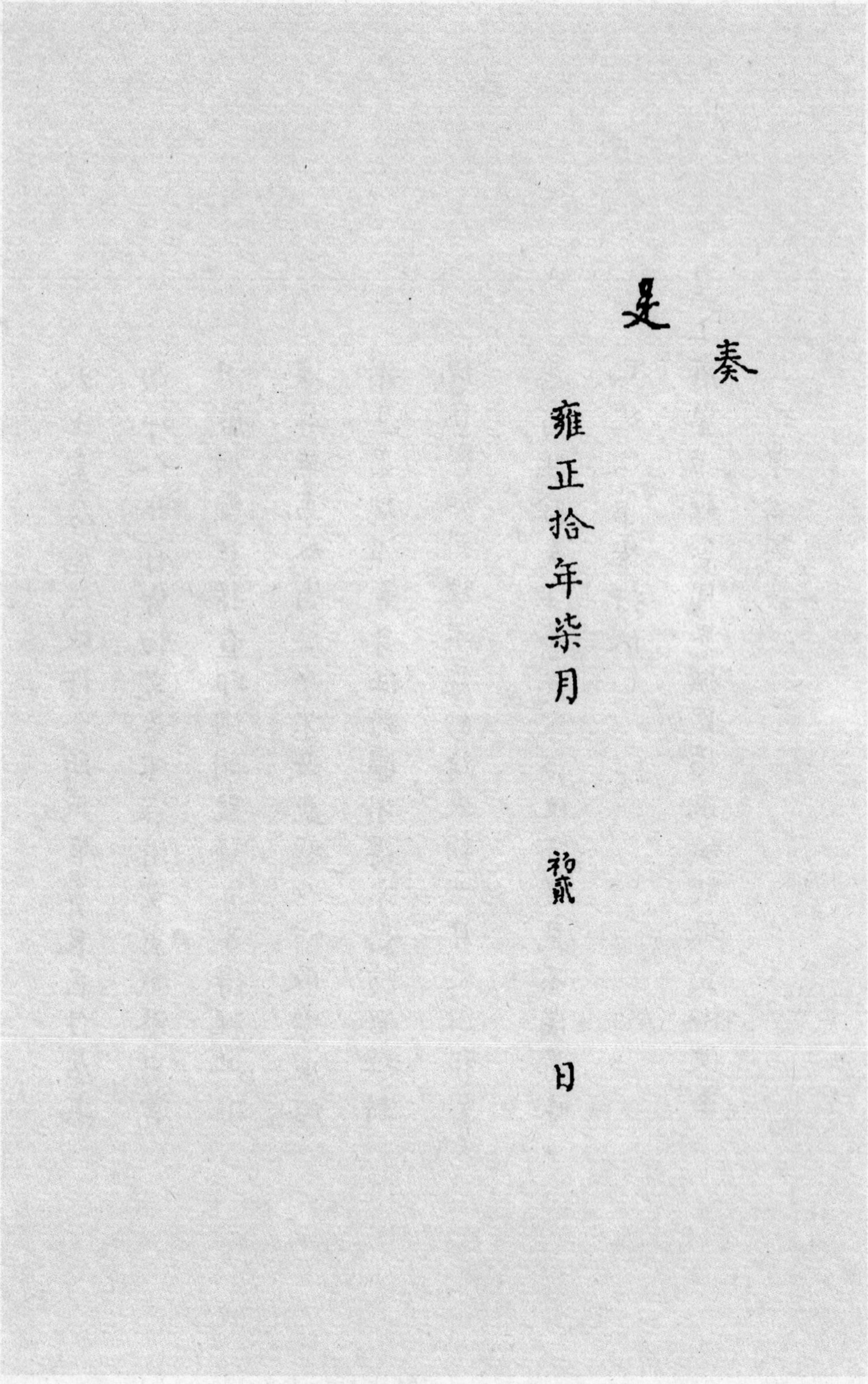

奏

是

雍正拾年柒月初貳日

八二　廣州城守副將毛克明奏折

海關監督祖秉圭縱商霸市

（雍正十年七月十三日）

廣東廣州城守副將降一級留任奴才毛克明謹

奏爲密行奏

聞仰祈

聖鑒事竊奴才仰荷

皇恩簡任副將隸粵叁載一切營伍巡防事無巨細

咸遵

聖訓靡不竭歷心力幸賴

聖主德威遠播四境清寧而習氣漸除兵民安堵此

皆職分應爲縱殫駑駘均不足以仰酬

高厚於萬一惟奴才追處海疆凡有見聞已確寧因同

爵旗員徇私瞻顧隱忍不言有違

八二 廣州城守副將毛克明奏折

海關監督祖秉圭縱商霸市
(雍正十年七月十三日)

訓旨甘蹈罪戾今海關監督臣祖秉圭者行事欺詐
大員
聖恩所有事蹟謹爲我
皇上陳之查雍正玖年共到外洋船壹拾捌隻本港
船貳拾餘隻一時省會唱柔齊稱通海以來從
未有如此之盛實由
皇上聲教覃敷以致遐邇感格向風歸化奴才同城親
睹彌深忭躍又據各商民人等爭傳今年稅課
正羨約得數拾萬兩迨於雍正拾年閏伍月內
奉署撫臣楊永斌牌行撥兵護送雍正玖年叁
月起至雍正拾年叁月分贏餘及分擔耗規與

八二　廣州城守副將毛克明奏折

海關監督祖秉圭縱商霸市

（雍正十年七月十三日）

各行繳送番銀併節省等肆項僅共銀貳拾肆萬捌千陸百貳拾兩零努甚覺詫異但海關衙署與副將衙門同駐新城相隔甚近隨細加察訪得之衆商口說約可得正稅銀叁拾餘萬兩贏餘等銀在外尚有庫稿等捌房各書吏規銀叁萬餘兩再高雷惠潮瓊州等府以及澳門各守口書吏等規銀叁萬餘兩又巧立内總管名色週年收規銀壹萬餘兩至省城本關總巡館東西兩砲臺黄埔虎門佛山等稅口及各房小書規銀難得細數再每船必需粤省買辦壹名每名批承充手本銀壹百伍陸拾兩不等共銀

八二　廣州城守副將毛克明奏折

海關監督祖秉圭縱商霸市
（雍正十年七月十三日）

貳千兩有零以上稅課雜項細數俱係值年庫
書范九錫　小書梁大成　經理外又有向各行私
收不登印簿不填印票如湖絲每百觔額徵稅
銀伍兩肆錢另收分頭銀壹拾肆兩有零只記
草單又澳門番人來省貿易貨物上納稅銀外
客身按名批給手本每壹人索取番錢捌個以
至拾個不等出口又收叁個再洋行共有壹拾
柒家惟閩人　陳汀官　陳壽官　黎開官　叁行任其
壟斷覇佔生理內有陸行係　陳汀官　等親族所
開現在共有玖行其餘貴貨行店尚有數拾餘
家尚非鑽營　汀官　等門下絲毫不能銷售凡貴

貨物與洋商必先儘玫行賣完方准别家交易若非監督縱容伊等焉敢强霸是官漁商利把持行市致令商怨沸騰衆口交謫事關欺昧罔利理合據情密

奏伏乞

皇上睿鑒謹

奏

若能如此全心忠誠事朕何患不大成人也矣

勉此志勉之勉之

雍正拾年柒月　拾叁日

八三 廣州城守副將毛克明奏折

西洋人方玉章設教惑衆逐往澳門(雍正十年七月十三日)

廣東廣州城守副將降一級留任奴才毛克明跪
奏爲奏
聞事本年陸月貳拾柒日署督臣鄂彌達會同署撫
臣楊永斌觀風整俗使臣焦祈年聯銜示諭各
處設有天主堂向爲西洋人居住後因開堂設
教煽惑愚民經原任閩浙督臣覺羅滿保
題請盡着回國蒙
皇上懷柔遠人暫聽在廣居住隨奉部行不許伊等
各處行走及招人行教誦經如不安分聽地方
官逐回今方玉章等不守法度開堂設教日增
月盛甚爲貽害地方合行驅逐移住澳門限叁
日内起身倘有不遵務令地方文武嚴拏等因

又諭令廣州府會同奴才派委弁兵衙役催促起程查廣東省會新舊兩城關廂内外共有天主堂捌處俱係西洋人方玉章等叁拾名住居近年以來漸行設教惑衆遠近愚民歸其教者甚多今方玉章等遵於柒月初貳日自省移赴澳門訖一切行裝物件任聽攜帶其歸教人等概免深求外所有逐去情由容行繕摺奏

聞伏乞

皇上睿鑒謹

奏

覽

雍正拾年柒月　拾叁　日

八四 雍正諭旨 廣東海關監督祖秉圭任由洋行商人把持包攬著革職嚴審（雍正十年七月十四日）

雍正十年七月十四日奉

旨前日祖秉圭具摺奏稱有洋行商人陳芳觀把持已攬生事不法署督臣暗中袒護等語朕料鄂彌達必無袒護商棍之事衹降諭旨令該署督將陳芳觀解回原籍收管今覽鄂彌達楊永斌參奏祖秉圭欺隱婪贓九款是祖秉圭前日之摺奏乃已身劣蹟敗露探知督撫糾參而為先發制人之計甚屬巧詐可惡祖秉圭深負朕恩著革職交與該督撫將所參各款嚴審追擬具奏陳芳觀暫停遣解俟審明再定其關稅事務著該督撫委員暫行署理該部知道

八五 廣東總督鄂彌達奉上諭著查明澳門可否停泊大船以定是否留西洋人在省城居住(雍正十年八月二十八日)

大學士張 内大臣户部侍郎海 字寄
廣東總督鄂 等 雍正十年八月二十八
日奉
上諭據西洋人戴進賢等奏稱廣東信來該督撫
将居住廣州府之西洋人悉行驅逐前往澳門
不容一人在省以致西洋人流離失所等語朕
諭以聞得住廣之西洋人開堂聚衆男女混雜
地方匪類藏匿其中甚屬不法是以該督撫如

八五　廣東總督鄂彌達奉上諭

著查明澳門可否停泊大船以定是否留西洋人在省城居住(雍正十年八月二十八日)

此辦理爾等西洋人以貿易為業即在澳門居
住亦可貿易何必要在省城據戴進賢等奏稱
西洋商貨船隻俱到廣州府停泊澳門地方只
可停泊小船凡重載之船難以到彼今廣州府
不許容留西洋一人則信息至於斷絕貿易亦
將廢棄懇乞容留二三西洋人在省城居住以
通澳門音信不敢招搖生事倘稍有不遵功令

八五　廣東總督鄂彌達奉上諭

著查明澳門可否停泊大船以定是否留西洋人在省城居住（雍正十年八月二十八日）

之處情願領罪等語澳門地方情形朕不能知
戴進賢等所奏不能停泊大船之處或係伊等
託言亦未可定爾等可寄信詢問鄂彌達等若
澳門不能停泊大船是實則伊等所奏量留二
三人在省似屬可行若澳門可以停泊大船則
不應也准其留人在省以通信息但總在該督撫就
近酌量據實辦理倘澳門不可停泊大船而此
時强令前往將來或有踈虞則該督撫之責也朕必加以嚴處

八五　廣東總督鄂彌達奉上諭著查明澳門可否停泊大船以定是否留西洋人在省城居住(雍正十年八月二十八日)

爾等可寄信去欽此遵

旨寄信前來

八六　廣東總督鄂彌達奉上諭著確議澳門停泊洋船事（雍正十年十月初七日）

大學士張　內大臣戶部侍郎海　字寄
廣東總督鄂　巡撫楊　雍正十年十月初七日奉
上諭前據廣東右翼鎮總兵官李惟揚摺奏外洋
商船應令在虎門口外灣泊不應令進黃埔地
方等語朕降旨將李惟揚所奏寄與鄂彌達楊
永斌閱看回奏今據鄂彌達楊永斌奏稱虎門
巨海汪洋難以停泊商艘黃埔實係逼近省城
停泊亦有未便查香山縣之澳門河一帶地闊
浪平可以泊船安穩昔年商船原在此停泊因
康熙二十五年監督宜爾格圖朦混題請改移

八六　廣東總督鄂彌達奉上諭著確議澳門停泊洋船事（雍正十年十月初七日）

黄埔令臣等酌議嗣後外國夷船應仍照舊在
澳門海口拉青角地方與西洋澳夷船只一同
灣泊實爲兩便等語前據在京之西洋人戴進
賢等奏稱廣東督撫將居住廣州府之西洋人
悉行驅逐前往澳門查澳門地方只可停泊小
船凡重載之船難以到彼等語此言不知的確
與否朕已降旨詢問鄂彌達等此信尚未到廣
今鄂彌達等又奏請將外國夷船悉令停泊澳
門朕將此詢問西洋人據西洋人奏稱此地可
以避風之處泊船不多其寬濶之處則有風浪

八六　廣東總督鄂彌達奉上諭著確議澳門停泊洋船事（雍正十年十月初七日）

之險不可泊船等語朕思西洋人此奏甚係伊

惟西洋之船隻尚不可停泊今彼將外夷船隻令停泊澳门之論其等安插不願

移往澳門託言如此亦未可定爾等可

再寄信與鄂彌達等令其確查定議務期妥貼

可以永行倘一時強令夷船改泊將來或有疎

朕此處甚加慮之也

虞則該督撫不得辭其咎也欽此遵

旨寄信前來

八七　海關稅務毛克明奏折

酌議恢復洋商繳納買辦公費并免人稅銀兩(雍正十年十二月二十八日)

廣州左翼副都統兼管海關稅務加一級臣毛克明謹

奏為恭繳
硃批諭旨事雍正拾年拾貳月貳拾日臣齎摺家人姚
捧到
硃批奏摺進呈臣隨恭設香案望
闕叩頭欽謹捧讀訖竊查有買辦壹項因洋商船泊
黃埔或暫寓省城語音不諳僱人買辦物件若
不經官批准則良奸不辨夾帶漏稅實難稽查
而該買辦壹經批定衆人始不敢搀奪是以每
批准壹名情願繳納公費銀兩凡在黃埔船上
者自肆伍拾兩至壹百兩不等在省城寓所者
自陸拾兩至壹百貳拾兩併壹百伍陸拾兩不

八七 海關稅務毛克明奏折

酌議恢復洋商繳納買辦公費并免人稅銀兩（雍正十年十二月二十八日）

等俱視洋船大小酌量增減再有人稅壹項緣
澳門爲西洋人租住之所不應時常往來内地
但壹時不便阻絶着令交納稅銀凡自澳門來
省者每名收番銀錢拾捌圓每圓重柒錢貳分
自省城往澳門者每名收番銀錢貳圓使彼有
所顧惜不致任意出入是亦寓禁令於其間也
以上貳項本屬歷來成規並非祖秉圭私行創
設其罪惟在侵欺入己乃委署關務之解任按
察司黄文煒迎合上司遽將洋商不行
奏請概詳督撫竟自革除
聖主明照萬里閭其舉動任情舞弊徇私於此已可
見壹端矣伊等沽名於前督驟行復回衆口交

八七 海關税務毛克明奏折

酌議恢復洋商繳納買辦公費并免人税銀兩(雍正十年十二月二十八日)

誚勢所不免但等惟知
國課為重必不敢稍存瞻徇少避嫌怨查買辦壹
項所關羨餘不少俟癸丑年夏間洋船進口時
等與副監督鄭伍柔酌議舉行外至人税壹項
每年所得不過貳叁百兩為數無多可否邀免
之處
隆恩施自聖裁為此繕摺具
奏伏祈
皇上睿鑒謹
奏

八七　海關税務毛克明奏折

酌議恢復洋商繳納買辦公費并免人税銀兩(雍正十年十二月二十八日)

雍正拾年拾貳月　日

八八 海關稅務毛克明奏折

報告現今移駐海關衙署辦公
（雍正十一年三月二十八日）

廣州左翼副都統兼管海關稅務加一級奴才毛克明謹

奏為奏
聞事奴才蒙
聖主格外隆恩補授廣州左翼副都統仍著兼管海
關稅務敢不益加勤慎悉心辦理在副都統有
操練兵丁整頓旗營事務監督有徵收稅銀稽
查貨物責任務須兩處行走方免貽悮職守但
副都統衙署駐劄老城內海關衙署駐劄新城
內相隔稍遠奴才見得海關衙署錢糧關係甚重
銀庫在大堂之側關防印信係奴才掌管商行船

八八　海關税務毛克明奏折

報告現今移駐海關衙署辦公
（雍正十一年三月二十八日）

隻悉在城外日逐赴關輸税必須躬親督率以
免胥役上下其手與副都統協同將軍辦事若
有間斷現今移住海關衙門與副監督分院同
居就近料理雖副都統衙署甚是寬廣然惟以
辦理公事為重不暇計及居處之安凡遇旗營
操練日期並公所辦事遵照原將軍臣蔡良請
例每月共有壹拾捌次教場本在城外務於黎
明前往候同將軍右翼副都統會齊操兵更較
妥便其副都統衙署現派兵役看管仍不時來

八八　海關税務毛克明奏折

報告現今移駐海關衙署辦公

（雍正十一年三月二十八日）

往辦事外理合繕摺奏

聞伏祈

皇上睿鑒謹

奏

覧

雍正拾壹年叁月貳拾捌日

八九　廣東海關稅務毛克明奏折

洋船灣泊黄埔已四十餘年不應更改成法(雍正十一年三月二十八日)

廣州左翼副都統兼管海關稅務加一級奴才毛克明等跪

奏為預行據實咨

奏免致貽悞稅課事竊照防微杜漸必當尋於有

因而相地制宜不應輙更成法查廣東黄埔地

方雖云離省貳拾里實有肆拾里之遥灣泊外

來洋人船隻自康熙貳拾肆年間經前監督宜

爾格圖等議定

奏准迄今肆拾餘年遵行罔替相安無事年來愈

見向風歸化洋船日益絡繹貨稅日益贏餘在

洋人將本營利種類各別且灣泊不久並無黨

羽留存即以船中砲火而論邀荷

八九　廣東海關税務毛克明奏折　洋船灣泊黃埔已四十餘年不應更改成法(雍正十一年三月二十八日)

聖主德威遠播，省會重鎮，彈壓洋人，心膽懾服，頗能
恪遵約束。如各洋人凡遇節令喜慶及船隻往
回口岸之際，必演砲數通，以宣揚利市。奴等任
事以來，即令通事諭禁，不許在内河放砲，伊等
俱帖然遵守。此其聽從約束之明驗也。況黃埔
地方現有左翼鎮標水師營弁分防守汛，督撫
飭令就近稽查禁約，更爲便捷周詳。乃奴等聞
有條議者，請將洋船移泊㠊門外洋之十字門
處所等語。奴等細加體訪，悉心參酌，揆之事勢
情形，其不便者有六：查㠊門一區，係西洋人居

住每年在香山縣輸租銀伍百兩其來已久緣
外洋唤咭唎等處洋人素與墺門洋人不睦無
論長灣在彼勢所不容即偶過其地亦必添兵
防範今若强之相聚不特彼此必滋事端即外
洋各船轉畏其土居之勢不敢輕易灣此必致
裹足不前其不便一也十字門係墺門外地雖
在山嘴灣泊洋船但汪洋大海四面皆通廵查
看管之人所乘小艇萬難倚傍而灣得以就近
瞭望即孥等親身廵歷相隔遥遠不能常常往
返況颶風時作洪濤巨浪之中彼走漏私税者

八九 廣東海關稅務毛克明奏折 洋船灣泊黃埔已四十餘年不應更改成法(雍正十一年三月二十八日)

倘能冒險而行而巡攔人役斷不敢拚捨擒獲其不便二也遠處洋船例有分頭繳送二項銀兩澳門洋人貨船除輸正稅船鈔外素不徵收此項今船灣一處而輕重各異別船心主不服或致抗不輸納所虧稅銀甚多其不便三也洋人素性强悍灣泊黃埔內地法令森嚴口隘把截尚知畏懼凡應稅貨物稅銀不清不能揚帆長往若十字門遠在外洋毫無阻擋去留聽彼自專其不便四也澳門洋人貨船到岸俱將貨物撥運回家臨賣方輸正稅非如別處洋船一經貨運上行即照數輸稅者可比洋人心性刁

巧加以奸惡牙行人等引誘勾通或寄頓搭買或減價私賣混淆影射無從鑒別正課生見虧缺其不便五也洋面寬闊巡艇既難灣泊防守不得懈弛非增添巡役人等海面多設禁船山頂建立砲位不足以資捍禦而糜費錢糧不可勝計其不便六也奴才等同司榷務事屬切身稍有貽悞關係匪細有所風聞不得不冒昧預行奏再外省事件一面據實具奏請一面即轉飭遵行恐洋船到岸有司營汛不令進口及至另行

奏

八九　廣東海關税務毛克明奏折

洋船灣泊黄埔已四十餘年不應更改成法（雍正十一年三月二十八日）

八九　廣東海關税務毛克明奏折

洋船灣泊黄埔已四十餘年不應更改成法(雍正十一年三月二十八日)

閘往回羈遲時日貨物任其走漏税課必致缺徵如
部議未定仰乞
皇上特頒諭旨遇有外來洋船仍准暫灣黄埔另俟
定奪始免惧公合併聲明爲此繕摺繪具澳門
輿圖恭行奏
聞伏祈
皇上睿鑒謹
奏
汝所陳不得皆税務錢糧之不但未念及地方永遠
之得者未得也
雍正拾壹年叁月廿捌日廣州左翼副都統兼管海關税務加一級臣毛克明
廣東海關副監督戶部額外員外郎臣鄭伍賽

九〇　海關税務毛克明奏折

請照舊例免收外洋商船繳送銀兩
（雍正十一年三月二十八日）

廣州左翼副都統兼管海關税務加一級奴才毛克明等跪

奏爲請

旨事。竊照廣東海關外來洋船，如唉咭唎、法蘭西等處，程途最遠，兩年方可到廣一次，乃本港商船所不能到之地。於正税規例之外，從前又收繳送銀兩一項，按其出洋貨物估計價值加一徵收。於雍正陸年間經原任廣東總督臣孔毓珣兼管税務時，查出歸入贏餘項下起解。其呂宋、噶喇吧等處，程途甚近，遇有順風，計程僅拾餘日，一年可到廣一次，本港商船彼此往來貿易，輸納正税規例之外，向不徵收繳送銀兩。雍正

九〇 海關税務毛克明奏折

請照舊例免收外洋商船繳送銀兩
（雍正十一年三月二十八日）

玖年革職祖秉圭任内到有呂宋洋船壹隻勒
收加一繳送致洋商呢咕喇吗等情急赴各衙
門具呈前任巡撫今陞總督臣鄂彌達見分外
苛刻有關
國體曾勸祖秉圭不聽以致彼處商船利薄本歸
裹足不至孥毛克明奉
命兼管税務於雍正拾年拾月内呂宋到有商船壹
隻先停澳門外洋探聽有無繳送孥念其向風
歸化加意招徠旋入黄埔灣泊除正税船鈔分
頭規禮等項約共應徵銀柒千壹拾兩零俱各
照數認納惟繳送一項據洋商嗎嗹嚧等顯懇

九〇 海關税務毛克明奏折

請照舊例免收外洋商船繳送銀兩

（雍正十一年三月二十八日）

照例免收以便置貨趂風回歸等情查該船繳

送銀數雖有叁千餘兩舊例既不徵收似應邀

恩免徵以仰副

聖主柔遠恤商之至意但臣等未敢擅專理合具摺

請

旨伏祈

皇上睿鑒謹

奏

雍正拾壹年叁月貳拾捌日廣州左翼副都統兼管海關税務加一級 臣 毛克明

廣東海關副監督戶部額外員外郎 臣 鄭伍賽

九一 海關税務毛克明奏折 請酌賞海關正副監督養廉

（雍正十一年三月二十八日）

廣州左翼副都統兼管海關税務加一級臣毛克明等謹

奏爲據實

奏請仰祈

睿鑒事竊照廣東海關地方遼濶税口繁多收鈔巡

查需人甚衆額設書吏巡攔水手等名下從前

各有應得規例自前撫臣楊文乾任内起陸續

歸入公項每年約共得銀陸柒萬兩不等分别

口岸大小事務繁簡每月按名酌給工食火足

銀兩資其贍養杜其弊端每年共應支銷銀貳

萬壹百兩零𠩄等詳加查核甚屬妥協自應仍

照舊額支給惟監督向無額定養廉查據庫吏

九一 海關稅務毛克明奏折

請酌賞海關正副監督養廉

（雍正十一年三月二十八日）

王開運高維新等稟稱革職祖秉圭任內係將管事家人名下所收規例一項作爲養廉雍正柒年支用銀貳萬捌千壹百兩零雍正捌年支用銀貳萬柒千肆百兩零雍正玖年支用銀叁萬壹千柒百兩零此外尚有支取雜用銀兩等語奴才等查雍正拾年叁月拾貳日起至捌月拾捌日祖秉圭共收管事家人名下規例銀壹萬肆千玖百餘兩內已支用銀捌千捌百兩零委管稅務之署廣州府鼎興自雍正拾年捌月拾玖日起至玖月貳拾壹日共收管事家人名下

九一　海關税務毛克明奏折

請酌賞海關正副監督養廉（雍正十一年三月二十八日）

規例銀貳千捌百餘兩內已支用銀捌拾捌兩
零奴才毛克明等任內自雍正拾年玖月貳拾貳
日起至本年貳月貳拾壹日共收管事家人名
下規例銀捌千壹百兩零前後共存貯管事家
人名下規例銀壹萬陸千玖百兩零查此項存
貯銀兩雖前任監督支作養廉奴才等未經請
旨不敢擅行動用伏念奴才毛克明荷蒙
聖主殊恩補授副都統每年俸銀壹百伍拾伍兩隨
丁伍拾名共銀壹千零捌兩署旁周圍葺房以
及菜地歷來租與民間每年共銀貳百壹拾兩
零叁項共銀壹千叁百柒拾兩零以為副都統

衙門養贍用度儘足支應茲兼管海關監督稅
務繁多需人料理各口遥遠差查滋費且有南
北往回盤纏雜項而會城酬應難以一概省減
副都統任內傣餉支應實屬不敷至奴才鄂伍賚
署中食指一切費用併南北往回盤纏雜項公
事公辦與毛克明用度不相懸殊奴才等身受
隆恩不敢如祖秉圭任意奢用亦不敢矯情欺飾自
蹈愆尤惟有仰祈
皇上恩鑒於此管事家人名下規例內酌量賞給養
廉俾資日用所有羸餘仍行歸公至每年攜賫

九一　海關税務毛克明奏折

請酌賞海關正副監督養廉
（雍正十一年三月二十八日）

洋船賑恤難商以及各口解餉鹽費水脚等項
數目多寡不齊難以預定俟期届
奏銷再行據實開報合併聲明爲此繕摺
奏請伏祈
皇上睿鑒謹
奏

太費精神汝等自書的量當用奏聞甚有精膽
經事之理不但伍賽汝亦未有不用提防之處以
副都統之儀務爲養廉也太費精神

雍正拾壹年叁月貳拾捌日廣州左翼副都統兼管海關税務加二級 毛克明
廣東海關副監督戶部額外員外郎 鄭伍賽

九二　内閣奉上諭

著各省督撫飭令該藩司衙門不許任意增添商牙雜稅(雍正十一年十月初六日)

雍正十一年癸丑十月甲寅

上諭内閣各省商牙雜稅額設牙帖俱由藩司衙門頒發不許州縣濫給所以防增添之弊不使貽累於商民也近聞各省牙帖歲有增添即如各集場中有雜貨小販向來無藉牙行者今概行給帖而市井奸牙遂恃此把持抽分利息是集場多一牙户商民即多一苦累甚非平價通商之本意著直省督撫飭令各該藩司因地制宜著爲定額報部存案不許有司任意增添嗣後止將額内退帖頂補之處查明换給再有新開集場應設牙行者酌定名數給發亦報部存案庶貿易小民可永除牙行苛索之弊矣

九三　廣東總督鄂彌達奏折

海關監督毛克明副監督鄭伍賽公平廉潔税課無虧(雍正十一年十二月初四日)

廣東總督臣鄂彌達
廣東巡撫臣楊永斌謹

奏爲奏

聞事。竊照關税之設，通商便民，必須潔己辦公，剔除

弊竇。況粤海一關，緊繫外洋夷商，關係尤鉅。臣

查帶理粤海關監督毛克明、副監督鄭伍賽管

關一載，操守廉潔，榷税公平，胥役不敢侵漁，額

外毫無私派，商民稱便，税課無虧。臣等身任地

方，理宜互相稽覈。所有監督毛克明、鄭伍賽辦

理税務情由，相應繕摺奏

聞。伏乞

皇上睿鑒。臣等謹合詞具

奏。

覽

雍正拾壹年拾貳月　初肆　日

九四　海關稅務毛克明奏折

海關監督應由督撫兼任

（雍正十二年正月初二日）

廣州左翼副都統兼管海關稅務加一級 臣 毛克明跪

奏為密陳稅歸大吏徵解以重權柄以收實效仰
祈
睿鑒事竊照粵東海關地面遼濶口岸甚多監督駐
劄省城與各地方文武並無統屬本衙門又無
首領屬員在副都統所屬旗營弁兵各有差操
事務且係將軍專政未便擅行調用是以大關
徵收稅項固係監督躬親其事而四外郡邑稅
口惟有遴選殷實老成之書吏巡役併親信家
人等前往協同收管無如行店通事以及洋商

九四　海關税務毛克明奏折

海關監督應由督撫兼任

（雍正十二年正月初二日）

人等俱屬久慣積蠹與巡役水手併土著地棍輩或串書吏等通同隱漏或倚恃豪勢挈肘把持甚而洋船初到近口海面故爲遲滯不進以及出口已至外海俱有棍徒爲之引誘走私包送海澗水深小艇巡船勢不能到僅藉營中弁兵槳船查緝近來營弁奉公守法雖能出力稽查尚不善駕馭者槳船即受囑代爲夾帶其民間漁渡等船又不勝計矣弊端百出難以究詰且粵海關自歸督撫兼管以來雷令風行商民震懾今復設監督凡刁惡行店商賈意存覬覦動云監督全仗地方官作主以致欠餉玩延罔

九四　海關税務毛克明奏折

海關監督應由督撫兼任
(雍正十二年正月初二日)

遵約束竿曾任廣州城守副將雖畧悉情形即
竭蹷駑駘多方防範實愧知識粗淺籌畫未周
壹載以來朝夕悚惶惟恐職守稍有未盡即重
負
皇上逾格委任隆恩若自京差來之員吏於事務未
諳愈覺束手乏策
聖主無微不照早已洞悉隱情是監督一缺與其僅
立專員不能為力不如就近或歸督臣或歸撫
臣兼管則通省文武軍民均受統屬節制足以

九四　海關税務毛克明奏折

海關監督應由督撫兼任
（雍正十二年正月初二日）

資彈壓而呼喚易靈但督撫有刑名錢穀兵馬
事務勢必另委賢能屬員監收稽處仍受挾制
以等愚昧之見莫如將税務者督撫兼管稽查
出入以重其權復令京員專司監督掌管印信
以分其任仍遵照舊例不得聽督撫節制於以
互相察核協力辦理則大吏無難於兼顧之誚
作私弊之端而監督藉威令之行得展舒之柄
庶徵收不致玩愒而税課益見盈餘矣等身受
皇上特恩曠典叨兹税課鉅任並不敢諉卸職守更
不敢別萌奢望但蠡測管窺情形事勢較爲便

九四 海關稅務毛克明奏折

海關監督應由督撫兼任

(雍正十二年正月初二日)

徒又寧敢隱忍貪戀貽悞事機是否可採敬謹

繕摺密陳伏祈

皇上睿鑒施行謹

奏

此奏是另有旨諭

雍正拾貳年正月初二日

九五　海關税務毛克明奏折

恭謝恩賞長子毛廷翰留任所幫辦事務（雍正十二年正月初二日）

廣州左翼副都統兼管海關税務加一級臣毛克明謹
奏爲恭謝
硃批叩謝
天恩仰祈
睿鑒事。雍正拾壹年拾壹月貳拾捌日賫摺家奴王
士貴捧到
硃批奏摺進署，臣隨恭設香案望
闕叩頭，敬謹捧讀，奉
硃批：留汝任所幫辦事務。欽此。竊念臣一介菲微，沐
恩深厚，雖生生世世子子孫孫，未足圖報於萬一。乃
荷蒙
皇上體恤下情，將臣長子毛廷翰賞與留在任所幫

九五　海關稅務毛克明奏折

恭謝恩賞長子毛廷翰留任所幫辦事務（雍正十二年正月初二日）

辦事務開
命自天感激無地奴才父子未識何修邀此
榮寵不禁愧悚彌切在奴才長子延翰實屬豚犍不才
何能仰副
聖恩而奴才惟有竭蹶篤貽愈加勉勵俾長子延翰力
可勝任之事教訓学習督令貫心報効以冀仰
答
皇上逾格加恩之至意所有奉到
硃批諭旨併奴才感戴微忱理合繕摺恭繳叩
謝伏祈
皇上睿鑒謹
奏

九五　海關税務毛克明奏折

恭謝恩賞長子毛廷翰留任所幫辦事務(雍正十二年正月初二日)

覽

雍正拾貳年正月初二日

九六　廣東總督鄂彌達奉上諭

廣東毋得再制象牙席進呈
（雍正十二年四月二十五日）

大學士鄂　張　字寄　廣東總督鄂　巡撫楊

雍正十二年四月二十五日奉

上諭朕於一切器具但取樸素適用不尚華麗工巧屢降諭旨甚明從前廣東曾進象牙席朕甚不取以為不過偶然之進獻未降諭旨教導令則進獻者日多大非朕意夫以象牙編織為器或如團扇之類其體尚小若製為座席則取材

九六　廣東總督鄂彌達奉上諭廣東毋得再制象牙席進呈（雍正十二年四月二十五日）

甚多而人工大費開無用奢靡之端矣此等物件既
已進獻不便發還而留在宮中又實無可鋪設
之處爾等可傳諭廣東督撫若廣東工匠為此
則禁其毋得再製若從海洋而來則從此屏棄
勿買製造之風自然止息欽此遵
旨寄信前來

九七　内閣奉上諭

粤東海關税務著交總督鄂彌達兼管(雍正十二年七月十四日)

雍正拾貳年七月十四日内閣奉

上諭據毛克明奏稱粤東海關地面遼濶事務繁多洋商胥吏以及地方勢豪引誘串通弊端百出監督一官難於稽查防範不若就近歸於督撫兼管則通省文武軍民均受統屬節制不敢欺公玩法卅令京員掌管監督印信監收錢粮則税務肅清而弊端可杜等語毛克明所奏是著照所請將粤東海關税務交與總督鄂彌達兼管稽查彈壓令内務府員外郎鄭伍賽掌管監督印信監收錢粮等項毛克明應否仍令兼管之處著鄂彌達定議具奏欽此

九八 兩廣總督鄂彌達奏折

粵海關税務交毛克明照舊管理或令巡撫楊永斌兼管請旨遵行(雍正十三年二月十二日)

兩廣總督臣鄂彌達謹

奏爲奏

聞請

旨事竊臣一介庸材荷蒙

聖恩授臣封疆重寄日夜氷兢時憂隕越上年玖月

內復令臣兼管粵海關務今又欽奉

恩綸將廣西一省歸臣節制恩深任重報稱殊難伏

查兩廣總督衙門向係駐劄肇慶嗣緣廣西一

省劃隸雲貴總督臣因廣州爲東省適均之地

且向有督臣衙署是以雍正拾年內臣謹

九八 兩廣總督鄂彌達奏折

粤海關税務交毛克明照舊管理或令巡撫楊永斌兼管請旨遵行(雍正十三年二月十二日)

奏請移駐令廣西歸臣管轄自宜仍遵舊制駐劄
肇慶居中控制方資彈壓查粤海關務臣統制
海疆分應與司事文武互相清釐況奉
諭旨兼管奚容謝責緣關署附近省城與肇慶相距
甚遠加以兩省政務殷繁臣即稽察惟謹實恐
鞭長莫及為此繕摺請
旨或將關税仍交副都統臣毛克明副監督臣鄭伍
賽照舊管理抑或令撫臣楊永斌就近兼管伏

九八　兩廣總督鄂彌達奏折

粵海關稅務交毛克明照舊管理或令巡撫楊永斌兼管請旨遵行(雍正十三年二月十二日)

乞

皇上欽定施行謹

奏

有旨諭部

雍正拾叁年貳月　拾貳　日

九九 兩廣總督鄂彌達奏折

請酌定關口收稅章程

（雍正十三年三月二十九日）

兩廣總督臣鄂彌達
廣東巡撫臣楊永斌謹

奏為請定收稅規則以臻畫一以符

奏報事竊查先准部咨行令各處關口將徵收稅

銀則例刊刻小本令商賈領買照例上稅等因

經臣等轉行附近關口地方官一體遵照實力

奉行在案茲據署潮州府知府張士璉詳稱廣

濟橋商稅每年額徵銀六千三百兩康熙八年

奉文將大埔縣三河石上榷稅裁革其餉銀六

百四十二兩四錢二分歸併橋稅按數帶徵二

項年額正稅共銀六千九百四十二兩四錢二

分此項稅餉原係雜稅項下徵收與各關潮稅

不同其徵收則例係照
國初順治年間古榜緣歷年久遠有從前所徵貨
物後來商賈並無此項販運到潮者又有後來
應徵貨物而原則例未經開載者所以古榜舊
例原註二百一十九條現收稅則僅一百五十
五條且多爲古榜所未載者至徵收稅餉數目
因古榜所載無徵者甚多若照原則徵收必致
年額不足是以從前止照現在有徵貨物加增
徵收如原則例正稅一兩帶徵大埔章程銀一
錢零二釐又加徵額稅章程兩項羨銀二兩三
錢五分二釐零計舊則額稅連帶徵大埔章程

并加增羨銀共徵銀三兩四錢五分四釐七毫
二絲其加增徵收之處實不知起自何年並無
案卷可查但見往來商賈樂於輸將額餉無缺
遂相沿前例按照徵收遞年
奏報册内悉照舊則造報迨雍正四年清查從羨
將廣濟橋商税按照日收底簿全數報出歸公
雖遞年税羨倍於正額實係相沿從前舊例加
羨徵收之所出並非額外零星徵收商賈貨物
之所有惟
奏銷正額税銀仍循向例照依舊則造報其加增
款項未經列明改换則例不便仍照古榜刊刻

九九 兩廣總督鄂彌達奏折

請酌定關口收税章程

（雍正十三年三月二十九日）

小本發賣致虧

國課相應詳請咨明改正以便按照現徵條款數

目刋刻頒發等由前來臣等查各關口徵收稅

銀則例必須與報部案冊畫一斯可遵守無弊

茲查潮州府廣濟橋商稅徵收規則定自

國初順治年間嗣因舊則例內所載應徵貨物現

在商賈並無此項販運者頗多遂照現在有徵

之貨加增輸納是以條款與古榜多寡不一稅

課與舊例輕重迥別迨雍正四年清查稅羨儘

收儘解其加增數目除去正額總在報出贏餘

之內惟遞年

奏銷正額稅銀仍照從前古榜舊式造報與現徵
則例不符今若因遞年造報有案照依古榜舊
例刊刻小本發責令商賈領買按照上稅則現
徵款項無多不惟每年贏餘必致大減即正額
亦恐不足而現在有徵各貨物轉得漏稅實非
裕課通商之道臣等伏查貨物之有無今昔原
自不同此項加增徵收於何年創始雖無可稽
考但相沿數十年商民悉皆遵照樂輸並無苦
累之處未便因現例與報冊不符即照舊則徵
收以致上虧

國家之課下啟漏稅之端應請將舊則内無徵者
裁去將現在有徵者續入其應收稅銀仍照歷
來加增數目令該府刊刻小本發賣遞年儘收
儘解不許額外多收庶於
國課無虧而章程有定亦可遵守無弊至現在則
例與報册不符之處臣等另飭該府將現在徵
收款項分晰造册送部存案嗣後遞年
奏銷俱照現徵則例據實按款造報除正額之外
餘皆列爲羨餘庶不致彼此互異矣爲此恭摺
奏明伏乞
皇上訓示施行臣等謹

九九　兩廣總督鄂彌達奏折
請酌定關口收稅章程
（雍正十三年三月二十九日）

奏

朕量合宜而爲之

雍正十三年三月　二十九日

一〇〇　廣東巡撫楊永斌奏折

盤查粵海關關庫稅銀

（雍正十三年五月初二日）

廣東巡撫臣楊永斌謹

奏爲

奏明事竊臣蒙

皇上天恩著臣兼管粵海關稅務業經恭疏

奏謝并將接到文卷日期

題報在案所有海關貯庫稅銀臣有稽查之責例

應盤驗接管隨咨准副監督臣鄭伍賽造冊移

送到臣除雍正十二年九月二十一日以前所

徵稅銀已經解部無存外查據冊開自雍正十

二年九月二十一日起至雍正十三年四月二

十六日臣兼管之日止共應徵存銀八萬八千

一〇〇 廣東巡撫楊永斌奏折
盤查粵海關庫稅銀
(雍正十三年五月初二日)

四百五十六兩六錢零內除已解司庫充餉銀二萬一千七百八十二兩又各項支銷銀一萬一千九百二十五兩七錢零各處小口已徵未解到銀四千零三兩三錢零行欠未完銀一萬七千七百八十三兩六錢零尚實存庫銀三萬二千九百六十一兩八錢零臣隨傳同在省司道親赴海關衙門公同彈兌冊數并詢據該關各書吏僉稱支銷各數俱係奏銷案內應支之項臣察核無異其行欠銀兩向例係五月繳足各口未解稅銀緣離省寫遠必俟季底始行解到並無虧欠挖飾情弊臣又與副監督臣鄭伍

一〇〇　廣東巡撫楊永斌奏折

盤查粤海關關庫税銀

（雍正十三年五月初二日）

飭取具各行限狀存卷飭令依限完繳并嚴催
各口將已報徵銀兩作速起解各在案至兼管
海關事務向有養廉銀四千兩伏思臣現在巡
撫任内荷蒙
皇上隆恩遍年賞有養廉一萬五千兩已足敷用此
項海關養廉臣並無需用之處何敢冒昧支銷
應歸入贏餘項内一并解部合併陳明其現在
存庫銀兩照依舊例俟徵收一年期滿委員分
款彙解再查海關河下向有不法棍徒包攬走
税經臣陸續拿獲盡法究處奸棍已知斂跡至
一切應行事宜臣現在加意整飭務期諸弊肅

一〇〇 廣東巡撫楊永斌奏折

盤查粵海關關庫稅銀

（雍正十三年五月初二日）

清以仰副我

皇上恤商裕課之至意所有臣盤過海關庫銀數目

理合恭摺奏

聞伏乞

皇上睿鑒謹

奏

覽但此二人亦頗能建毛克明可信者樸撥不免思此等有此不及之處矣

雍正十三年五月　　初二　　日

一〇一 兩廣總督鄂彌達奏折

單桅船隻照例輸餉并請添設巡役稽查走漏(雍正十三年六月十三日)

兩廣總督臣鄂彌達謹

奏爲遵

旨覆奏事。雍正拾叁年伍月拾貳日，准粤海關監督

臣鄭伍賽抄録

奏摺，因沿海單桅船隻，樑頭俱有七八尺至一丈

以上者，實與雙桅船無異，既可出海貿易，自應

一例輸鈔等因，欽奉

硃批：著實與督撫詳酌，評情合宜而爲之，不可因增

課而苛刻與小民争利也。似此初創之舉，萬不可

以目前之小見而招物論欽此抄送到臣等伏讀
諭旨仰見我
皇上惠愛商民規畫經常之至意臣等遵查粤海關
則例凡出海貿易雙桅船樑頭五尺以上者俱
一年兩次請領關牌輸納稅餉其單桅船樑頭
五尺以下者只在近處洋面捕魚朝出暮歸不
能遠出貿易僅給縣照免領關牌不徵餉稅此

定例也後有一種單桅船樑頭俱有七八尺至
一丈以上者亦能裝貨出海情願領牌輸餉准
照貿捕船例一年一次輸餉在案但從前此項
船隻尚少是以未經
奏明定例今行據沿海各州縣報稱單桅船一出
海口船頭另插小桅一枝名爲頭插與雙桅無
異惟船身扁小裝貨不及雙桅之半而出海貿
易則一令該監督等

奏請除樑頭五尺以下者仍聽領給縣照海關例
不收稅外其五尺以上至一丈以下者合照貿
捕船例須給關牌一年一次輸餉其樑頭一丈
以上者合照雙桅船例領給關牌一年兩次輸
餉臣等細加斟酌詳查原定海關之則例五尺
以上之樑頭即應遵例納稅今因單桅船隻自
五尺以上至一丈以下止令按年輸餉一次惟
一丈以上者方照雙桅船例一年兩次徵收是
於編徵則例之中甚爲寬減不致苛求且從前
原照貿捕船隻徵收有例應仍照例徵收又查
原

一〇一　兩廣總督鄂彌達奏折

單桅船隻照例輸餉并請添設巡役稽查走漏(雍正十三年六月十三日)

奏内稱粤海關地方遼濶各處偏僻小徑港汊繁
多在在可以走漏必須立法稽查等因臣等查
各海口要路俱設有税館營汛一切巡役水手
兵丁人等雖俱屬土著或有串通賄縱情弊亦
未可定但勢不能舍土著而别行召募外來人
役分佈稽查惟有嚴飭税館司事之人勤加督
察務選誠實之人充當巡役并飭營汛弁兵實
力巡查再查偏僻港汊從前經臣密行文武確
查繪圖詳報在案今據文武陸續稟報如高州
府屬梅菉芷芋二口之内黄坡地方惠州府屬
之長沙白沙湖等處雷州府屬之雙溪北家港

等處潮州府屬之拓林九溪墧井洲三處雖無
大商大賈往來船隻而平時走漏亦不能無或
量添巡役酌設槳船責成稽察如有走漏等弊
立拏解究照例治罪則巡查嚴密可無透越之
弊矣是否有當臣謹會同撫臣揚永斌監督臣
鄭伍賽公同覆
奏請
旨遵行
具題奏請
雍正拾叁年陸月　　　拾叁　　　日

一〇二　廣東巡撫楊永斌奏折

酌行海關規則八條并已到荷蘭等國商船(雍正十三年八月初六日)

廣東巡撫臣楊永斌
粵海關副監督臣鄭伍賽謹

奏爲奏
聞事竊照粵海關務首在剔弊除奸向有不法棍徒
在河下把持漏稅經臣等逐一嚴拿究處奸徒
已知斂跡至於一切關務臣等悉心商酌除應
隨時變通者毋庸瀆
奏外所有臣等現在酌行各條謹逐一臚列奏
聞
一凡外番洋船及本港洋船未進虎門之先必
在洋面三門地方灣泊候風進口其附近三

一〇二　廣東巡撫楊永斌奏折　酌行海關規則八條并已到荷蘭等國商船（雍正十三年八月初六日）

門之南沙寧州等村每有鄉民漁船接運私
貨寄頓村內乘便裝運來省不入虎門私由
鎮口走漏該口雖設有税館向止稽查出口
之船徵其貨税入口船隻從不盤驗是以奸
徒得以走私今臣等嚴飭守口人役凡入口
船隻亦一體盤驗以杜走私之逕
一洋船進口俱在黄埔灣泊其附近之深井村
民多有能番語者於洋船灣泊處所搭蓋蓬
寮貨賣蔬菜食物或縫衣剃頭因而串通夷

一〇二　廣東巡撫楊永斌奏折　酌行海關規則八條并已到荷蘭等國商船(雍正十三年八月初六日)

人每於夜深時將私貨密藏寮內便搭鄉艇運至省城或往佛山換貨漏稅臣等飭行該地方官曉諭該村鄉民凡與夷人買賣食物等項俱須盡集篡散不許仍盖蓬寮以滋藏私之弊

一香山各處小厮能番語者甚多夷船一到每有奸行覓前項小厮薦與夷商役使勾通走私不惟諸弊叢生且以內地之人而爲外番僮僕更爲非體臣等已嚴行禁革如有私行薦引者查出連行商保隣并究

一〇二　廣東巡撫楊永斌奏折　酌行海關規則八條并已到荷蘭等國商船(雍正十三年八月初六日)

一夷船開行向係差人坐駕槳船送出虎門看其放洋始回原所以護衛洋商并杜夾帶但有不法奸徒先與洋商約定預雇捕魚繒船及鹽埠引艇夾帶細軟貨物或由焦門或由崖門繞道出口在洋面等候俟押送槳船回帆即送交夷船臣等嚴飭焦門崖門守口汛弁遇有前項船隻出口及停泊洋面者務須實力盤查一有夾帶立即拿送盤獲之汛弁仍酌量獎賞以示鼓勵

一夷商到省賃行居住每有各色小艇灣泊行

後引誘走私臣等嚴行示禁凡一切小艇不許附近洋行灣泊以杜弊端

一、夷商置齊貨物必雇西瓜扁艇運赴黄埔下船每有偷竊之弊臣等留心密查緣夷商落貨時一切箱楨任船户堆放該船户預先開設艙罅下貨之後由艙罅潛下艙底偷竊押船人役在上坐立無從查覺臣等飭令押船人役於夷商落貨之時先將船艙驗明艙板封釘緊密隨後將貨箱堆實不許仍留艙罅

現無偷竊之弊

一夷船番厮及水梢人等每有駕艇登岸放鎗打彈驚擾居民臣等嚴飭通事諭令各夷商船主嚴行管束已知守法

一各處税口雖俱遣有親信家人監同書役徵收猶恐有通同作弊之處臣等仍責令地方官實力稽查稍有情弊務據實稟報以憑嚴究如該地方官通同徇隱即行叅處

以上現行各條理合奏請

聖鑒再外洋船隻每年俱係六七八等月候風信順

利陸續來廣本年已到荷蘭國夷船一隻暎咭
咧國夷船四隻法蘭西國夷船一隻又本年六
月内先據電白縣稟報有暎咭咧國夷船一隻
在外洋失風有難番一十三人先下三板小船
救存等情臣等飛飭該縣將該難番遞送到省
安置驛舍臣等加意撫恤按日給與口糧并各
賞給衣帽俟有便船再酌給盤費令其附搭回
國以仰副我

皇上柔遠之至意合併奏
聞伏乞
皇上睿鑒臣等謹
奏
覽要在實力奉行

雍正十三年八月　初六　日

一〇三 廣東按察使白映棠奏折

黄埔及澳門貿易洋人哀悼雍正皇帝

（雍正十三年十一月初一日）

廣東按察使臣白映棠謹

奏爲

奏

聞事欽惟

大行皇帝聖德神功光被四表

深仁厚澤怙冒萬方當

遺詔頒到粵東各府州縣紳士軍民無不痛切悲誠哉

就本管衙門或擇潔淨寺宇恭奉

龍牌舉哀成服即至僻壤窮鄉田夫野老亦皆感泣失

聲呼號擗踊等以爲此猶臣民分誼之所當然

一〇三　廣東按察使白映棠奏折

黄埔及澳門貿易洋人哀悼雍正皇帝
（雍正十三年十一月初一日）

乃有暹羅國進
貢陪臣正抵廣州一聞
龍馭賓天之信即在驛館内穿孝三日早晚跪哭悲切
之聲聞於道路其洋商番賈來廣貿易寓居城
外者一時齊長跪哀鳴悲動城市又有賀蘭國
商船二隻暎咭唎國商船二隻法蘭西國商船
一隻瑞國商船一隻灣泊番禺縣黄埔地方各
夷商亦俱在船穿孝舉哀三日再香山縣屬之

一〇三 廣東按察使白映棠奏折

黄埔及澳門貿易洋人哀悼雍正皇帝

（雍正十三年十一月初一日）

澳門島原係番人貿易之所設有理事夷目令

於

遺詔謄黄到日該夷目齊集各頭人議行西洋喪禮即

放砲一晝夜打鼓傳街令大小夷人俱服孝二

十七日澳内燃點油燈每日齊赴三巴寺誦咒

禮拜并見在粤各夷人感激哀痛之情皆出於

中心自然毫無勉强且致誠盡禮不約而同仰

見

大行皇帝至德感孚存神過化日月照臨之下凡有血

一〇三　廣東按察使白映棠奏折　黄埔及澳門貿易洋人哀悼雍正皇帝（雍正十三年十一月初一日）

氣者莫不頂戴
大恩深入肌髓所以殊方異域之人感切思敬思哀之
感奴才不敢壅於
上聞理合繕摺具奏伏祈
皇上睿鑒謹
奏
知道了
雍正拾叁年拾壹月　初壹　日

一〇四 兩廣總督鄂彌達奏折

遺詔到粵黃埔及澳門夷人舉哀成服

（雍正十三年十一月十五日）

兩廣總督臣鄂彌達
廣東巡撫臣楊永斌 謹

奏爲敬謹

上聞事欽惟

大行皇帝御極拾有叁年至德深仁萬方普被前者欽

承

遺詔到粵臣等跪迎哀痛不知所措謹遵

國制舉哀成服隨經具疏恭慰

聖懷並

奏請叩謁

梓宮伏候

一〇四 兩廣總督鄂彌達奏折

遺詔到粵黃埔及澳門夷人舉哀成服
（雍正十三年十一月十五日）

俞旨外所有各屬紳士耆老兵民無不聞
詔悲號或赴該管衙門或擇潔淨寺宇羣相聚集朝夕
舉哀凡以身受
聖恩感戴無已實出草野悃誠也維時暹羅國貢使諸
人恭逢
詔到之日亦皆同詞舉哀在寓成服至澳門所居之西
洋理事夷目亦即傳集兵頭人等俱上公議亭
舉行西洋喪禮放炮一晝夜打鼓傳街大小夷
人各穿孝二十七日并於澳内三巴寺燃燈誦
咒禮拜三日禁止夷婦七日不上廟實爲致敬
盡禮又有來粵貿易之賀蘭咦咭唎法蘭西等

一〇四　兩廣總督鄂彌達奏折

遺詔到粵黃埔及澳門夷人舉哀成服

（雍正十三年十一月十五日）

國船俱灣泊黃浦地方夷商嗳吠呾嗵等亦各
聞
詔感惻在船放炮舉哀成服似此中外
尊親舉號迫切實由我
大行皇帝德盛化神無遠弗屆是以屬國陪臣外洋夷
目相率盡誠致敬如此其極臣等見聞之下感
蒙良深不敢壅於
上聞理合具摺恭
奏伏乞
睿鑒謹
奏

一〇四　兩廣總督鄂彌達奏折

遺詔到粵黄埔及澳門夷人舉哀成服

（雍正十三年十一月十五日）

外夷之人咸知敬畏禮法皆我
皇考恩德感人之深汝等封疆大臣尤當善為撫馭以
宣布國家柔遠之澤也

雍正拾叁年拾壹月　拾伍　日

一〇五　廣東巡撫楊永斌奏折

賞給遇難荷商盤費銀數資助回國

(雍正十三年十一月十八日)

廣東巡撫臣楊永斌
海關副監督奴才鄭五賽 謹

奏為

奏明事竊查本年六月內先據電白縣稟報有㖃

咭唎夷船一隻在外洋失風有難番一十三人

先下三板救存等情臣等當即飛飭該縣將該

難番遞送到省按日給與口糧并各賞給衣帽

俟有便船著令附搭回國業將情由奏

聞在案茲據該難夷味吠稟稱伊等係荷蘭國夷人

一〇五　廣東巡撫楊永斌奏折

賞給遇難荷商盤費銀數資助回國

（雍正十三年十一月十八日）

搭拜懇賞給盤費等情前來臣等仰體我
皇上懷柔遠人矜恤難商至意於稅羨項內賞給該
難商盤費銀五百兩水手五名每名各賞給銀
十五兩共銀五百七十五兩令其寬裕回國除
飭令俟風信順利咹吠呾吔船隻回帆之日即
附搭起程外所有賞給遇難商盤費銀數資助
回國緣由理合恭摺
奏明伏乞
皇上睿鑒臣等謹
奏
是
雍正十三年十一月　十八　日

一〇六 廣東巡撫楊永斌奏折

報告粵海關征税減免各項
（乾隆元年三月初八日）

廣東巡撫臣楊永斌
粵海關副監督臣鄭伍賽 謹

奏爲奏

聞事乾隆元年貳月拾陸日准戶部咨開爲謹奏事

雍正拾叁年拾貳月貳拾柒日內閣抄出總理

事務和碩莊親王等謹

奏趙弘恩奏關稅別項名色應請革除一欵摭稱

從前年希堯管理淮安關巧立名色朘剝商民

其作惡僕人一聞參信即將財物寄頓藏匿現

在嚴行稽察臣思關稅止有正額贏餘加一火
耗叁項其餘一切別立名色皆係巧取應請
勅各關一概俱行革除所需添平飯食養廉等項均
於火耗銀內支用如有不敷即於贏餘銀內添
補等語查關稅正項之外既有贏餘復有加一
火耗則正額與公費均屬有着豈得於此外更
立名色巧取病商應如所奏請
勅下各關嗣後徵收錢糧除正額贏餘及加一火耗
之外其餘巧立名色一概革除不許絲毫多取

至年希堯家人所有隱匿寄頓財物仍令趙弘
恩嚴行查究毋得任其隱匿可也伏候
諭旨雍正拾叁年拾貳月貳拾陸日奉
旨依議欽此抄出到部相應抄録原奏行文管關各
該撫並各鈔關監督一體遵照可也等因准此
竊照粵海關正税鈔銀每年額徵肆萬叁千伍
百陸拾肆兩解交布政司庫又銀壹百捌拾陸
兩額支衙役工食外如有贏餘則爲正羨每年
約計伍陸萬兩不等尚有火耗分頭担頭繳送

掛號規禮等項銀兩皆係從前監督書吏巡役
家人水手輩所得者每年約銀拾餘萬兩不等
蓋因口岸遼遠分處郡邑人役衆雜聚少成多
其數浮於正額自雍正肆年至柒年間經前任
巡撫臣楊文乾傅泰前任監督臣祖秉圭漸次
報出歸入公項解交户部其書吏巡役家人水
手輩則按名的給火足工食每年需銀貳萬壹
百兩零即在伊等名下歸公項内開銷以資其
養贍杜其弊端是歸公各項相沿已久原非另
立名色格外索取可比兹遇

一〇六　廣東巡撫楊永斌奏折

報告粵海關征税減免各項
（乾隆元年三月初八日）

聖主仁慈御宇柔遠懷通膏澤下逮藏富於民臣等
愚鈍無能謬叨重任凡有可愛恤商民推廣
皇仁之事敢不悉心籌畫實力奉行俾遠人得沾實
惠慕化向風以昭
至治之先查粵東沿海港汊甚多貨物易於透漏向
來所設稽查口岸未便裁去但各項進出口船
隻向有掛號船頭開艙放關牌照對單小包等
項每年約收歸公銀叁萬餘兩不等併裝載米
麥豆魚等項每年約收歸公銀叁千餘兩不等

今請盡予革除嚴飭守口人役止許稽查漏稅
不得私行收受分毫併藉端滋擾又贏餘正羨
及加一火耗之外另有繳送一項乃估外洋商
船置買貨物之價加一抽收此項係前撫臣楊
文乾任内添設自雍正陸年前任總督臣孔毓
珣兼管關務時奏請歸公今每年約抽收銀貳
叁肆萬兩不等又洋船另有進出口規禮雜費
每年約銀壹萬餘兩不等臣等因前任業已奏
報歸公是以歷年遵循照收解部但既收正稅

一〇六 廣東巡撫楊永斌奏折 報告粵海關征税減免各項（乾隆元年三月初八日）

又收繳送規禮細加酌量未免重疊似應敬請
邀
恩悉予減免以上各項每年約共免銀捌玖萬兩不
等在商民均沾
聖澤益見遠來近悅載道歡呼聲教洋溢矣至此外
尚有分頭銀每年約壹萬數千兩不等担頭銀
每年約叁肆萬兩不等係開關以來即有之項
實非近今添設且有賞給洋商雜商及解部添
平飯食解餉水脚鎔銷耗費大關暨各口書吏

巡役家人水手等火足工食及各州縣解餉夫
役盤費修置稅舘巡船併監督養廉等項銀伍
萬餘兩不等俱在此内支銷似未便概行減免
以致虧缺
課餉總緣海關事勢與内地稍異内地正稅恒浮
於雜項而獨海關自各項歸公以來則雜項浮
於正稅兼之内地貨物出入有常商賈往來無
間海關則惟視風信順逆每年船隻多寡貨物
厚薄難以預期又當變通辦理酌量去留以劑

一〇六 廣東巡撫楊永斌奏折

報告粤海關征税減免各項
（乾隆元年三月初八日）

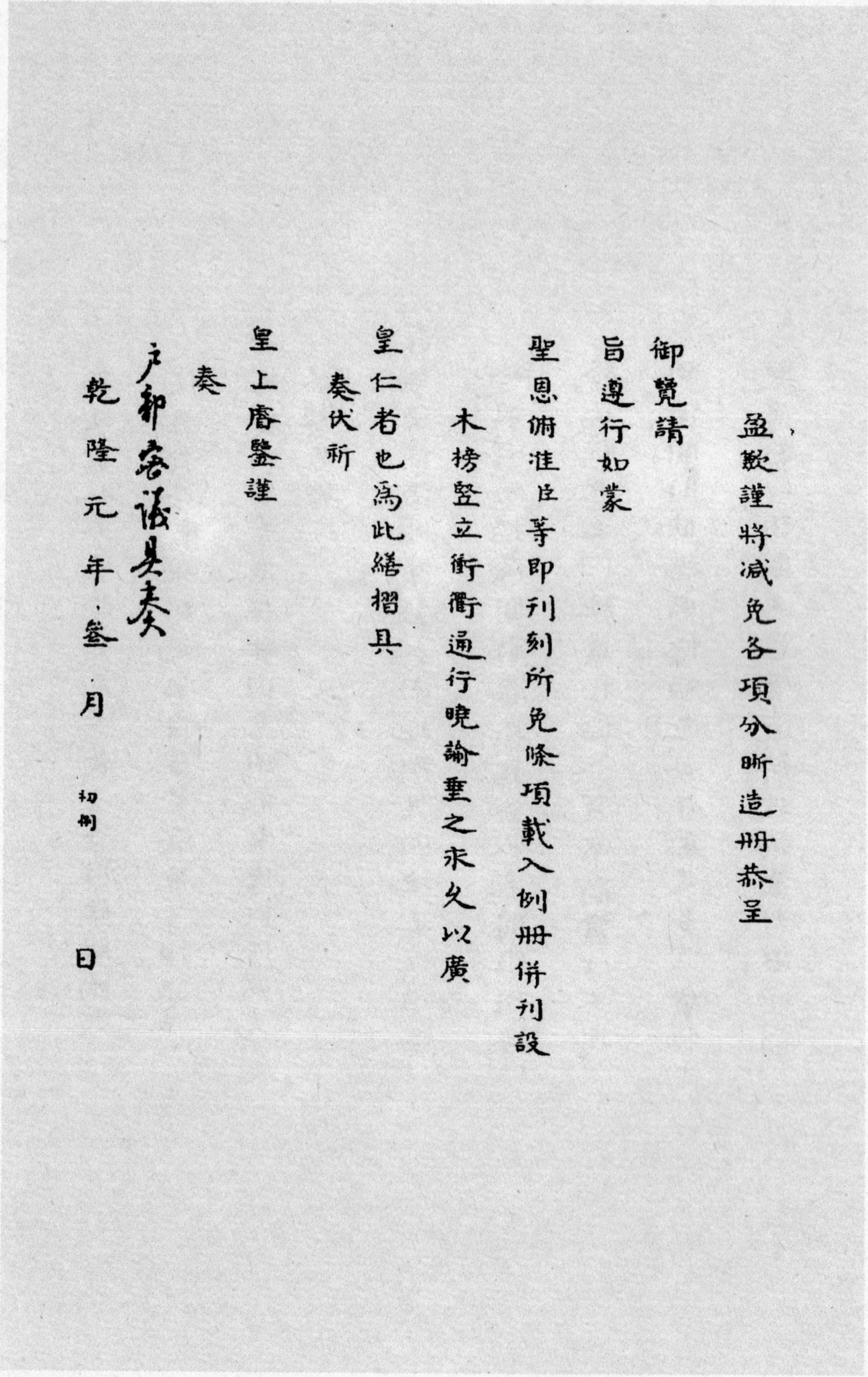
盈數謹將減免各項分晰造册恭呈
御覽請
旨遵行如蒙
聖恩俯准臣等即刊刻所免條項載入例册併刊設
木榜竪立衙衛通行曉諭垂之永久以廣
皇仁者也爲此繕摺具
奏伏祈
皇上睿鑒謹
奏
户部議具奏
乾隆元年叁月初捌日

一〇七 大學士管户部尚書事張廷玉奏折

遵議粤海關减免船規等項

(乾隆元年四月二十四日)

經筵講官總理事務少保兼太子太保保和殿大學士仍管吏部户部尚書事臣張廷玉等謹
奏為遵
旨察議事乾隆元年肆月拾肆日内閣交出據廣東
廵撫楊永斌粤海關副監督鄭伍賽奏稱粤海
關正税鈔銀年額肆萬叁千伍百陸拾肆兩觧
交司庫又銀壹百捌拾陸兩額支衙役工食外
如有贏餘則為正羨每年約計伍陸萬兩不等
尚有大耗分頭擔頭繳送掛號規禮等項銀兩

皆係從前監督書吏巡役家人水手輩所得者
每年約銀拾餘萬兩不等蓋因口岸遼遠人役
衆雜聚少成多其數浮於正額自雍正肆年至
柒年間經前任撫臣楊文乾傅泰前任監督祖
秉圭漸次報出歸入公項解交户部其書吏巡
役家人水手輩則按名酌給火足工食每年需
銀貳萬壹百兩零即在伊等名下歸公項内開
銷是歸公各項相沿已久原非另立名色格外
索取可比茲遇

一〇七　大學士管户部尚書事張廷玉奏折 遵議粵海關減免船規等項（乾隆元年四月二十四日）

聖主仁慈臣等敢不悉心籌畫查粵東沿海港汊甚
多貨物易於透漏向來所設稽查口岸未便裁
去但各項進出口船隻向有掛號船頭開艙放
關牌照對单小包等項每年約收歸公銀叁萬
餘兩不等併裝載米麥豆魚等項每年約收歸
公銀叁千餘兩不等今請盡予革除嚴飭守口
人役止許稽查漏税不得私行收受分毫又羸
餘正羨及加一火耗之外另有繳送一項乃估
外洋商船置買貨物之價加一抽收係前撫臣

一〇七　大學士管户部尚書事張廷玉奏折

遵議粤海關減免船規等項

（乾隆元年四月二十四日）

揚文乾任內添設自雍正陸年前任督臣孔毓
珣管關時奏請歸公今每年約抽銀貳叁肆萬
兩不等又洋船另有進出口規禮雖貴每年約
銀壹萬餘兩不等臣等因前任業已奏報歸公
是以遵循照收解部但既收正稅又收繳送規
禮未免重疊似應敬請
恩悉予減免以上各項每年約共免銀捌玖萬兩不
等至此外尚有分頭銀每年約壹萬數千兩不
等擔頭銀每年約叁肆萬兩不等係開關以來
即有之項實非近今添設且有賞給洋商難商

及解部添平飯食解餉水脚鎔銷耗費大關暨
各口書吏巡役家人水手等火足工食及各州
縣解餉夫役盤費修置税舘巡船併監督養廉
等項銀伍萬餘兩俱在此内支銷似未便概行
減免致虧課餉緣海關事勢與内地稍異内地
正税恒浮於雜項海關自各項歸公以來則雜
項浮於正額兼之内地貨物商賈往來無間海
關惟視風信順逆每年船隻多寡難以豫期又
當酌量去留以濟盈歉謹將減免各項分晰逐

一〇七 大學士管户部尚書事張廷玉奏折

遵議粵海關減免船規等項

(乾隆元年四月二十四日)

冊恭呈

御覽謹

奏乾隆元年肆月拾叁日奉

硃批户部密議具奏欽此欽遵 臣等謹議得粵

海關無収外洋船隻税課而有船規分頭擔頭

耗羨節省及各行繳送等項銀兩從前原係官

吏私相収受入己後經原任管關巡撫楊文乾

等節次報出歸公每年自數萬兩至拾伍萬餘

兩不等均係自行揭奏將應解銀兩具批解部

一〇七 大學士管户部尚書事張廷玉奏折

遵議粤海關減免船規等項

（乾隆元年四月二十四日）

彙入考核案內題明在案今該撫楊永斌副監
督鄭伍賽雖請將掛號船頭開艙放關牌照對
单小包等項歸公銀叁萬餘兩米麥豆魚等項
歸公銀叁千餘兩又繳送銀叁肆萬兩不等併
洋船進出口規禮雜費銀壹萬餘兩每年約銀
捌玖萬兩悉予減免其分頭每年約銀壹萬數
千兩併擔頭每年約銀叁肆萬兩係開關以來
即有之項請存留支銷等語但查節年報部案
內並無掛號船頭開艙放關牌照對单小包等

一〇七　大學士管户部尚書事張廷玉奏折
遵議粤海關減免船規等項
（乾隆元年四月二十四日）

項歸公名色亦無洋船進口出口規禮雜費款
項且該撫冊内所開細數均係吏役人等例規
是此二項銀肆萬餘兩原爲酌給官吏辦公飯
食之費並非歸公解部之項其裝載米麥豆魚
等項歸公銀叁千餘兩歸入何項解部之處從
前並未咨報今摺内又未聲明均屬無憑查核
應令該撫等確查妥議如果有累商民應行裁
革者另行具摺奏請若係相沿舊例日久相安
者仍行照舊辦理使伊等辦公有資不致別生

一〇七 大學士管户部尚書事張廷玉奏折

遵議粵海關減免船規等項

（乾隆元年四月二十四日）

弊端有虧課額至洋船繳送與分頭擔頭等項
皆係前撫楊文乾孔毓珣等奏准充公逓年批
解考核無異即屬公項錢糧有關
國帑未便將每年繳送銀肆萬餘兩竟行裁減亦
未便將分頭擔頭銀伍萬餘兩留關公用盡數
支銷況外洋船隻非內地熟悉者可比其裁革
存留各款未必能詳悉周知胥吏影射侵収行
家希圖中飽不唯帑項有虧且恐轉滋弊竇應
將該撫等所奏之處毋庸議其火耗一項據冊

一〇七　大學士管户部尚書事張廷玉奏折
遵議粤海關減免船規等項
（乾隆元年四月二十四日）

開外洋船與塞洋船俱不加耗應准其照舊免
徵其大關併各口耗銀悉照江督趙弘恩條奏
加一徵收之例遵行再查冊內開載一應掛號
船頭開艙放關牌照對单小包等項每年約銀
叁萬餘兩內有擔頭一項仍照數徵收餘俱減
免等語是此項擔頭即在叁萬餘兩之內而奏
摺內稱擔頭銀每年約叁肆萬兩不等因何與
冊報數目互異及分頭擔頭銀兩作何徵收之
處併令該撫等分晰報部查核可也爲此謹

奏請

旨

依議

乾隆元年肆月　貳拾肆　日經筵講官總理事務少保兼太子太保保和殿大學士管吏部戶部尚書事臣張廷玉

內大臣戶部尚書兼管三庫事務內務府總管臣海望

左侍郎協辦水軍統領事務臣托時

左侍郎仍管三庫事臣李紱

右侍郎臣申珠渾

經筵講官右侍郎臣趙殿最

一〇八 廣東海關副監督鄭伍賽奏折

報告洋船到港名稱

(乾隆元年九月十九日)

廣東海關副監督戶部額外員外郎臣鄭伍賽跪

奏爲奏

聞事竊照本年陸月内所到外洋㖗𠸄咖嘰呀呧𠰷

噸嘖叁隻貨船業經前摺附

奏嗣於陸月貳拾伍日有外洋吔哩啞呧船壹隻

哆嚕嘖船壹隻呀呧船壹隻貳拾陸日有外洋

嗎叮船壹隻哈喇喏船壹隻柒月貳拾伍日有

外洋吣哆嚕嗳嚭船壹隻捌月拾伍日有外洋

啦吣船壹隻拾玖日有外洋啞哩呫船壹隻貳

拾日有外洋啲吵哩叮船壹隻俱各進口以上

一〇八 廣東海關副監督鄭伍賽奏折
報告洋船到港名稱（乾隆元年九月十九日）

共到外洋船壹拾貳隻此皆
聖主聲教四訖慕化嚮風者梯航接踵也又自柒月
初壹日起至玖月初柒日陸續共到本港洋船
壹拾玖隻各船現在開艙起貨按則徵稅理合
繕摺奏
聞伏祈
皇上睿鑒謹
奏

知道了

乾隆元年玖月拾玖日

一〇九 內閣奉上諭

洋船到廣仍按例起下炮位并裁減洋人繳送銀兩(乾隆元年十月初四日)

乾隆元年十月初四日內閣奉

上諭朕聞外洋紅毛夾板船到廣時泊於黃埔地方起其所帶砲位然後交易俟交易事竣再行給還至輸稅之法每船按樑頭徵銀二千兩左右再照則抽其貨物之稅此向來之例也乃近來彝人所帶砲位聽其安放船中而於額稅之外將伊所攜置貨現銀另抽加一之稅名曰繳送亦與舊例不符朕思從前洋船到廣既有起砲之例此時仍當照行何得改易至於加添繳送銀兩尤非朕嘉惠遠人之意著該督查照舊例按數裁減並將朕旨宣諭各彝人知之欽此

一一〇 兩廣總督鄂彌達奏折 洋船到廣請免起下炮位并裁減繳送銀兩(乾隆二年二月十六日)

劉錦達 紅毛夹板洋船砲位請免

令起貯

奏

二月十六日

兩廣總督臣鄂彌達謹

奏為欽奉

上諭事乾隆元年十一月初九日前署理廣東巡

撫楊永斌接准部咨本年十月初六日內閣交

出初四日奉

一一〇　兩廣總督鄂彌達奏折

洋船到廣請免起下炮位并裁減繳送銀兩(乾隆二年二月十六日)

上諭朕聞外洋紅毛夾板船到廣時泊於黃埔地方
方起其所帶砲位然後交易俟交易事竣再行給還
至其輸稅之法每船按樑頭徵銀二千兩左右再
照則抽其貨物之稅此向來之例也乃近來彝人所
帶砲位聽其安設船中而於額稅之外將伊所携
置貨現銀另抽加一之稅名曰繳送亦與舊例不
符朕思從前洋船到廣既有起砲之例此時仍當
遵行何得改易至於加添繳送銀兩尤非朕嘉惠
遠人之意著該督查照舊例按數裁減並將朕旨

一一〇　兩廣總督鄂彌達奏折　洋船到廣請免起下炮位并裁減繳送銀兩（乾隆二年二月十六日）

宣諭各彝人知之欽此欽遵移咨到粵時臣尚未
回任業經署督臣楊永斌宣布
諭旨遍行出示會同海關監督鄭伍賽將加添繳送
一項即行裁減隨據彝商啵嘯嘆等於臣回任
之日具呈叩請代
奏恭謝
天恩前來除另疏代
題外查繳送一項原係前撫臣楊文乾兼管稅務

一一〇 兩廣總督鄂彌達奏折

洋船到廣請免起下炮位并裁減繳送銀兩(乾隆二年二月十六日)

時將外洋船貨物出口估其價值每兩抽銀一
錢歸於雍正六年間前任督臣孔毓珣並省稅
務隨任
奏明將所收繳送銀兩於起解海關盈餘銀兩時
另批解部遵行在案今蒙我
皇上特旨裁減仰見
聖主懷柔德意無遠弗屆遠人仰沐
恩波無不歡忻踴躍叩首焚香實出中心之感戴惟
查起砲之例粵省向未曾有成案可循臣復咨

一一〇　兩廣總督鄂彌達奏折　洋船到廣請免起下炮位并裁減繳送銀兩(乾隆二年二月十六日)

查閩省海關作何起砲情節，事後並聽福建署水師提督蘇明良覆稱，查向例夷船到廈貿易，其携帶砲位鎗械及風篷等項，進口之日，係本標中軍會同泉州同知到船查驗，將所帶軍火砲械，除大砲難以移動仍安夷船，其餘一概撤起收貯公所，俟該船貿易完日給全回國，向有成例等因。查洋船砲位俱做就在船，難以移動，粵省自設海關以來，外洋船隻進黃埔口灣泊，並未起砲，兩省亦未起大砲。查黃埔地方外接獅子大洋，現有虎門副將統率左右兩營各

一一〇 兩廣總督鄂彌達奏折

洋船到廣請免起下炮位并裁減繳送銀兩(乾隆二年二月十六日)

於横檔南山二砲臺及大小虎门等要隘俱有
水師弁兵彈壓巡稽查出入防範嚴密彝商
俱各畏威懷德甚為恭順並無滋生事端況彝
性多疑若起砲恐其心有不安似應仰體前
免令起砲以示
聖朝寬大優容之至意臣仍不時稽查如稍有不安
即另行具
奏料理是否有當理合據實覆
奏伏候
聖訓批示遵行謹
奏

一一〇 兩廣總督鄂彌達奏折

洋船到廣請免起下炮位并裁減繳送銀兩（乾隆二年二月十六日）

乾隆二年三月十四日奉

硃批昨據楊永斌奏摺朕揣其意亦以起砲為難行而

未明言今據卿奏則朕識見不甚爽若照卿奏行旗諮部

者該部可也欽此

乾隆二年二月十六日

一一一 兩廣總督鄂彌達奏折

請定粵海關監督養廉（乾隆二年六月二十七日）

兩廣總督臣鄂彌達謹

奏爲請定海關監督養廉以垂遵守事。伏查粵海關養廉一項，自臣兼管海關時，經原任廣州左翼副都統兼管監督臣毛克明同現任副監督臣鄭伍賽將管事家人名下規禮銀二萬八千餘兩報出歸公之後，現在每年約支五千數百餘兩，或多或寡，向無定額。臣查錢糧絲毫必有定數，方可永遠遵守，若多寡不齊，則銷算自不能畫一。且查監督每年養眷屬並幕賓束修，南北盤費，一應賞號應酬，每年需銀六千兩可敷

用度合無仰懇
聖恩每年賞銀六千兩以爲海關監督養廉俾得從
容辦公而銷算亦可永遠畫一矣爲此謹
奏伏乞
皇上訓示遵行
知道了
乾隆貳年陸月　貳拾柒　日

一一二　閩浙總督郝玉麟奏折
閩省初到洋船請照粵省例征税
（乾隆三年十二月十五日）

閩浙總督臣郝玉麟
福州將軍臣隆昇　謹

奏為恭摺

奏明以恤遠夷事竊臣玉麟於本年八月内據原
委管理海關事務汀漳龍道鄂善詳報有呂宋
夾板船狼萬雷等裝載蘇木等貨來廈貿易并
據稱閩省向來未有夷船交易惟查雍正十三
年間有英圭黎夾板船一隻來閩經前監督准
泰咨准粵省海關覆稱該關凡有外夷船隻到
粵計其置貨之銀每兩抽銀四分九釐名為分

頭又每兩抽十字錢一錢名為繳送此外又有
陋規九十餘條經準泰咨呈分頭繳送二項應
照粵省徵收其餘陋規俱應寬免等因查英圭
黎一船其時雖旋赴粵省未據置貨抽收但曾
奉檄行布政司議詳在案今呂宋夾板船狼萬
雷等來厦貿易除稅課照例徵收外其分頭繳
送二項請照準泰任内議定之例抽收等由隨
批令會同布政司確議復據會詳分頭一項係
按照置貨銀兩抽收自應仍照準泰任内原議

一一二 閩浙總督郝玉麟奏折

閩省初到洋船請照粵省例征税
(乾隆三年十二月十五日)

遵行查狼萬雷等已發置貨銀一十八萬五百
六十兩應抽分頭銀九千九十二兩四錢三分
至繳送一項粵省現在是否抽收再請咨查等
由又經移咨粵省去後荷蒙
恩旨昇臣玉麟兼轄浙省閩省海關事務着臣昇管
理臣昇任事之後又照案咨查粵省今准粵省
海關監督鄭伍賽覆稱該關凡出口外洋遠處
夷船所有估價每兩抽分頭銀四分九釐現在
徵收至呂宋係近處洋船與本港船一例向来

並不抽收分頭等因臣等查從前準泰咨查粵
省時粵省覆文内原未分晰呂宋近處洋船不
收分頭之語今粵省既稱呂宋船向來並不抽
收分頭則狼萬雷等一船除照例徵收貨稅外
似應一體免收分頭但事關課項必出自
皇上天恩且閩省係初次甫到洋船理合繕摺恭請
聖主訓示如應照粵省例行臣等即遵
旨出示曉諭俾遠夷知
天朝寬大感戴

一一二　閩浙總督郝玉麟奏折

閩省初到洋船請照粵省例征稅
（乾隆三年十二月十五日）

聖恩當歡呼永無極矣伏乞
皇上睿鑒臣玉麟臣昇謹
奏
自應照粵省之例而行
乾隆三年十二月　十五　日具

一一三　署理兩廣總督慶復奏折

查參粵關監督鄭伍賽并呈粵海關各弊清折(乾隆五年十一月十一日)

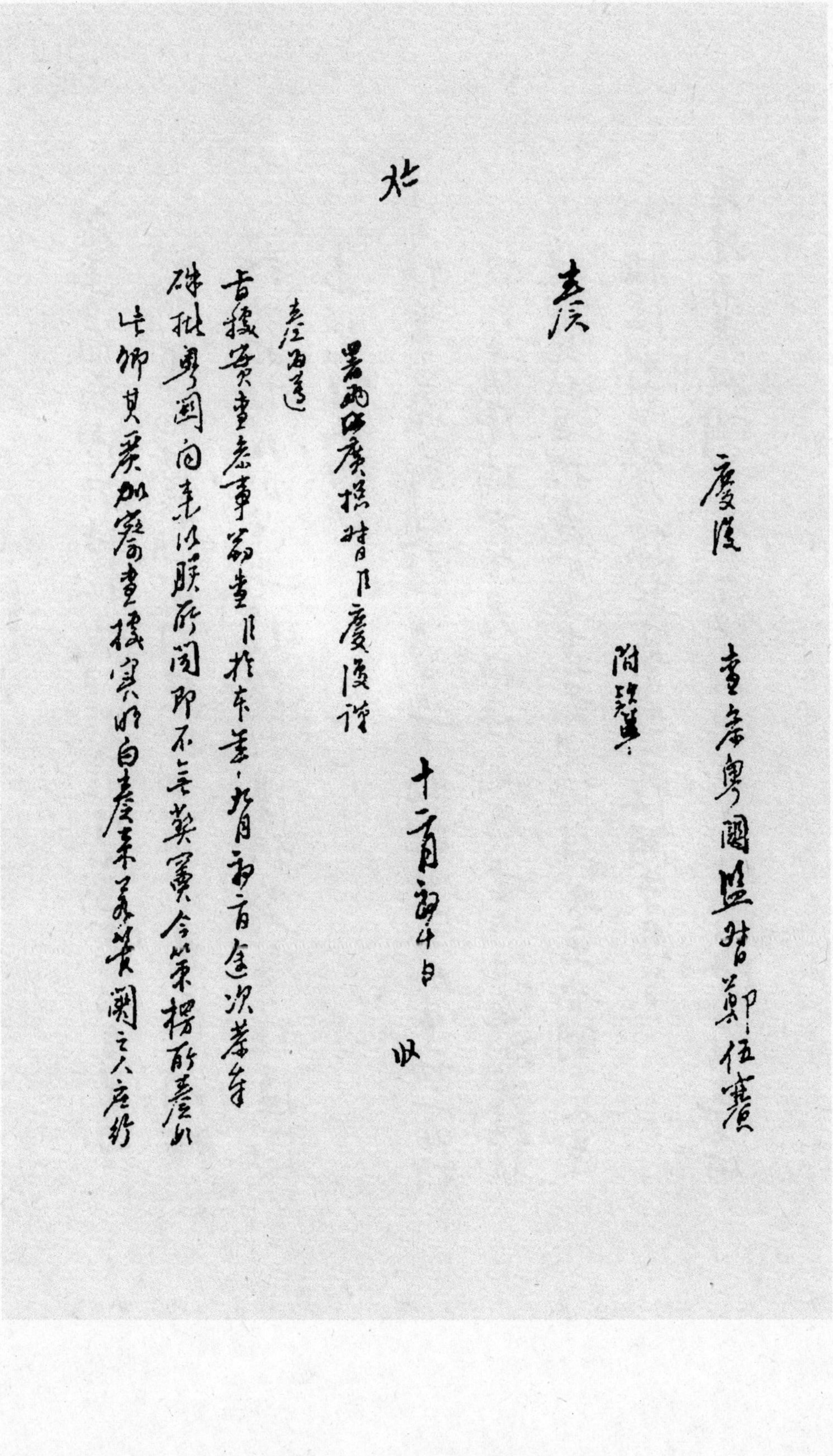
慶復
查參粵關監督鄭伍賽
附摺
奏
於
十二月初四日　收
署兩廣總督臣慶復謹
奏爲遵
旨據實查奏事。竊查臣於本年八月初二日欽奉
硃批：粵關向來情弊，朕所聞即不止此。今鄭伍賽所陳者，
一端耳。卿其更加確查，據實明白奏來。其關之人應行

一一三　署理兩廣總督慶復奏折

查參粵關監督鄭伍賽并呈粵海關各弊清折(乾隆五年十一月十一日)

臣等一面委員親赴關署，臣於蒞任之後密訪粵東查因一
切情弊，自係接臣衙門經理，臣一面查弊一面分頭僱
訪，其如該關所造冊檔既非憑信，弊竇繁逐一時
未得確據，仰依
皇上慎重垂意，臣於十月二十三日將現在各弊加查訪一摺
實蒙覽候即復粵據該關庫書人等逐加究詰訊
緣由先行具摺奏明在案，並臣陸續查出貪關之各處
根源收禁惡垢，後據弊竇罪之條開單恭呈
睿鑒。茲粵據關書人等勝發糧道朱叔權、肇羅道王訪

一一一三　署理兩廣總督慶復奏折

查參粵關監督鄭伍賽并呈粵海關各弊清折(乾隆五年十一月十一日)

秉公嚴行究訊務得其外欺隱實情並札飭關稽移敢
抽收則例與粵海關庫房抽收則例是否畫一有無
多寡以憑計算貨物數目題報徹底清查外恐其
掛號衙門雖有見報之後向該監督鄭伍賽一
手查收造報之後查出並無鄭伍賽係現任監督經手
到庫書行戶人等不無代為掩飾不即吐露實情
謹遵
具摺奏
奏仍咨與掛號衙門照例各款會辦飭令查覆據

一一三　署理兩廣總督慶復奏折

查參粵關監督鄭伍賽并呈粵海關各弊清折(乾隆五年十一月十一日)

印署理該
旨將鄭伍賽革職署撫俾署員逐一確查有無隱匿
續行查出按實續參庶關政積弊可以肅清矣為
此據實
奏明伏祈
聖訓示謹
奏
乾隆五年十二月初十日奉
硃批知道了另有旨欽此

十一月十二

一一三 署理兩廣總督慶復奏折 查參粵關監督鄭伍賽并呈粵海關各弊清折（乾隆五年十一月十一日）

訪查粵關各弊謹呈

聖覽

一夷船進口出口求免褓規銀每船約三四五百兩

不等每年約共五六千兩不等

一每年平餘訴票罰稅銀自二年起約銀六七八百

及一千餘兩不等

一新充通事三名共繳銀三百六十兩以上三條庫書張鑑証

一每點承行一名勒取公費六百兩乾隆五年點章

魯王禾章為承行各勒繳銀六百兩一係內幕錢

青一一係庫書張鑑各經收

一點清書一名每名勒銀一百或八十兩不等或庫房或内幕或戲旦三元官經手

一每年點清書往税口更换每名勒取銀二三四五百兩不等即如乾隆五年潮州税口點差清書胡雨霑繳銀五百兩庫書經手

一進出貨物每石收銀八分六釐名爲擔錢内三分八釐歸公四分八釐監督入已查本江洋船每隻約貨五百擔上年船四十二隻約收銀一千餘兩

外江洋船每隻約裝貨一萬擔上年船九隻約收
銀四千三百餘兩
一耗銀每兩加一四收除加一歸公四分入己據上
年收正稅一十二萬八千餘兩又探買內府物件
五萬餘兩約多收耗銀七八千兩
一外洋船進口每隻客人出銀一千九百兩攬頭分
送內四百零二兩歸公六百餘兩監督入己其餘
爲工火之用
一洋船內有守風船每隻索規禮銀七十二兩查上

年本江洋船守風二十四隻收銀一千七百餘兩
官吏均分
一佛山香山兩路出去貨物約侵隱銀六七千兩承
行及家人等通同均分
以上陸續訪聞其未有確據質証者應俟審訊爲定
臣既有聞見不敢稍有隱漏一并據實開呈合並聲
明

一一四　廣東糧驛道朱叔權奏折

陳述平抑錢價事宜

（乾隆六年二月十五日）

分守廣東糧驛道按察使司僉事紀録一次臣朱叔權謹

奏爲錢價久昂敬陳一得以裕民用仰請

睿鑒事竊照民生之利用莫過於錢文而錢之與銀

必兩相權衡使無畸輕畸重之弊而民用始裕

是故每銀一兩换錢一千文是爲適中通年以

來錢價日貴臣自廣東由江西江南山東各省

赴京隨地諮訪紋銀庫戥每兩僅换錢七百四

五十文至六七十文不等唯京師之錢稍賤然

每兩亦不過换錢八百三四十文是小民一日

一一四　廣東糧驛道朱叔權奏折

陳述平抑錢價事宜

(乾隆六年二月十五日)

之所得較之平價少得加二此民間生計之所
以日窘而錢價之不可不速爲平也然欲平錢
價必須知錢貴之由夫錢之貴由於錢文之少
而錢文之少議者謂由於奸民之銷燬與富民
之埋藏但臣閱歷所至其銷燬制錢耳雖聞有
其語目實未見其人即地方官之拿獲私銷者
亦甚寥寥至於藏錢不若藏銀富户之智豈不
及此故銷燬埋藏之説臣雖不敢謂盡無而錢
少之故實不盡由於此然則其故安在臣以爲

一一四　廣東糧驛道朱叔權奏折　陳述平抑錢價事宜（乾隆六年二月十五日）

由於泉流日遠用錢日廣從前用銀之地皆改
爲用錢之區是以現在之錢不敷生民之用此
錢文之所以見少錢價之所以日貴也試將臣
所目擊者爲
皇上實陳之臣生長浙江如寧波温州台州等府無
論大小交易往皆但知用銀而不知用錢即釐
数之間亦皆用銀故一切小本經營每人皆帶
有小戥一捍今則寧波温台各府不特分釐務
用錢文即成兩成十亦皆用錢而不用銀矣臣

一一四 廣東糧驛道朱叔權奏折

陳述平抑錢價事宜

(乾隆六年二月十五日)

筮仕閩廣閩省自二十餘年以前大小交易皆
用銀兩今自分釐以至田產各項交易須銀數
十兩暨百兩以外皆用錢而不用銀矣廣東從
前則古錢與銀兩兼用今用銀者亦多改用錢
文用古錢者亦多改用今錢矣以臣閱歷所至
凡從前用銀之地皆改而用錢若臣未至之省
其從前用銀而今改用錢者又不知凡幾用錢
之處日益廣而生齒日繁用錢之人亦日益衆
現在錢文不敷應用彰彰明甚夫使錢文之少

一一四 廣東糧驛道朱叔權奏折

陳述平抑錢價事宜

(乾隆六年二月十五日)

在於銷燬則銷燬之禁可加嚴也在於埋藏則
埋藏之家可勸之出也今乃不在銷燬埋藏而
在於用錢之人日多用錢之處日廣實任之錢
文不敷生民之應用如是而欲錢價之平非令
各省鼓鑄俾錢文充裕有以給斯民之用不可
而一面須勸諭百姓用錢者改爲用銀查一兩
以下聽其用錢一兩以上令其用銀經有部議
通飭而民不應者蓋道德齊禮權操自上買賣
交易權操自民此非可以勢禁力禦也今唯在

一一四　廣東糧驛道朱叔權奏折

陳述平抑錢價事宜

（乾隆六年二月十五日）

於再行申勸而已至欲各省開鑄必須銅觔非廣收博採則銅觔必不能充裕而辦銅之道約畧有三一在滇南銅坑之宜盡令開採并應量增價值也查滇南湯丹一廠銅沙最旺每銅百觔定價六兩他如廸東廸西各處在在皆產紅銅然每銅百觔定價僅五兩五錢以及三兩八錢不等其定價之多寡雖由於銅質之高低然廸東廸西各處礦夫皆因工價不敷日逐散去而託言於峒老沙少以致出銅無多今洋銅既

寡若滇産更稀將來鼓鑄何所資賴臣管窺所

及除湯丹一廠無庸議增外其迤東迤西各廠

伏乞

皇上量增價值并飭令地方官務在實給毋許少爲

扣尅俾礦夫衣食有資庶迤東迤西各廠不致

停止再冷地方官凡係産銅處所悉行開採則

滇銅出産自多除運觧京局鼓鑄而外餘銅自

可聽各省採買以資鼓鑄之用矣一洋銅之宜

照時價採買也查東洋銅坑日深出銅較少價

一一四 廣東糧驛道朱叔權奏折
陳述平抑錢價事宜
（乾隆六年二月十五日）

亦漸昂商人運至中國每百觔時價值銀十八
九兩或至二十兩不等今銅船到口官即封貯
不許私賣從前每百觔僅給價銀十四兩五錢
今雖增給銀十七兩五錢較之時價尚屬不敷
商人因獲利無多往洋辦銅益復寥寥臣愚以
爲嗣後洋銅到岸聽官民照依時值價買不必
勒定價值該地方官亦不得藉鼓鑄名色封貯
俾商民獲有利息則利之所在人必趨之將見
往販東洋載銅而至者源源不絕則銅觔日多

一一四　廣東糧驛道朱叔權奏折　陳述平抑錢價事宜（乾隆六年二月十五日）

於鼓鑄深爲有益矣一在凡有産銅之省悉令
開採也查中國産銅不止滇省如廣東廣西湖
廣四川等省均産紅銅今唯廣東現在開採雖
銅沙未旺非竟無銅其餘各省皆未經開採徵
臣曾見宜飭令各省督撫查明産銅之區許令
招商開採酌量就地價值官爲收買以資本省
鼓鑄之用唯是地方各官誠恐礦徒聚集易致
滋事雖係産銅之區亦稱無有希圖省事臣竊
以爲該地方官如果撫馭有方彈壓得法雖礦

一一四　廣東糧驛道朱叔權奏折

陳述平抑錢價事宜

（乾隆六年二月十五日）

徒日集何至生端倘撫馭乖方弹壓無法則閫

閫之徒間閻之輩亦致生心從來不逞之輩不

必由於礦徒故臣以爲有銅之區皆可開採伏乞

皇上飭令各省督撫轉飭地方各官查係産銅山場

無許捏稱無産其開採之處令該督撫設法弹

壓毋致滋擾生端如此則地方有銅悉資鼓鑄

之用而地方亦不致於滋事矣要之錢價之貴

由於錢文之少錢文之少由於用錢之多而現

在之錢不敷斯民之用故欲錢文足用必須勸

一一四 廣東糧驛道朱叔權奏折

陳述平抑錢價事宜

(乾隆六年二月十五日)

諭百姓銀錢兼用一面量增價值令滇省盡力
開採以裕銅之源一面務照時價平買洋銅兼
令有銅省分悉行開採以廣銅之路則銅觔既
多除有未便之省不必鼓鑄外凡係近水易於
購銅省分悉令開鑄則錢文日多而錢價自平
民生自裕矣臣愚昧之見是否可採伏乞
皇上睿鑒飭部議覆施行爲此謹
奏
九卿議奏
乾隆陸年貳月　拾伍　日分守廣東糧驛道按察使司僉事紀錄叁次臣朱叔權

一一五　廣東巡撫王安國奏折

粤海關關税盈餘短少緣由

（乾隆六年六月十六日）

王安國等

鄂伍賽

海關贏餘短少緣由

奏

支

七月廿一日

左都御史署廣東巡撫事臣王安國

廣東海關副監督户部員外郎加四級臣鄂伍賽謹

奏為遵

旨奏明事。乾隆五年十月初五日准户部咨開大學士伯鄂　等

奏詞後各關任滿但將一年徵收額税並贏餘銀兩數目

一一五 廣東巡撫王安國奏折

粵海關關稅盈餘短少緣由

(乾隆六年六月十六日)

仍令將本年題明數目或較上年多寡並因何短少緣

由不必取入本內令該監督等另行具摺奏明並請

旨將原摺發交戶部如有應行駁查之處戶部即隨摺具奏

駁查如無駁查者即將原奏存案外仍知照該監督等

因具奏乾隆五年八月二十四日奉

旨依議欽此欽遵存案在案臣等查得粵海關自乾隆五年

六月二十五日起連閏扣至乾隆六年正月二十四日統計

一年期滿經前署巡撫臣王謩暨署巡撫印務總督臣

馬爾泰同監督臣鄭伍賽通共徵收稅鈔銀一十二萬

八千一百六十一兩五錢六分三厘內正額銀四萬三千七

一一五　廣東巡撫王安國奏折

粵海關關稅盈餘短少緣由
（乾隆六年六月十六日）

百五十兩實贏餘銀八萬四千四百一十一兩五錢六分三
釐。查上年自乾隆四年六月二十五日起至乾隆五年
六月二十四日一年期滿，贏餘銀一十萬零一千二百六十
兩四錢七分，本年僅贏餘銀八萬四千四百一十一兩
五錢六分三釐，較上年短少贏餘銀一萬六千八百四
十八兩九錢零七釐。緣海關稅鈔全憑外來洋
船之多寡，上年共到外洋船一十五隻，船鈔貨稅自饒，
是以贏餘銀數多；本年僅到外洋船九隻，較上年少
船六隻，船鈔貨稅自減，是以贏餘銀數少一萬六千八

一一五　廣東巡撫王安國奏折

粵海關關稅盈餘短少緣由
（乾隆六年六月十六日）

百四十八兩九錢零七厘，理合遵照將短少緣由另行
具摺
奏明，并請
旨將原摺發交戶部查核。爲此繕摺具
奏，伏祈
皇上睿鑒。謹
奏。
乾隆六年七月二十一日奉
硃批：該部核議具奏。欽此。
六月十六日

一一六　廣東巡撫王安國奏折

荷蘭商船照舊由虎口進口貿易
（乾隆六年九月初六日）

左都御史管廣東巡撫事臣王安國謹

奏爲奏

聞事竊照定例閩人從前出洋貿易在夷地逗留者

除勒限回籍外其餘托故不歸有心玩法者一

經拏獲請

旨即行正法等因久經飭行遵照在案臣於本年二

月間到任後即聞西洋賀蘭夷國噶喇吧地方

上年冬間有久住彼地之閩人在外生事被夷

人戕殺多命但因事隔遠洋未知確實原委至

一一六　廣東巡撫王安國奏折

荷蘭商船照舊由虎口進口貿易
（乾隆六年九月初六日）

本年七月間有賀蘭夷商船二隻来粤貿易先
寄信省城洋行欲進澳門灣泊即將貨物在澳
交易臣料其意蓋恐在粤現充行商之閩人欲
圖報復是以遲疑不敢来近省城查向来夷商
皆從虎門入口至黄埔泊船去省城僅四十里
易於巡查至澳門地方許西洋夷人居住原係
前朝失策相沿至今幸
本朝海防嚴毖夷人畏威相安無事但從前止許
在澳夷人往近洋貿易回棹之船就澳灣泊並

一一六　廣東巡撫王安國奏折

荷蘭商船照舊由虎口進口貿易
（乾隆六年九月初六日）

無大西洋船許進澳門之例且去省水程四日
夷人性野嗜利或與澳夷稍有爭奪難於防範
不便輕開進澳之端再內地民人久住夷國抗
不回籍原係應行正法之人又在外洋生事被
害揆之
天朝體統理應置之不問惟粵省本港商船上年有
出洋至噶喇吧貿易者如果陸續回棹在夷地
未被擾害則目下來粵貿易之夷船自應照常
令其由虎門進口當經飭查去後茲據各行商

一一六　廣東巡撫王安國奏折

荷蘭商船照舊由虎口進口貿易
（乾隆六年九月初六日）

等覆稱查得上年本港商船往噶喇吧貿易者
於本年六七月間均已回棹在夷地並無擾害
取具該洋商及各行商甘結存案臣即差通事
諭該賀蘭夷船照舊由虎門進口不得逗留滇
門並諭令各行商務須公平交易毋許閩人藉
詞擾累又飭令地方文武員弁嚴加約束巡查
毋許夷人稍有滋事以期仰副我
皇上柔遠寧民至意該夷船已於八月二十七日遵
照進口灣泊黄埔臣鄭伍賽業經驗明艙口著

一一六　廣東巡撫王安國奏折

荷蘭商船照舊由虎口進口貿易
（乾隆六年九月初六日）

令報税起貨進行俟貿易事竣即令俟風回國

臣謹會同海關監督臣鄭伍賽合詞具

奏伏乞

皇上睿鑒謹

奏

知道了。辦理甚妥

乾隆六年九月　　初六　　日

一一七　兩廣總督慶復奏折

請將粵海關監督鄭伍賽革職審擬

（乾隆六年十一月十一日）

太子少保署兩廣總督領侍衛內大臣承恩公臣慶復謹

奏為遵

旨據實查參事竊查臣於本年九月初二日述次恭奉

硃批粵關向來以朕所聞即不無弊竇今策楞所奏如此

卿其嚴加察查據實明白奏來若管關之人應行參革

一面參奏欽此欽遵臣於蒞任之後密訪嚴查因一切

檔案向係撫臣衙門總理臣一面查案一面分頭偵

訪其如該關所造冊檔既難憑信弊竇隱匿一時未

得確據仰體

一一七 兩廣總督慶復奏折

請將粵海關監督鄭伍賽革職審擬
（乾隆六年十一月十一日）

皇上慎重至意經臣於十月十三日將現在密加查訪一
有確實弊竇憑據即便嚴提該關庫書人等逐加究
訊緣由先行具摺奏明在案茲臣陸續查出管關之
人匿報浮收婪贓各據弊竇纍纍開單恭呈
睿鑒并嚴提關書人等飭發糧道朱叔權肇羅道王河東
公嚴行究訊務得此外欺隱實情并札閱關移取抽
收則例與粵關原定抽收則例是否畫一有無多寡
以憑計算貨物數目期於澈底清查外惟是撫臣衙
門雖有題報之名向聽該監督鄭伍賽一手查收造

一一七　兩廣總督慶復奏折　請將粵海關監督鄭伍賽革職審擬（乾隆六年十一月十一日）

報令臣查出各弊鄭伍賽係現任監督提到庫書行
户人等不無代為掩飾不即吐露實情臣謹遵
旨具摺恭
奏仍另與撫臣聯銜臚列各款會疏劾參委員摘印署
理請
旨將鄭伍賽革職審擬俾署員逐一確查無可隱遁續行
查出據實續參庶關政積弊可以肅清矣為此據實
奏明伏祈

一一七 兩廣總督慶復奏折

請將粵海關監督鄭伍賽革職審擬

（乾隆六年十一月十一日）

聖訓臣謹

奏

知道了罷到者名

乾隆陸年拾壹月 拾壹 日

一一八　廣東巡撫王安國奏折

海關監督鄭伍賽侵隱關稅情形

（乾隆六年十一月十九日）

奏

王安國　鄭伍賽侵隱關稅

十一月廿一日

廣東巡撫臣王安國謹

奏為遵

旨查明據實具奏事竊照粵海關稅務自雍正十三年交與臣

衙門兼管但一應正雜錢粮收支數目俱係監督鄭伍賽一手

造報臣衙門止于題咨各件附列名銜並從未兼管之名向無

一一八　廣東巡撫王安國奏折

海關監督鄭伍賽侵隱關税情形

（乾隆六年十一月十九日）

稽核之責，居任時臣不過遣家人赴口，只照常而已。臣于本
年二月十七日到任，查詢關部各口稅務，庵虎等口隱匿未報，因循
舊例，業已一面設立循環印簿，令其逐月填寫，以備將來通年
核對，附參核是否相符。又因臣衙署書生家丁，恐其蒙蔽，
兼查可委信之員，嚴察督緝，令其隨時稽查，防其侵隱之弊。此所以未經派
委。又訪聞每月止書報册，其有無侵隱，無從稽察，嗣于完
月間差三四人赴近省各口稽查，隱匿漏關，口家人查出附
收鐵鍋船隻一事，現在地方官究訊，并審解督府就近研訪
在口之關差書役家人，有無營私作弊之處，係地方官不得與聞

一一八 廣東巡撫王安國奏折

海關監督鄭伍賽侵隱關稅情形

（乾隆六年十一月十九日）

准部鄭咨以五年分盈餘數目令臣確查據實指出情弊奏
言這所議出依議欽此時將臣廣澄在省監收武關臣一面咨會
將臣一面商同撫臣粮驛道朱林按肇羅道王河等著各口商
出入貨物從本年應與海關報數印冊逐一清查按照各口貨名
府就此稽察當收今據朱林按華字將乾隆三年分關冊報收雜
項數目核通各口商民開收數計少良一萬二千一百五兩零乾隆
四年分關冊報收雜項數目核通各口商民開收數計少良八千三
百五兩零乾隆五年分關冊報收雜項數目核通各口商民開收
數計三千七百五兩零明係鄭伍賽指出侵隱課稅除其

一一八　廣東巡撫王安國奏折

海關監督鄭伍賽侵隱關税情形

(乾隆六年十一月十九日)

賠交繳業經將臣慶復與臣合疏將落餘所有臣查出短多報

少銀二萬四千一百兩零據實先行奏

聞俟撫同糧道查視關書人等確供并此外有無侵隱款項確數仝

同將臣慶復另疏

題參請

旨先追再照乾隆六年分臣到任後所收税課現有臣鈔簿印簿

填按季後一年兩相核查其奏目不致為鄭伍賽侵隱合

聲明伏祈

睿鑒謹

奏

乾隆六年十二月廿一日奉

一一八 廣東巡撫王安國奏折

海關監督鄭伍賽侵隱關稅情形

（乾隆六年十一月十九日）

硃批：若非慶復參奏，汝亦不肯爲此奏也。一味將此等負朕信用之

意，鄭伍再能其隱匿營私，猶不能完結，則汝之罪亦不可辭矣。欽此

十一月十九日

一一九　署理兩廣總督慶復奏折

遵議禁止南洋貿易事宜

（乾隆七年二月初三日）

太子少保署兩廣總督領侍衛内大臣承恩公臣慶復謹

奏爲遵

旨議覆事。准兵部咨開議政處議覆署福督策楞等條奏

禁止南洋商販一摺，又據御史李清芳奏請暫停噶

國買賣，南洋各道不宜盡禁，照舊聽其貿易一摺，請

將禁止商販於沿海貿易商民生計有無關礙一并

交與閩浙江廣督撫逐一詳查，議奏等因。又兵部議

覆福建按察司王丕烈條奏各省内地外洋貿易商

船逾期未歸，詳查失風逗遛一摺，并令閩浙江廣各

一一九　署理兩廣總督慶復奏折
遵議禁止南洋貿易事宜
（乾隆七年二月初三日）

督撫入於請禁南洋案內議奏等因均奉
硃批依議欽此行文到臣隨行據廣東布按二司糧儲道
會議詳覆前來臣等逐一覆加查核伏念廣東一省
地窄民稠環臨大海小民生計艱難全頼海洋貿易
養贍資生自康熙二十三年開洋貿易
國課民生均有禆益康熙五十六年間因呂宋噶喇吧
等口岸多聚漢人
聖祖仁皇帝諭令内省商船禁止南洋貿易其紅毛等國船
隻聽其自來欽此欽遵惟廣東香山縣所轄澳門一區向

一一九 署理兩廣總督慶復奏折

遵議禁止南洋貿易事宜

(乾隆七年二月初三日)

有西洋番人納租居住滋生男婦不止萬丁此輩無
田可耕耑藉外洋貿易且非中國之人應照
上諭紅毛等國之船一例聽其貿易再安南國與内地毗聯
應照東洋一例聽商貿易經前督臣楊琳在京
陛見面奏請
旨不在禁例題准部覆在案迨雍正五年内地各商援照閩
省之例開赴南洋十餘年來滋生倍蓰商賈羣趨樂
赴每年出洋船隻所用舵工水手商夥人等爲數甚
多由廣東虎門出口近則赴安南阮京占城東坡寨

一一九 署理兩廣總督慶復奏折

遵議禁止南洋貿易事宜

（乾隆七年二月初三日）

港口暹羅竦野六崑等國遠則赴宋腒朥大呢丁咖啵柔佛單咀呂宋蘇祿噶喇吧嗎咪莽均達老舊港嘛六甲嘎咖薩馬辰等國乘風來往歷久相安且外洋船隻來粵貿易其所携貨物及挈帶重貲至粵販貨出洋者較之內港出洋船隻大小多寡更屬懸殊就粵而論藉外來洋船以資生計者約計數十萬人茲以噶喇吧番目戕害漢人署閩督策楞恐番性貪殘再有擾及商船請禁南洋貿易固為防微之慮但臣慶復於上年蒞任之始聞有噶喇吧之事適值粵

一一九　署理兩廣總督慶復奏折　遵議禁止南洋貿易事宜（乾隆七年二月初三日）

商林恒泰等四船在吧回棹臣即傳詢所言與策楞
所奏約畧相同更稱此番到彼並無熟識漢人與番
交易各懷疑懼不能得利但夷目此舉伊地賀蘭國
王責其太過欲將鎮守噶喇吧夷目更換臨行又再
三安慰囑令商船下次再來照舊生理等語則該番
原因内地違
旨不聽招回甘心久住之輩在
天朝本應正法之人其在外洋生事被害孽由自取番
目本無擾及客商之意且上年八月有賀蘭商船二

隻到粤經臣王安國准其照舊在於黄埔停泊照常
貿易恭摺
奏明奉有
硃批欽遵在案是即噶喇吧一處而論往來已屬相安我
皇上撫綏萬方海隅日出之區無不輸誠悦服正當遠佈
德威以消疑阻况南洋貿易商賈各挾資本子母營
利粤東一省舵水萬人皆食外域米糧各謀生計今
若遽議禁止南洋貿易内港之商船固至失業外來
之洋艘亦皆阻絶信如御史李清芳所稱内地土産

一一九 署理兩廣總督慶復奏折 遵議禁止南洋貿易事宜
（乾隆七年二月初三日）

褋物多至壅滯民間每歲少此夷镪流通必多困乏
游手貧民俱皆待哺内地生計維艱雖各省關税缺
額每歲不過數十萬金苟於商民生計有益我
皇上子惠元元每頒蠲賑動帑數十百萬該御史所稱税
額有缺之處何屑計此盈虧但損歲額之常兼致商
民之困就粤省而論於商民衣食生計實有大礙臣
等仰體
聖主懷柔無外之至意請將南洋照舊貿易毋庸禁止即
噶喇吧一處洋面相通在彼國已將夷目詰責深懷

悔懼尤當示以寛大若一禁止致啓外域傳疑況南
洋各國多有較遠於吧者設有因風漂泊之事內地
商船反致周章應請將御史李清芳所議暫停嘓國
買賣之處亦毋庸議再南洋諸國米多價賤每倉石
二錢六七分至三錢五六分不等內地商船回棹買
米壓載兼可圖利每船入口食米餘剩千石數百石
不等運回內地糶賣粤省每年洋船進口米價頓平
於民食不無小補事關海洋重務臣等謹就粤省情
形遵

旨詳晰議覆是否有當伏候
聖訓至福建按察司王丕烈所奏內地海船出口逾期未
歸詳查失風處所遲至二年以後始歸者不准復聽
其出洋遲至三四年以外始歸者永遠不許復出海
口其外洋各汛如遇洋船停泊船照已閱多年者將
該船勒令入口訊明詳究不得任意開行等語查各
省商販在洋不宜久聽逗遛稽查自宜嚴密應如該
按察司所請通飭文武實力奉行如有玩視查參議
處再閩浙江南等省前往南洋貿易船隻均自粵省

之虎門協經由老萬山一島出口是虎門老萬山等
汛實爲洋船出入要隘而粵東沿海水師各汛實爲
外控諸夷重地全在平日武備脩明廵查嚴密靜鎮
彈壓今自去秋颶風之後炮臺等項未即脩葺臣慶
復於到任之初與提臣面商密諭各鎮協訓練舟師
演試炮械脩葺營房拔織遊廵沿海寧謐理合一并
陳明臣謹會同廣東撫臣王安國合詞恭奏伏祈
聖主睿鑒施行謹
奏

一一九 署理兩廣總督慶復奏折
遵議禁止南洋貿易事宜
(乾隆七年二月初三日)

一一九　署理兩廣總督慶復奏折

遵議禁止南洋貿易事宜

(乾隆七年二月初三日)

議政王大臣議奏

乾隆柒年貳月　初叁　日

一二〇 議政大臣協理户部事務訥親奏折

請禁牙行把持事宜

(乾隆七年五月初四日)

太子太保議政大臣領侍衛内大臣兼管侍衛事務吏部尚書協理户部事務管理户部三庫事務果毅公臣訥親等謹

奏爲請禁牙行之把持以廣

皇仁事。乾隆柒年肆月拾陸日内閣抄出禮部左侍

郎張廷璐奏請米豆牙行不得把持昂價一摺,

奉

硃批:該部議奏。欽此。欽遵抄出到部。臣等查得禮部

侍郎張廷璐奏稱:竊惟民爲邦本,食乃民天。我

皇上惠愛黎元,痌瘝在抱,凡所以爲閭閻謀生養者,

無慮不周,無微不至。近復特奉

一二〇　議政大臣協理户部事務訥親奏折　請禁牙行把持事宜（乾隆七年五月初四日）

上諭將直省各關口所有經過米豆應輸額稅悉行
寬免永著爲例俾米穀流通民食充裕大哉
皇仁如天地之雨露溥被萬方如父母之恩勤誠求
赤子免額徵之課稅裕兆庶之饔飧自有史冊
以來未嘗有此也臣竊思客商販賣米豆所至
之處皆須投託牙行今商人既邀
恩免其額稅則價值自當較常平減伏讀
上諭懋遷有無者不得藉以居奇小民升斗之給不
至有食貴之虞

一二〇　議政大臣協理户部事務訥親奏折

請禁牙行把持事宜
（乾隆七年五月初四日）

聖明洞鑒已極周詳然商人之價值行家得而操之
分取其價名曰行錢第恐狡獪牙行有意把持
故昂價值於中取利則商人爲其所愚而小民
未獲其益伏乞
皇上勅下直省督撫轉飭地方有司通行出示嚴切
曉諭商人既不得藉貨居奇行家更不得把持
昂價則民間不虞食貴而
皇仁益得均沾等因具
奏前來　　查乾隆柒年肆月初貳日欽奉

上諭將直省各關口所有經過米豆應輸額稅悉行
寬免永著為例俾米穀流通民食充裕懋遷有無
者不得藉以居奇小民升斗之給不至有食貴之
虞欽此欽遵在案今據該侍郎張廷璐奏稱客商
販賣米豆皆須投託牙行今商人既邀
恩免其額稅則價值自當較常平減然商人價值行
家得而操之分取其價名曰行錢第恐狡獪牙
行有意把持故昂價值於中取利商人為其所
愚小民未獲其益請

一二〇 議政大臣協理户部事務訥親奏折 請禁牙行把持事宜（乾隆七年五月初四日）

勅下直省督撫轉飭有司出示嚴切曉諭等語查販
運米豆設立牙行原以平市價而便商民今奉
恩旨免輸米豆額税商販流通價值自應較常平減
但恐狡獪牙行有意把持故昂價值徒以飽其
慾壑而商民均受其累該侍郎張廷璐奏請嚴
禁誠屬仰體
皇上懷保黎元之至意應如所奏行令直省各督撫
轉飭地方有司通行出示嚴切曉諭商人既不
得藉貨居奇行家更不得把持昂價倘有居奇

一二〇　議政大臣協理户部事務訥親奏折

請禁牙行把持事宜

(乾隆七年五月初四日)

把持等弊，該地方官即行查明究治。如該地方官奉行不善，有滋擾商民之處，該督撫等亦即查參可也。爲此謹奏請旨。

乾隆柒年伍月　初四　日　大臣　公　紀錄四次　臣　訥親

太子少保内大臣户部尚書兼管三庫事務内務府總管　臣　海望

經筵講官户部尚書降一級留任　臣　陳惪華

内務府總管署理户部左侍郎加二級　臣　三和

經筵講官左侍郎管理吏部侍郎事降二級留任　臣　梁詩正

御前侍衛内務府總管右侍郎管理武備院事加護級紀錄　臣　阿里衮

右侍郎　臣　彭維新

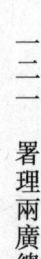

一二一　署理兩廣總督慶復奏折

報告粵海關關稅盈餘銀兩及收支各數(乾隆七年五月初八日)

左都御史管廣東巡撫事臣王安國
署理廣東廣西總督印務臣慶復謹

奏爲奏

聞事竊查粵海關稅務一年期滿例應奏報案准户

部咨開嗣後各關任滿將一年徵收額稅並盈

餘銀兩數目仍繕本具題盈餘較上年多寡不

必叙入本内另行具摺奏明請

旨將原摺發交户部查核等因查前兼理巡撫印務

兩廣總督臣馬爾泰同監督鄭伍賽自乾隆六

一二二一　署理兩廣總督慶復奏折　報告粵海關關稅盈餘銀兩及收支各數(乾隆七年五月初八日)

年正月二十五日起至六年二月十六日又臣
王安國同監督鄭伍賽自乾隆六年二月十七
日起至十一月二十日統計徵收九箇月零二
十六日共收正稅鈔銀一十二萬四千九十五
兩五錢一分八釐又徵收歸公耗羡分頭擔頭
掛號規例等銀一十一萬二千九百四十七兩
七錢八分四釐又委署粵海關印務糧驛道朱
叔權自乾隆六年十一月二十一日起至乾隆
七年正月二十四日止計兩箇月零四日共徵

一二一 署理兩廣總督慶復奏折 報告粤海關關稅盈餘銀兩及收支各數(乾隆七年五月初八日)

收正稅鈔銀二萬八千三百七十七兩八錢八
分八釐又徵收歸公耗羨分頭擔頭掛號規例
等銀三萬一千四百九十九兩七錢一分四釐
通共一年期滿徵收過大關暨各口岸稅鈔以
及歸公耗羨分頭擔頭掛號規例等項共銀二
十九萬六千九百二十兩九錢四釐內正稅鈔
銀一十五萬二千四百七十三兩四錢六釐除
交布政司庫正額銀四萬三千五百六十四兩
又額支衙役工食銀一百八十六兩應解部盈

餘正羨銀一十萬八千七百二十三兩四錢六
釐除另具疏
題報外尚耗羨分搭掛號規例等銀一十四萬四
千四百四十七兩四錢九分八釐内鄭伍賽採
辦恭
進物件四次據稱支銷銀三萬五千二百六十九
兩俟鄭伍賽造具細册另行送部其該關支銷
各火足工食并解部飯食解餉水脚鎔銷折耗
賞給洋商雜商及各州縣解餉盤費修葺稅館

巡船一切雜用等項共銀四萬二千七百二十五兩一錢六分九釐又奉革監督鄭伍賽支養廉銀四千九百三十三兩三錢四分委署粵海關印務糧驛道朱叔權支養廉銀一千六十六兩六錢六分實應解部歸公雜項盈餘銀六萬四百五十三兩三錢二分九釐連另疏

題報正羨銀一十萬八千七百二十三兩四錢六釐共實應解部銀一十六萬九千一百七十六兩七錢三分五釐現在委員另行解部至該關

遵照加一收耗本年共免耗銀二萬一千二百
二十九兩三錢六分五釐又遵照免繳送一項
共免繳送銀七萬六千八百三十六兩三分二
共免銀九萬八千六十五兩三錢九分五釐又
奉文遵將減半平餘銀二千一百一十四兩七
錢九釐統入盈餘項下起解因不另立添平名
色合併陳明再查五年分採辦恭
進物件共支銀四萬九千八百六十二兩一錢四
分三釐今六年分止支銀三萬五千二百六十

九兩較之五年分少支銀一萬四千五百九十三兩一錢四分三釐又鄭伍賽經收九箇月零二十六日共徵解盈餘銀一十一萬二千一十兩一錢八分八釐較之五年分三季零二十六日徵解盈餘銀八萬二千二百二十二兩三錢一分六釐本年多銀二萬九千七百八十七兩八錢七分二釐署關糧驛道朱叔權經收兩箇月零四日共徵解盈餘銀四萬二千五百七十三兩四錢四釐較之五年分末季兩箇月零四

日之數徵解盈餘銀二萬三千二百六十七兩
九錢二分八釐本年多銀一萬九千三百五兩
四錢七分六釐以上恭
進物件少支及多徵解盈餘銀三項較之五年分
實共多正雜盈餘銀六萬三千六百八十六兩
四錢九分一釐再臣王安國自六年二月十七
日到任起即經設立巡撫關防紅簿逐月登記
以備期滿奏銷時核對確數至十月間洋船開
行之時容弔各行商日逐起貨發貨行簿飭發

糧道朱叔權肇羅道王河逐一查核嗣據覆稱
查明六年分稅課盈餘及雜項銀兩並無徵多
報少情弊合並聲明臣等謹會同恭摺奏
聞仰祈
皇上睿鑒勅部查核施行謹
奏

該部核議具奏

乾隆七年五月　　初八　　日

一二二 廣東道監察御史李清芳奏折

遵議船隻過關納稅事宜

(乾隆七年七月初十日)

協理山西道事廣東道監察御史臣李清芳謹
奏為敬陳管見仰祈
睿鑒事臣於本月初六日邸抄中見江蘇布政使管
理滸關安寧奏稱戶部議覆
皇上交議豁免各關米豆稅額一案奉
硃批該部議奏欽此據奏內稱滸關則例係按貨收
稅非稅料並徵之關亦不收空船料銀雍正六
年高斌管理關務之時即經據實奏明并將按
貨收稅之處定為章程現在遵守是以滸關米

穀麥豆雜粮等項俱係計石徵收至于船料從
不收取今准部議船料自應一體輸納等因現
在按照各項船隻之長短深淺濶狹核其受載
之多寡逐一分晰均平定議報部等語查戶部
原議内稱船隻料銀各關俱係收納何計石徵
收之關獨不收納料税或係料税即在計石徵
收之内則例未經開載查各關空船既係徵料
是船料自應一體輸納應令該關監督詳細查
明定議報部等語臣思關税一件於民生大有

一二一二　廣東道監察御史李清芳奏折　遵議船隻過關納稅事宜
（乾隆七年七月初十日）

關係再三詳閱是戶部以懸揣之辭行令各關
查明而安寧以本無徵收船料之關而議請添
設稅額也查天下各關空船徵料及貨船並徵
者甚少其餘不過就貨稅銀並無徵收船料而
戶部議內云各關空船既係徵料船料自應一
體輸納是戶部據數處之關而欲該盡天下之
關懸揣之辭也安寧奏內稱滸關則例本不收
取船料甚明而云准部議船料自應一體輸納
等因現在按照各項船隻之長短深淺廣狹逐

一分晰定議是本不收取船料之關今將添設
船料税額也萬一天下各關俱依此例辦理是
不問何項船隻有貨無貨凡過關者俱當上税
矣我
皇上至聖至明念切民依將過關米豆盡行免税澤
至渥也今若如此辦理是免商人米豆之税以
惠民而收窮民本不納税之船銀以充用臣雖
至愚必知其不可也且民間有船其裝載糧食
者十之一其不裝載糧食者十之九即以江浙

一二二 廣東道監察御史李清芳奏折 遵議船隻過關納税事宜（乾隆七年七月初十日）

之蘇松常鎮杭嘉湖等府言之人烟湊集其船
隻之多大小不下數十萬艘百姓賴以資生者
何啻數十百萬人其間不裝糧食以往來者居
其大半今若一槩徵而税之則自杭之北新關
以至淮安等處千里之内當納船料税四五處
矣小民以船為生父母妻子俱在其中千里往
還所得無幾其船大者貨價不過六七兩小者
三四兩其間行家埠頭抽剥殆盡終歲勤動涉
歷風濤比之行商賈客尤為可念臣謹細繹

一二二 廣東道監察御史李清芳奏折 遵議船隻過關納税事宜
（乾隆七年七月初十日）

上諭内各關徵收則例不一有徵商税者有徵船料
者有商税船料並徵者今既蠲米豆之税其船
料一項若不分晰明確著為規條恐致混淆滋
弊是以
敕部詳查妥議原以米税既免恐税料並徵之關混
淆滋弊也今若將本不徵收船料之關議令更
張收税殊與
諭旨不符臣愚以為凡從前税船之關仍舊輸納船
税不得以米豆藉口其本無徵輸船料者不應

議及添設船税則
聖主之恩膏下究而萬民實受其福矣臣言是否有
當伏祈
皇上敕下羣工議覆施行謹
奏
九卿議奏
乾隆七年七月　　初十　　日

一二三 廣東按察使潘思榘奏折

請於澳門地方移駐同知一員專理夷務(乾隆七年七月二十五日)

潘思榘 奏陳控輯澳夷之法

奏

八月二十日

廣東按察使降二級留任臣潘思榘謹

奏為敬陳控輯澳夷之宜，以重海

疆事。竊查廣州府屬香山縣有澳門一區，袤延

一十餘里，三面環海，直接大洋，惟前山寨一線陸

路通達縣治，實海疆之要地、洋舶之襟喉也。而

一二三　廣東按察使潘思榘奏折

請於澳門地方移駐同知一員專理夷務(乾隆七年七月二十五日)

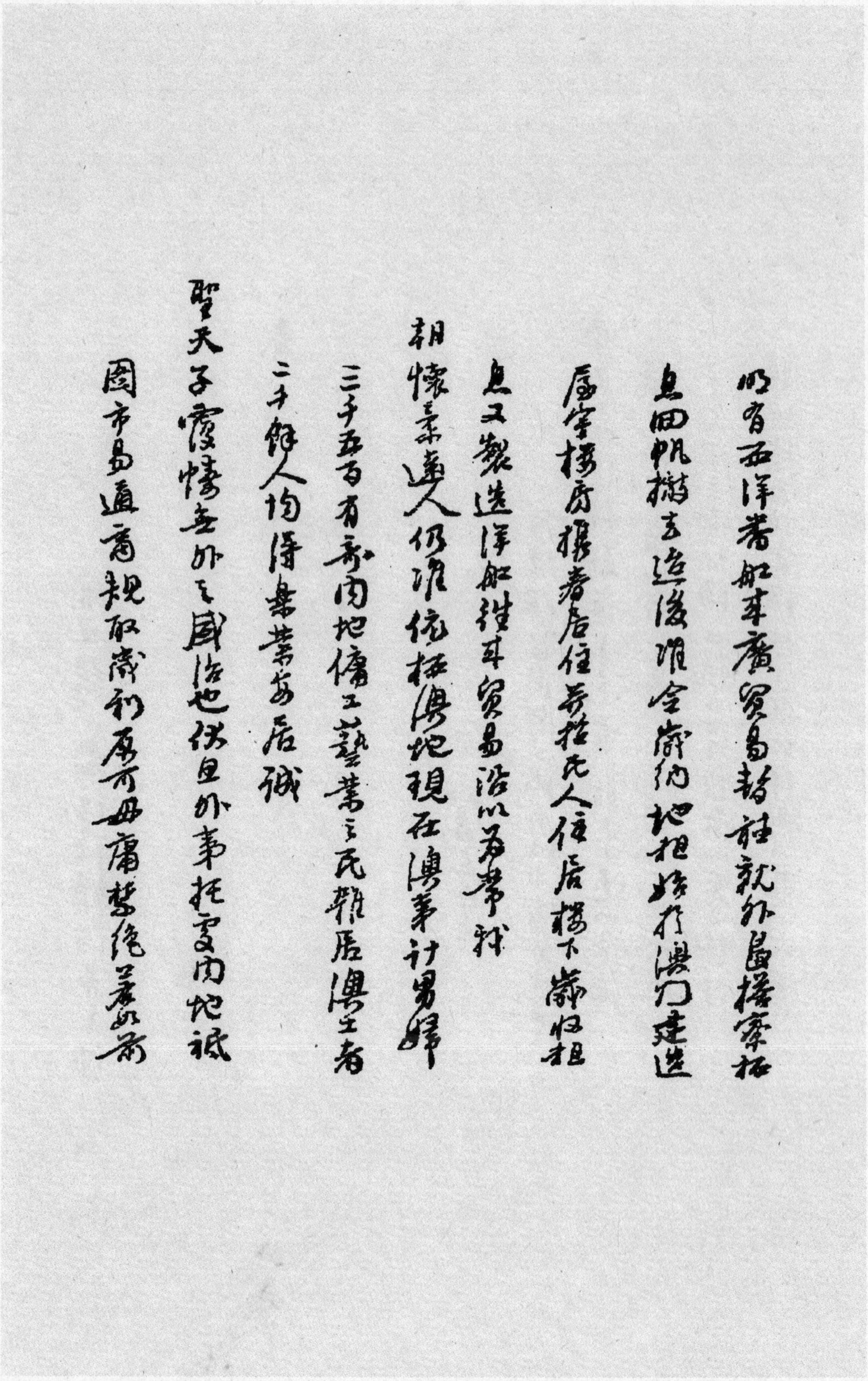
明有西洋番船來廣貿易，暫就外島搭寮栖
迨回帆之後，仍令前往地租，始於澳門建造
房屋，招房租番居住，嗣後有人住居，將地收租
迨又製造洋船往來貿易，遂以為常業
相懷柔遠人，仍許依棲，澳地現在澳番計男婦
三千五百有奇，內地傭工藝業之民雜居澳土者
二千餘人，均得樂業安居，誠
聖天子覆幬無外之盛治也，但外夷託處內地，祇
圖市易通商，覬取微利，原可毋庸禁絕，第處所

一二三　廣東按察使潘思榘奏折

請於澳門地方移駐同知一員專理夷務(乾隆七年七月二十五日)

明御史臣龐尚鵬疑其窩接窺伺蹤請仍之撤
所居船澳泊唐澳使海壖棲附之事終於未行
殊房過當但事性數多貪黠其役使之黑鬼奴
尤為兇悍又有內地奸民竄匿其中為之教誘
唆使往往冒禁觸法桀驁不馴凌轢居民玩視
官法更指誘愚民入教販買子女為奴僕及夾
帶違禁貨物出洋種種違犯難經營種種廠
行未禁臣之力為整飭寬嚴趣在海隅未得專
員督理勢難周密臣愚以為外夷內附雖不

一二三　廣東按察使潘思榘奏折

請於澳門地方移駐同知一員專理夷務（乾隆七年七月二十五日）

如上編號一例約束夷人無虞亦宜仿示德威使
之遵守查前明曾設有澳官後改歸縣丞管
雍正八年前督臣郝玉麟因縣務紛繁離澳
窵遠不能兼顧奏請添設香山縣丞一員駐
劄前山寨就近稽查第縣丞職分卑微不足
以資彈壓仍于澳地之區似宜仿照理猺撫黎
同知之例移駐府佐一員專理澳夷事務兼
管督捕海防宣布
朝廷之德意申明

一二三　廣東按察使潘思榘奏折
請於澳門地方移駐同知一員專理夷務(乾隆七年七月二十五日)

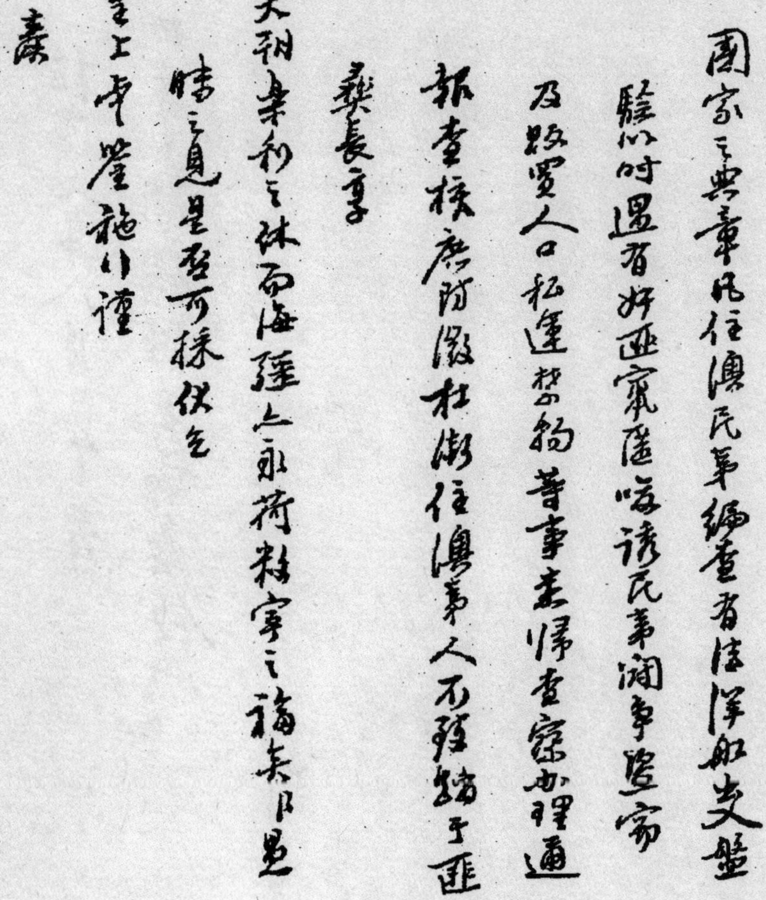
國家之典章凡住澳民番編查看洋船出入盤
驗以時遇有奸匪竄匿唆誘民番鬬爭盜竊
及販賣人口私運禁物等事悉歸查察辦理通
報查核庶防微杜漸住澳番人不致[illegible]于匪
彝長享
天朝柔和之休而海疆亦荷敉寧之福矣臣愚
昧之見是否可採伏乞
皇上睿鑒施行謹
奏

一二二三　廣東按察使潘思榘奏折

請於澳門地方移駐同知一員專理夷務(乾隆七年七月二十五日)

乾隆七年八月二十日奉

硃批：著該督撫確具議奏。欽此

七月二十五日

一二二四　署理兩廣總督慶復奏折

查没已革海關監督鄭伍賽家産

（乾隆七年八月初十日）

太子少保署兩廣總督領侍衛內大臣承恩公臣慶復謹

奏為奏明事竊照粵關叅革監督鄭伍賽名下查出衣資什物等項以及分咨勒提家人質訊各緣由經臣

恭摺

奏明奉

硃批所查物件或觧京交造辦處或在彼變價還項卿與伊拉齊酌辦可也欽此臣伏查粵地炎濕一切物件易於霉蛀現在新任監督伊拉齊尚無赴粵之信辦理不便久稽除鄭伍賽一案應聽撫臣審擬題追外所有已經搜查封貯入官衣服什物臣一面行令司道委員逐一確估價值造冊咨部以憑變價現據委員會同南番二縣估報共計價值僅銀一萬九百六十

估變之外另有可追繳者即查明奏來

伊賊名何也

一二二四　署理兩廣總督慶復奏折

查没已革海關監督鄭伍賽家産
（乾隆七年八月初十日）

餘兩臣恐有減少浮多情弊又經批飭該司道親加
覆核另造估册未據報到臣擬俟該司稟册到日將
洋器玻璃哈什崙并玉石文玩等件堪充
内府之用者臣自行摘出開列估價清單存俟伊拉齊到
日臣欽遵
是但此事辦理錯矣
諭旨與之面加酌定分别解京交造辦處仍照常造入估
册報部册内毋庸贅叙其一切首飾衣服銅錫器皿
揀好者亦解京作
應速辦
粗重什物咨部行回即行變價還項似此分别料理
庶於變抵迅速而衣物不致虧損之虞是否有當臣
謹繕摺請
旨伏祈

一二二四　署理兩廣總督慶復奏折

查没已革海關監督鄭伍賽家産

（乾隆七年八月初十日）

此人操守如何看海關每年所進貢之項皆

訓示其糧道朱叔權署理關務所收稅課數目臣先經按

開銷盈餘今年二次至京進貢盈餘應節省若干

將數目奏明此項銀兩既為每年應開銷之項原不

月開報今將二月二十日至六月廿四日止開列清

必交部隨年查解交派呷了也此事須與伊制府查

單恭呈

謝

聖覽再本年外洋夷船已到有一十二隻又暹羅國載運

米船二隻其内地在於外洋已到船載回米一萬四

千餘石小民均資買食合並陳明伏祈

睿鑒臣謹

奏

覽

乾隆柒年捌月　　初拾　　日

一二二五　浙江巡撫常安奏折

申禁内米私販下海

(乾隆七年十月十五日)

浙江巡撫臣常安謹

奏爲奏

聞事竊内米私販下海欽奉

上諭着沿海之督撫提鎮申明禁約實力奉行以絶

偷越之弊臣業將奉到

諭旨緣由於九月初九日奏

聞在案並經嚴飭沿海分巡各道員並咨檄武職官

弁一體悉心緝拿去後隨據温州玉環營叅將

楊之慶稟稱九月十五日捕盗朱聖甫同日兵

張文配等十四名在小門地方拿獲私載米船

七十八石一斗具稟前來臣當即檄行兩司轉

交温州府地方官備細訊明人犯來由審詳到

一二二五　浙江巡撫常安奏折

申禁内米私販下海

（乾隆七年十月十五日）

後再行確擬定罪併飭酌給分賞兵役以示鼓
勵竊意浙省年穀既豐則民間出糶者必衆私
販尤易爲奸臣仍當切實示禁沿海居民開明
罪名使之知所謹凜庶有以仰副
皇上特諭禁約之至意所有拿獲偷運内米案犯理
合奏
聞伏祈
皇上睿鑒謹
奏

是應如是留心稽察者

乾隆七年十月　十五　日

一二六 粤海關監督伊拉齊奏折

報告任事日期

(乾隆七年十月二十九日)

奴才伊拉齊謹

為恭報任事日期事。竊奴才於乾隆六年十二

月二十九日欽奉

簡命監督粤海關，奴才隨經伏地叩首恭謝

天恩。今於七年九月初六日，奴才自浙江杭州府起

程，至十月十六日抵廣東省城，准署粤海關稅

務糧驛道朱叔權咨文，委英德縣驛丞韓瑞章

賫送原頒粤海關監督關防一顆並卷吏等項。

奴才於十七日恭設香案，望

一二二六 粵海關監督伊拉齊奏折

報告任事日期

(乾隆七年十月二十九日)

闕叩頭任事訖除已將到任日期另疏具
題外伏念奴才庸愚無能叨荷
聖恩畀以粵海錢糧重地奴才再三自揣深信駑駘
不勝鉅任但蒙
硃批揩內著奴才勉辦任內一切事務是以奴才不
敢奏辭惟有事事據實直陳纖毫不敢稍有欺
心殫盡愚衷竭蹷天馬之力仰報
隆恩於萬一奴才伏查乾隆六年十二月二十九日
接到怡親王尚書公訥親尚書海望字寄內開

一二二六　粵海關監督伊拉齊奏折　報告任事日期（乾隆七年十月二十九日）

乾隆六年十二月十三日奉
上諭粵海關税務向未清查以致弊端種種上下相
蒙今鄭伍賽貪劣各欵已經敗露特令伊拉齊管
理爾等可將署關督策楞原摺寄去令其將摺内
情由逐細詳查其一切應查應辦諸事務須徹底
澄清妥協辦理至於所辦進貢物件鄭伍賽任内
每年開銷至四五萬兩之多而竝無册籍報銷無
從查核嗣後辦理貢物著於歲底將所用銀兩據
實開造細册咨送造辦處怡親王海望查核具奏

爾等可寄信伊拉齊知之欽此奴才於本年十月
十五日舟行至廣東廣州府三水縣地方適遇
督臣慶復自省回肇慶府奴才於舟中進見據
督臣慶復將署關督策楞所奏粤海關稅務情
形原摺二件併欽奉
硃批諭旨敬謹宣傳抄録面交奴才欽遵辦理奴才
再四捧讀伏思閩粤相距遥遠二省情形尚未
周知曷敢遽行置議務須細心稽查經理數月
後方能得其原委是日督臣與奴才公同商酌

一二六 粵海關監督伊拉齊奏折

報告任事日期

（乾隆七年十月二十九日）

意見相同統俟詳細查察真知灼見其一切應
行應裁各事宜仍俟督臣與奴才商酌會議妥
協具奏奴才視事後即查粵海一關所轄徵稅
並稽查口岸通共有四十七處地方遼濶俱在
沿海附近省會者有廣州府十口岸嶴門五口
岸其離關署自數里以至三百里者共有十五
口岸廣州一府口岸巡查並每日查船約用家
人三十餘名其離省遙遠者如瓊州府有十口
潮州府有七口惠州府有七口高州府有四口

一二六　粵海關監督伊拉齊奏折

報告任事日期

（乾隆七年十月二十九日）

雷廉二府及欽州有四口查遠近自五六百里起至二千六七百里者共有三十二口岕又約用家人三十餘名其程途往返有須數日半月以及一兩月不等監督一身不能親歷其境奴才伏覩

勅書内開凡各處口岕監督務必不時親身稽察等因今粵海監督雖有稽查之名竟無稽查之實至於各府口岕向例係委書吏征收錢糧巡役同家人稽查貨物其一切遠近各口岕并查船

等項通共約用家人六七十名雖極力選擇奸
良不一不能有如許家人之可備選也且路途
遙遠耳目難周實有鞭長莫及之患而與他省
榷關迥不相同他省榷關遠者三二百里之内
近者朝發可以夕至稽查不難迨奴才一到粵
關查看地方官辦理海關情形各處口岸俱經
詳請飭委佐貳雜職等官各就近稽查殊有裨
益奴才伏思錢糧重大遠隔海洋一旦掣回課
餉必致走漏關係匪輕是以奴才與督臣及撫

臣各面商照舊委員在口兼理稅務不敢輕易
遽差家人前往更換隨經撫臣王安國嚴飭各
委員用心稽查辦理矣其口岸寫遠不能分身
辦理以致漫無稽查此歷任監督並家人苟且
因循不思慎重
國課之處也再查委員未立考成耑責月令雖然
勉辦日久不無懈惰且官小職卑經管錢糧亦
非永遠之法可否就近各口岸得地方大員兼
管不獨商民無擾似與

一二六 粵海關監督伊拉齊奏折
報告任事日期
(乾隆七年十月二十九日)

國課有裨奴才因口岕遙遠錢糧攸關不得不據
實奏
聞伏乞
皇上聖鑒再嗣後辦理貢物欽遵
諭旨歲底將所用銀兩據實開造細册呈送造辦處
查核具奏奴才更有請者外邊所用銀兩如奉
內庭駁查往返一萬五千餘里甚需時日若不早
立章程日後亦難稽查況外邊所用銀兩有無
據實開報

一二六　粵海關監督伊拉齊奏折

報告任事日期
（乾隆七年十月二十九日）

内庭無憑得知奴才仰懇

聖慈允准奴才所請凡所用錢糧就近先報督撫稽

查明確隨後造冊呈送造辦處查核具奏如此

辦理則動用一切錢糧萬難欺隱矣奴才不勝

惶悚待

命之至謹

奏

督撫不過稽查内庭之事仍照前旨行餘知道了

乾隆柒年拾月　貳拾玖　日

一二七 署理兩廣總督慶復奏折

酌辦海關事宜

(乾隆七年十一月十六日)

慶復 粤東海關事宜

奏

太子少保署兩廣總督領侍衛內大臣紀恩加一級臣慶復謹

十二月十五日

奏爲遵

旨酌辦恭請

聖訓事。竊照鄭伍寶名下查出衣資什物以及分潑勒提

家人頂認名緣由，經臣慶復于本年二月初十日恭

一二七　署理兩廣總督慶復奏折
酌辦海關事宜
（乾隆七年十一月十六日）

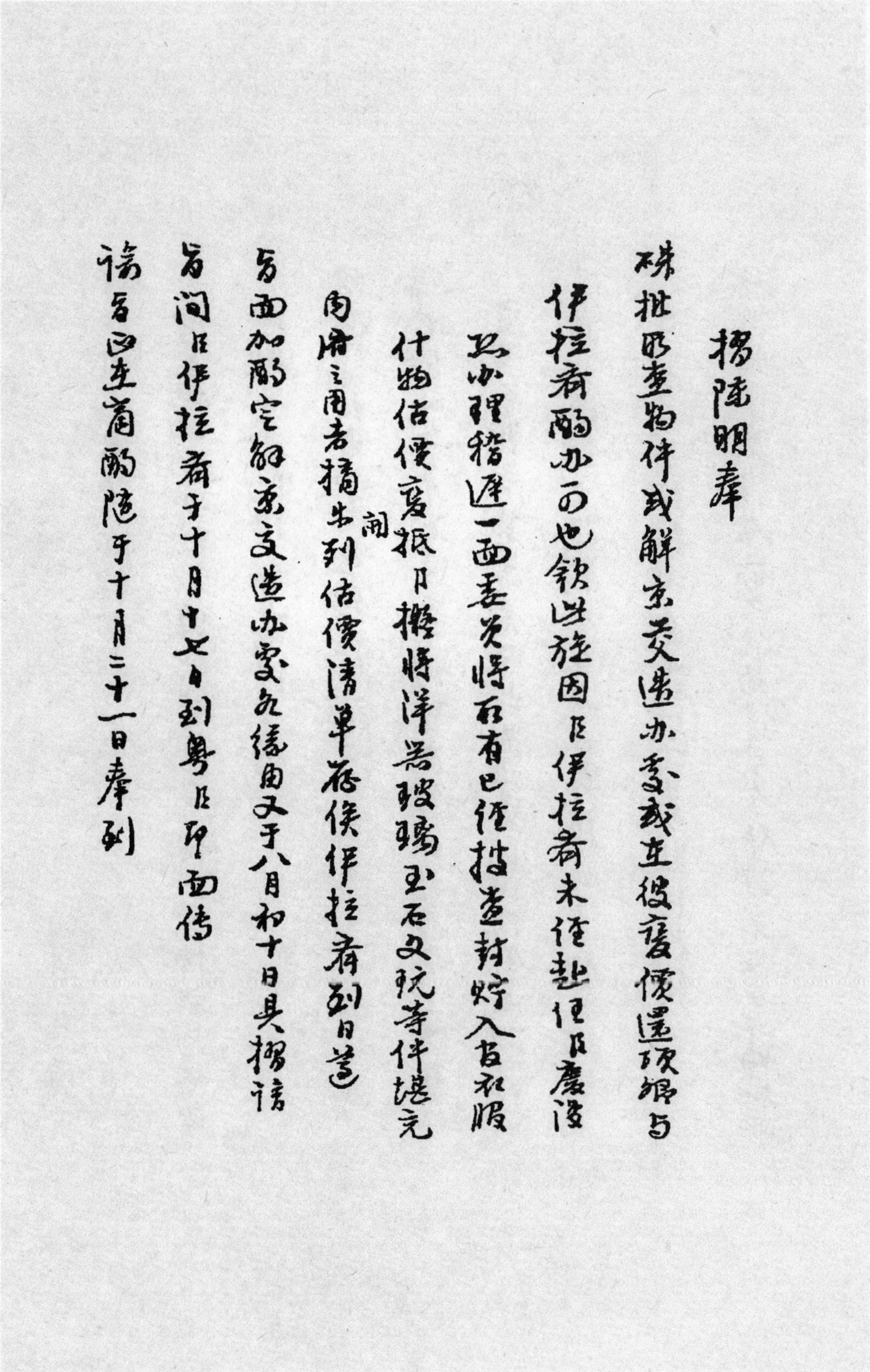

據陸明奏
硃批所查物件或解京交造辦處或在彼變價還項銀兩
伊拉齊酌辦可也欽此旋因臣伊拉齊未經赴任臣慶復
照辦理稽遲一面委員將所有已經披查封貯入官衣服
什物估價變抵臣撥將洋器玻璃玉石文玩等件堪充
內府之用者摘出列估價清單恭候伊拉齊到日遵
旨面加酌定解京交造辦處完結由于八月初十日具摺請
旨間臣伊拉齊于十月十七日到粵臣即面傳
諭旨之查商酌隨于十月二十一日奉到

一二七　署理兩廣總督慶復奏折

酌辦海關事宜

（乾隆七年十一月十六日）

硃批于臣慶復原摺內

旁批是但此事亦理頗違矣又奉于臣摺內並飾衣物無益

粗重什物落部變價之旁

硃批擇好者亦解京仍應速辦又奉

硃批海關每年有進貢之項皆開銷正項今年二次並未從

貢甚屬節省若干時數目奏明此項銀兩既為每

年應開銷之項朕意不必交部隨年貢解交海關可

也此事卿與伊拉齊查辦欽此臣即敬謹抄錄

硃批將臣慶復原摺文玩物件又令伊拉齊查奏並飾無益

一二七　署理兩廣總督慶復奏折

酌辦海關事宜

（乾隆七年十一月十六日）

什物再〻加揀擇以同西商除衣服緞紬原經粵海
飾低潮珠石碎小且多假造銅錫器皿甚是精巧難
以達
呈外所有鄒伍賽硬備貢物共估價銀一萬二千零七十
二兩覺彥內選擇物件共估價銀一千二百六十五兩
二錢三分其係留粵變價抵項物件共估價銀三千
三百一十一兩七錢八分以上三項通共估價銀一萬六千六
百四十九兩零一分除備造清冊咨送造辦處查核仍候將
估價列入條案內彙冊報部臣等謹將備貢及選擇

一二七　署理兩廣總督慶復奏折

酌辦海關事宜

（乾隆七年十一月十六日）

二項照冊另繕清單附摺先行恭呈
御覽至粵海關自乾隆三四五年備辦
貢品物每年牽扯約計關銷銀五萬五千兩今年二次並未進
貢原係自應節省及伊拉齊于十月十七日方到任誠恐製
備稍有不齊精雅茲謹查從前三次進貢俱係關銷
五萬四五六千兩不等今臣等公同商酌應將本年三
次節省備貢關銷原係銀五萬兩照數解交海望
查收另動解京運費五千兩支用餘剩臣伊拉齊
開報造冊奏核銷除臣等給牌委弁防護嵩差

一二一七 署理兩廣總督慶復奏折 酌辦海關事宜（乾隆七年十一月十六日）

家人將前項銀兩及進
呈物件一併敬謹賫送到京應
旨交收再臣等伏念每歲辦
貢所用盈餘如應于每年報部册内立定章程以爲常例司榷
者易于備辦即內府亦易稽查臣慶復請每年動用備貢銀三萬
兩運貢銀五千兩臣伊拉齊每年辦貢并解京運費盈餘三萬
旨以三萬兩爲承辦所餘二萬五千兩按年解交造辦處統俟每
年期滿造册送造辦處核銷其報部册内止列備辦
貢品一案其所辦何物毋庸更造細册送部以歸簡

一二七　署理兩廣總督慶復奏折

酌辦海關事宜

(乾隆七年十一月十六日)

侯是否有當，臣謹會同海關監督臣伊拉齊一并陳明，伏祈

聖主睿裁，訓示施行。臣等謹

奏

乾隆七年十一月十五日奉

硃批：是，知道了。欽此。

十一月十六日

一二八　署理兩廣總督慶復奏折

鄭伍賽名下贓項追繳辦理解京

（乾隆七年十一月十六日）

慶復

覆奏鄭伍賽

名下贓項追繳歸存

辦理解京等因

十一月十六日

奏

署兩廣總督臣慶復謹

奏為遵

旨覆奏仰祈

聖訓事竊照粵閩本年接准鄭伍賽名下臣查出衣飾什

物原等

一二八　署理兩廣總督慶復奏折

鄭伍賽名下贓項追繳辦理解京
（乾隆七年十一月十六日）

硃批或解京充公或在彼收價還項令與伊柱府
酌辦欽此臣隨即傳知八月伊柱府尚未有赴粵之信
不便久稽即于乾隆七年八月初十日將伍振數月來
別辦家抵欠情由具摺請
旨在後批回遵旨
諭詢又伊柱府到粵日期經臣先後詳晰覆奏定遵
奉旨于十月二十日遺摺人回臣敬謹閱讀臣
原摺內除鄭伍賽原應所捐臣當將聖指外所有應還
經撥查封將入官衣服什物一併令確估變價

一二八　署理兩廣總督慶復奏折

鄭伍賽名下贓項追繳辦理解京
（乾隆七年十一月十六日）

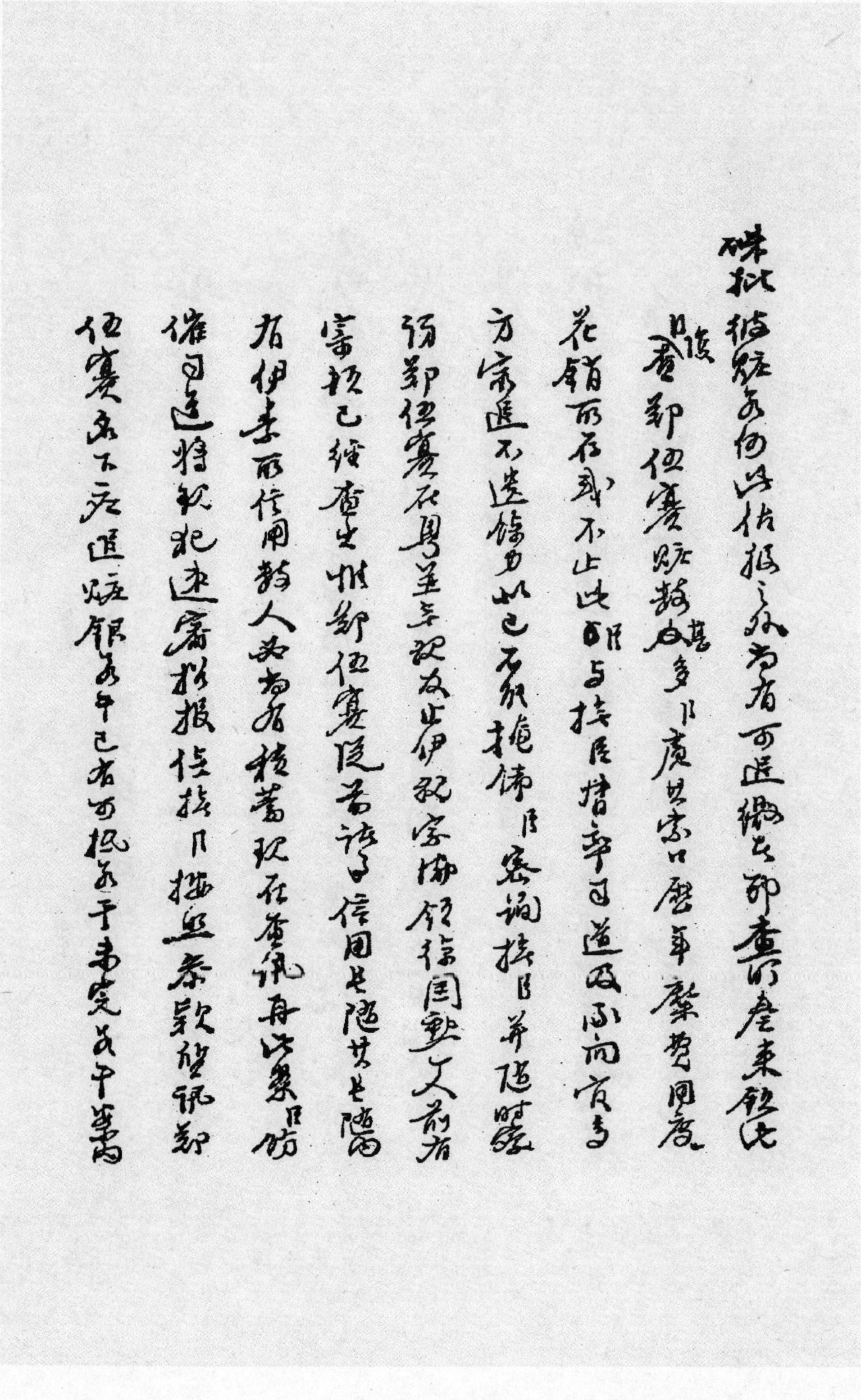

一二八　署理兩廣總督慶復奏折

鄭伍賽名下贜項追繳辦理解京
（乾隆七年十一月十六日）

因犯何如名下應追銀兩均應查明定擬具
題追繳豈可供出之家人莊思陳福鈕林等名下拋虜籍搜
查將產變抵計不過二千餘金理合一并陳明伏乞
聖明指示再行文 原籍將內外詳細名玩普件摘出開單
俾伊經管刻日呈之再加確查分別解交進出處其省
歸於服器皿變價還項之 奏等
硃批是但此等之物應須逐一擇好者解京何應進不應進又
乃 原籍內外追出者樣罄附開摺可以擬課數月開列
請旨之奏等

一二八　署理兩廣總督慶復奏折

鄭伍賽名下贓項追繳辦理解京

(乾隆七年十一月十六日)

噶喇此人操守又好再海關每年有進貢之項皆開銷盈餘每
今年二次並未進貢其盈餘應節省五千兩數目奏明此項
銀兩俟下每年應開銷之項賠完下年交部隨年貢解交
海關也古子鄉與伊喇齊查出欽此臣即遵
旨公同伊拉齊於卑原摘出洋貨各款等件令伊拉齊總加
揀擇計物並查照從前粵海關歲支備貢開銷盈餘銀
約五萬五千兩今與伊拉齊執在另具會摺將辦理緣
由敬謹陳覆并將盈餘銀兩計物先于十一月十六日備
差齎送至京交割謹

一一二八　署理兩廣總督慶復奏折

鄭伍賽名下贜項追繳辦理解京（乾隆七年十一月十六日）

旨交收恭候
訓示謹奏
旨詢問朱坤樑為人操守何如臣查朱坤樑任事勇往向
前不存畏難之見臣署關務以來查察遠近各口清核陋規
悉遵皂是以原定章程期于致問操守亦為清廉補見為精
福示現今署理關務八个月所收正雜銀兩較之每年按日計
算多收銀五萬七千餘兩雖關稅多寡每月並循不齊須以通
年計算方可定準即如六年与五年比較亦多收銀五萬

一二八 署理兩廣總督慶復奏折

鄭伍賽名下贜項追繳辦理解京（乾隆七年十一月十六日）

有案但該道所報者是否實在須親勘之處已於
大臣陳明今蒙
垂詢查有擬實債除去鄭伍賽任內所收乾隆三四五六等年
貢品造辦冊內各年物料時價不同工匠與京中辦造核細經
批令日道逐加確核俟覆到另行具覆日已面嘱伊拉
齊令其飭屬採辦買造查核有無浮冒即可立見合併陳明
奏並遵旨訓飭外謹
奏
乾隆七年十二月十五日
硃批知道了欽此
十二月十六